BREVE HISTORIA
DE LOS ARGENTINOS

FELIX LUNA

Breve historia
de los argentinos

PLANETA
Espejo de la Argentina

Espejo de la Argentina

Diseño de cubierta: Silvina Rodríguez Pícaro
Diseño de interior: Alejandro Ulloa

Investigación gráfica:
Graciela García Romero
Felicitas Luna

Decimosexta edición: agosto de 1999
© 1993, Félix Luna

Derechos exclusivos de edición en castellano
reservados para todo el mundo:
© 1993, Editorial Planeta Argentina S.A.I.C.
Independencia 1668, 1100 Buenos Aires
Grupo Editorial Planeta

ISBN 950-742-415-6

Hecho el depósito que prevé la ley 11.723
Impreso en la Argentina

PROLOGO

Amigo lector:

Este libro está escrito en el tono coloquial de mis charlas y conferencias. Preferí hacerlo así para que quienes lo lean puedan imaginar que estoy conversando con ellos mano a mano, como realmente me gustaría. Por eso, tendrá que hacer un esfuerzo para imaginar mi voz, mis inflexiones y mis ademanes; también tendrá que perdonar las reiteraciones que inevitablemente se producen cuando se expone verbalmente. Y hasta podrá, si lo desea, reconstruir alguna que otra risa o murmullo del público... Pues se trata, en suma, de una historia narrada, contada, dicha.

Es posible que el intento de resumir el curso de cuatro siglos argentinos en quince capítulos sea demasiado ambicioso. Pero ya se sabe que la historia es infinita: así como se puede ahondar indefinidamente en ella, también se la puede sintetizar, extrayendo las líneas fundamentales del pretérito para mostrarlas en sus grandes contrastes.

En este libro no hay muchos nombres, ni muchas fechas; tampoco se abunda en batallas, pactos o hechos políticos. Se trata más bien de describir cómo se fue haciendo nuestro país, desde sus cimientos fundacionales y a través de las grandes etapas de su formación. El propósito, el mismo que ha animado la mayor parte de mi obra, es divulgar nuestro pasado. Antes que una historia circunstanciada, es una mostración de las líneas funda-

7

mentales que articulan la sociedad y las instituciones argentinas. Antes que un trabajo erudito, es una charla sin pretensiones, para aclarar algunas dudas y fijar algunos períodos. Una revisión o, si se quiere, una introducción al vastísimo y fascinante territorio de nuestra historia.

F. L.

HACER HISTORIA

Esta obra trata de abarcar distintas situaciones que nos parecen significativas en el análisis de un momento histórico determinado y que permitirán también arrojar alguna luz sobre la actualidad, pues la historia, en última instancia, sirve para entender mejor el país de hoy. En caso contrario, se convierte en un simple entretenimiento.

En el transcurso de estas páginas intentaremos contestar ciertos interrogantes que la comunidad se plantea en algunos momentos; los mismos que nosotros, individualmente, nos planteamos en algún momento de nuestras vidas: ¿qué somos, para qué estamos, qué nos pasa, por qué somos así y no como otros? Obviamente, la historia no contesta a todas estas preguntas; ni siquiera las contesta exhaustivamente, ya que no puede dar respuestas infalibles. Pero sin duda nos ayuda a sentirnos parados con más seguridad sobre nuestras raíces, sobre nuestra realidad. Por ello, a lo largo de estos capítulos trataremos de seleccionar algunos hechos significativos, confiando en echar luz sobre los momentos históricos adecuados. Y, porque se trata de seleccionar, corresponde que hagamos una pequeña introducción metodológica.

Cuando digo que "selecciono", es porque estoy usando ese fascinante poder que tiene el historiador al afirmar: "La historia es tal como yo la cuento". Es decir que hago uso de esa facultad que tiene el que hace historia para establecer que ciertos hechos son relevantes y otros no. La historia perfecta sería aquella que hablara de la vida, de los sucesos, de los problemas de todos los hombres en todas las épocas. Por supuesto que esto es imposible; ni siquiera limitándonos a una determinada época podríamos realizarlo. El historiador, entonces, se ve necesariamente obligado a seleccionar y descartar hechos según le sirvan o no. Su elección es relativa y también arbitraria, porque siempre depende de una ideología, de una tabla de valores y de un modo de mirar el pasado, que permiten que algunos piensen que determinados hechos son relevantes y otros, en cambio, desechables.

Sin embargo, estas limitaciones son precisamente aquello que vuelve apasionante a la historia. Nunca es única; nunca es una versión que tiene que establecerse descartando las otras. Siempre hay otra posibilidad; siempre hay otro punto de vista; siempre hay una forma de mirar el pasado de otra manera y, en consecuencia, de extraer otras enseñanzas, otro fruto.

Otro elemento de juicio a tener en cuenta es la idea de continuidad. La historia se hace a través de diversos factores, eso ya lo sabemos, y hay momentos en que parece acelerarse. Generalmente, cuando esto sucede y los acontecimientos históricos empiezan a galopar, es porque se han producido enfrentamientos, ideológicos o de cualquier otro tipo. Podríamos decir que estos choques forman la materia prima preferida de los historiadores, sobre todo de los más jóvenes. Siempre resulta apasionante describir un enfrentamiento entre dos personalidades, dos ideologías o dos fuerzas, que en un momento dado libran batallas donde una triunfa y la otra no y donde, quizás, la fuerza vencida se amalgama con la vencedora. Se trata realmente de un espectáculo muy lindo, pero debajo de esos grandes enfrentamientos, que a veces no son tan duros como parecen, están las continuidades, esos procesos a través de los cuales, de manera silenciosa, generalmente pacífica, se va tejiendo aquel material que conforma la trama de la historia.

Tomemos como ejemplo el caso de Juan Perón. Se puede decir que, en un momento dado, su figura significó una ruptura contra el orden establecido. Y, ciertamente, junto a Perón prevalecen en la política argentina otros valores, otro lenguaje, otras personalidades. Pero ese mismo Perón, que llegó con un lenguaje nuevo, trajo también una serie de elementos del pasado, como por ejemplo el plan económico de Miguel Miranda de 1947, que tenía varios elementos del de Pinedo, establecido en 1940 por un régimen conservador. Conviene pues tener en cuenta que el historiador toma una situación y reflexiona sobre ella, pero que entre esa situación y otra acaso se han ido produciendo cambios quizás anónimos, quizás imperceptibles, que configuran una cantidad de procesos históricos y los definen a través del tiempo.

Capítulo I

LOS HUMILDES ORÍGENES

BREVE HISTORIA DE LOS ARGENTINOS

PARA COMENZAR CON nuestro tema, nos será útil tomar un momento histórico de gran importancia para lo que después sería la Argentina y que, en ese momento, también incidió en lo que hoy llamamos el Cono Sur de América: la fundación de la ciudad de Buenos Aires, en 1580. Damos por sabido que América se descubrió en 1492; que en 1517 se navegaron por primera vez el Río de la Plata y el río Paraná; que en 1536 se fundó el asentamiento de Mendoza (de pocos años de duración).

También sabemos que en las décadas posteriores una corriente colonizadora proveniente del Perú y del Alto Perú comenzó a poblar lo que es hoy la región norte y central de la Argentina, mientras otra, originaria de Chile, fundaba San Juan, Mendoza y San Luis; una tercera, procedente de Asunción, había fundado ya Santa Fe y Corrientes. Nos encontramos, pues, en las vísperas de la década de 1580, un importante período para la Argentina que culmina cuando Juan de Garay funda la ciudad de Buenos Aires.

BUENOS AIRES, LA PUERTA

¿Qué significado tiene todo esto? En primer lugar, tengamos en cuenta que los españoles, cuando empezaron a poblar —no podríamos decir "conquistar", porque prácticamente no hubo guerras de conquista en esa primera etapa—, tenían una idea muy indefinida de la geografía de esta parte de América. Las inmensas llanuras, a veces cortadas por cadenas de montañas (que, salvo los Andes, no eran ominosamente inexpugnables) y los enormes ríos, que venían del corazón de América y desembocaban en el Río de la Plata y luego en el Atlántico, mostraban una geografía inasible, difícil de establecer a partir de puntos de referencia. Tanto, que hasta muy entrado el siglo XVIII para andar por la pampa había que llevar una brújula, porque era casi imposible saber a simple vista dónde se estaba. Pero los españoles eran buenos cosmógrafos y geógrafos y, sobre todo, tenían una intuición certera que se verificaba a medida que conocían mejor el territorio.

En las vísperas de la fundación de Buenos Aires ya existían tres ciudades. Eran, en realidad, poblaciones muy pobres, provisorias incluso, pero que ya entonces tenían toda la vocación de convertirse en ciudades, con todos los formalismos burocráticos propios de la funcionalidad española y todos los pruritos de gobierno y de poder que caracterizaban a los capitanes españoles. Estas tres ciudades eran Córdoba de la Nueva Andalucía (fundada en 1573), Santiago del Estero (1554) y Tucumán (1565).

Si se las observa en el mapa, son tres puntitos en el interior mediterráneo de la Argentina, apuntando hacia el norte o hacia el sur como postas de una ruta que partía desde el Alto Perú y, básicamente, desde el Potosí, lugar que ya había ganado la fama de ser el más rico de América. Era el cerro de donde se extraía la plata y había dado una inmensa riqueza en muy pocos años, además de crear un gran centro consumidor con alto poder adquisitivo que necesitaba mercaderías para mantener el nivel de vida al que aspiraban no sólo los mineros rápidamente enriquecidos, sino toda la gente que lucraba alrededor de la industria de la minería.

Los pobladores españoles, habíamos dicho, eran buenos cosmógrafos y tenían buena intuición geográfica. Un oidor de la Audiencia de Charcas, don Juan de Matienzo (los oidores eran como camaristas hoy, miembros del tribunal colegiado de segunda instancia, y todas estas tierras dependían judicialmente de la Audiencia de Charcas), dijo en 1566 que era necesario abrir "una puerta a la tierra"; es decir, darle una salida al Atlántico a esta enorme extensión que, desde el Potosí hacia el sur, tenía ya postas en Tucumán, Santiago del Estero y Córdoba. Matienzo postulaba —desde la soledad de su escritorio en la Audiencia, sin haber salido nunca de ahí, pero bien informado por la gente que había estado en esas regiones— que era indispensable establecer otro asentamiento, más o menos en el mismo lugar donde don Pedro de Mendoza había fundado la primera Buenos Aires.

Este es el sentido primitivo de la fundación que realizó Juan de Garay, enviado por el último adelantado del Río de la Plata: la idea de crear una puerta a la tierra; la idea de abrir cómoda y ampliamente toda la ruta que, en última instancia, desembocaba en el Alto Perú y en la ciudad de Potosí.

Así nació Buenos Aires en 1580, con varias características muy curiosas. La fundación, que en su momento parecía ser trascendental, tiene escasa repercusión y, además, al tiempo se nota que Buenos Aires será, como dice un contador real muy pocos años después, "la más pobre ciudad de las Indias". Dentro del imperio español, donde prima la idea de que la riqueza consiste sobre todo en el oro y en la plata, Buenos Aires carece de ambos y es un pequeño poblado donde antes de 1610 hay, en el mejor de los casos, apenas unos quinientos habitantes, náufragos en un enorme mar doble, el de la pampa (adonde no se animan a salir, desconociendo prácticamente todo fuera de los aledaños mismos de la ciudad) y el del Río de la Plata, que después desemboca en el océano Atlántico. Tal era la triste situación de los pobres protoporteños, que dependían de la llegada de los barcos de registro para sobrevivir.

Llegados a este punto, conviene hacer una muy breve descripción de lo que era el sistema comercial español en aquellos tiempos. Los españoles, por miedo a los piratas y corsarios, establecieron a mediados del siglo XVI un sistema que consistía en el envío de dos convoyes (es decir, expediciones) custodiados por buques de guerra e integrados por treinta, cuarenta y hasta cincuenta unidades, que salían dos veces por año de España y regresaban desde allí con la misma periodicidad.

Tenían un itinerario muy preciso; por lo general viajaban desde Cádiz al istmo de Panamá. Desembarcaban sus mercaderías en Portobello, las pasaban a lomo de mula por el istmo hasta la ciudad de Panamá, llegaban al Pacífico, las volvían a cargar en otros navíos y entonces, después de pasar frente a Guayaquil, desembarcaban en el puerto del Callao, a poca distancia de Lima. Allí las mercaderías eran descargadas nuevamente, cargadas en mulas y distribuidas en diversos puntos del Perú o del Alto Perú.

Era un camino larguísimo, y en consecuencia el valor de venta de las mercaderías era muy alto, ya que se le iban agregando los gastos del viaje. Pero ese era el único sistema que había encontrado España para defenderse de los ataques de los corsarios, sobre todo ingleses: no dejar que navíos sueltos transportaran mercaderías, sino despacharla en convoyes de puerto a puerto por el Atlántico norte.

El sistema elegido significaba también que España no tenía en cuenta ningún otro punto que no fueran los puertos privilegiados de Cuba o del istmo de Panamá. Por lo tanto el de Buenos Aires, en el Atlántico sur, estaba totalmente marginado y recibía solamente a los llamados navíos de registro, autorizados especialmente a razón de uno por año, o uno cada dos años. Hubo incluso lustros durante los cuales ningún navío de registro llegó desde España.

Los porteños de aquella época padecían necesidades. No tenían ninguno de los elementos que necesitaban para sobrevivir y no podían fabricarlos en una ciudad y un paisaje como el de Buenos Aires, donde el tipo de producción que se podía realizar era muy escaso. Todavía no tenían ni el hábito ni la técnica para explotar los recursos que les brindaba la enorme pampa a cuya vera estaban situados. Así fue como los porteños empezaron a vivir del contrabando. Era la única forma de sobrevivir.

BURLAR LA LEY

El contrabando llegaba sobre todo de Brasil. Sucede que (justamente al fundarse Buenos Aires) Felipe II, por un problema dinástico bastante complicado, anexó la corona portuguesa a la española y se convirtió en rey de Portugal también, aunque las dos coronas se mantuvieron separadas. Los portugueses aprovecharon las ventajas de esta suerte de doble ciudadanía e intentaron comerciar con Buenos Aires. Ese intercambio, sin embargo, era ilegal, porque no se componía de navíos de registro autorizados, sino de buques que, cargados con las mercaderías que Buenos Aires necesitaba desesperadamente, se introducían por cualquier lugar de la enorme costa del Río de la Plata o del Paraná.

Con el tiempo, en diez o quince años, se formó una organización que vivía del contrabando, pero Buenos Aires seguía siendo una ciudad muy pobre, prácticamente miserable; los extremos de indigencia en la que allí se vivía son de leyenda. La excepción era el pequeño grupo de gente ligada al contrabando. Hay algunos relatos muy divertidos, como el que ha hecho Raúl Molina, sobre la ostentosa forma de vivir de esta poca gente que tenía juegos de billar, concubinas y una riqueza que contrastaba con la inopia de los demás habitantes de la ciudad.

A pesar de que algunos pocos gobernadores, como Hernandarias, trataron de combatir el contrabando, la fuerza de las necesidades era tan grande, que los porteños adquirieron la costumbre de burlar la ley: sabían que así podían vivir en condiciones mucho mejores, porque la ley era absurda en relación a los intereses de Buenos Aires.

De todas maneras, cada comunidad, en algún momento, empieza a encontrar su razón de ser desde el punto de vista económico, qué significa su existencia y para qué puede servir. Ya en los primeros años de la centuria siguiente, el siglo XVII, han sido fundadas (además de Córdoba, Santiago del Estero y Tucumán) Santa Fe y Corrientes, que forman la vía fluvial Asunción-Corrientes-Santa Fe-Buenos Aires. La vía terrestre, en cambio, era Buenos Aires-Santa Fe-Córdoba-Santiago del Estero-Tucumán-Salta-Jujuy y, como ciudades o jurisdicciones marginales, quedaban La Rioja y Catamarca, mientras la provincia de Cuyo dependía políticamente de la Capitanía General de Santiago de Chile.

Con el transcurso de los años, pues, se va formando una estructura poblacional y, con ella, también cierta diferenciación en materia de trabajo. Cada jurisdicción comienza lentamente a especializarse, según su clima y su tierra, en determinado tipo de producción. Se conoce una carta, que está en el Archivo de Indias, dirigida al rey por un vecino de La Rioja. (Un aspecto muy simpático de la organización indiana era que cualquier súbdito podía dirigirse por carta al rey directamente, con un encabezamiento que decía simplemente "señor:" y seguía con pedidos, denuncias o informes). Esta es una carta anónima, y dice por qué: teme que, por las denuncias que hace, se lo pueda matar.

Este vecino desconocido de la ciudad de La Rioja postula en 1680 que cada ciudad del Tucumán y de la gobernación de Buenos Aires tenga su propia actividad y se le prohiba realizar otra, para evitar la competencia entre jurisdicciones. Por ejemplo, que Buenos Aires se ocupe de mulas, de ropa, de muebles. La Rioja, sólo de producir vino y aguardiente; Catamarca, de tejidos; Santiago del Estero, de tejidos y mulas; Córdoba, de ropa; y así sucesivamente. Este bosquejo de división interprovincial del trabajo evidentemente se basa en la existencia de una diferenciación productiva en la actividad de cada región.

En este contexto, ¿de qué se ocupaba Buenos Aires? Del contrabando, lo que significó convertirse en la puerta de entrada de todo el comercio ilícito que luego se desparramaba por el Tucumán, jurisdicción que comprendía las actuales provincias de Córdoba, Santiago del Estero, Tucumán, Jujuy, Salta, La Rioja y Catamarca. El conjunto (mucho mayor que la gobernación de Buenos Aires, creada en 1617 y que abarcaba toda la provincia del mismo nombre y parte de Santa Fe y de la Banda Oriental) estaba bajo las órdenes de un gobernador que residía en Santiago del Estero.

¿Con qué pagaban los porteños el contrabando que recibían? La fuente de riqueza que les era de más fácil acceso comenzó a establecerse en las primeras décadas del siglo XVII: era la enorme cantidad de rebaños sin dueño que vagaban por la pampa. No lejos de Buenos Aires, en la misma provincia y también al sur de Santa Fe y al sur de Córdoba, el ganado se había reproducido extraordinariamente. Los vecinos de Buenos Aires constituían sociedades para llevar a cabo las llamadas vaquerías, o cacerías de vacas a punta de lanza.

Para llevarlas a cabo se reunían diez, doce, quince paisanos bragados y dispuestos tanto a soportar una vida dura como a ganarse unos cuantos reales. Cuando encontraban al ganado mostrenco, le cortaban a cada res los garrones con la punta de una caña, parecida a una medialuna afilada, y el animal caía al suelo, inmovilizado. La segunda parte de la faena era degollar y cuerear los centenares de reses caídas.

Lo único que se aprovechaba era el cuero, cargado en grandes carretas y llevado a donde se lo curaba y luego exportaba. Esa era la gran exportación porteña. El resto se perdía: la carne, los cuernos, las astas, el sebo... Uno puede imaginarse la pampa sembrada de reses podridas, pasto de los perros salvajes y de los ratones, plaga de los campos bonaerenses.

Las vaquerías tuvieron importancia por varios motivos. Fueron la primera industria porteña, por burda, primitiva y dilapidadora que nos resulte. Hoy la definiríamos como un disparate ecológico, pero en aquel entonces era el único elemento de trueque con que los porteños podían pagar las importaciones que ellos a su vez introducían en los mercados del interior.

Las vaquerías fueron, pues, la primera producción porteña, la primera industria. ¡Y qué diferente de la actual industria frigorífica! Sin embargo, de la vaquería al saladero, a la carne congelada, a la carne enfriada y a los cortes Hilton no hay más que una diferencia de grado. El creciente progreso tecnológico hizo posible que las primitivas y rudas vaquerías se convirtieran en lo que hoy es una industria no sólo importante sino también sofisticada.

Otra consecuencia importante de las vaquerías fue ir esbozando los límites políticos de lo que después serían algunas provincias argentinas. Muchas veces vecinos de Santa Fe se metieron en la jurisdicción de Buenos Aires para cazar vacas, ante lo cual el Cabildo de Buenos Aires reaccionó airadamente, acusándolas de usurpar un territorio ajeno. Siguieron una serie de disputas, no sólo con Santa Fe, sino también con Córdoba.

Finalmente, hacia 1720 los cabildos de Santa Fe y de Buenos Aires se pusieron de acuerdo en definir una frontera, el Arroyo del Medio, que aún sigue dividiendo a la provincia de Buenos Aires de la de Santa Fe. Del mismo modo se pactó, dónde terminaba Buenos Aires y empezaba Córdoba. Puede decirse con bastante certeza, por lo tanto, que las vaquerías contribuyeron a establecer límites para la jurisdicción de cada provincia.

Celos y rivalidades

Otro aspecto característico de la primitiva Buenos Aires es que, ya desde el momento de su fundación, suscita una serie de celos y de rivalidades. A pesar de ser muy pobre y vivir del contrabando, estaba muy bien situada geográficamente; era la "puerta de la tierra" que Matienzo había soñado. El primer rival que le surge debido a su buena ubicación es Lima.

Era obvio (y muchos funcionarios lo dijeron en ese momento) que el itinerario más corto y más sencillo para las mercaderías era cruzarlas por el Atlántico hasta Buenos Aires y transportarlas luego al Alto Perú, transitando caminos por lo general llanos y sin obstáculos tales como cordilleras o grandes ríos. Desde Buenos Aires hasta Potosí, en efecto, hay un camino perfectamente viable. En cambio el otro itinerario (puerto de Cádiz, Portobello, el istmo de Panamá, la descarga, la carga de nuevo en buques que irían por el océano Pacífico, El Callao, Lima, y desde allí atravesar toda la cordillera de los Andes a la altura del Perú hasta llegar al Alto Perú) era un engorro carísimo.

En 1778, cuando se consiguió el Auto de Libre Comercio, se calculaba que una vara de lienzo que iba al Potosí por el camino largo se vendería a más o menos treinta pesos el metro, mientras que, si entraba por Buenos Aires, valdría en Potosí como mucho cinco pesos. La superioridad geopolítica o geoeconómica de Buenos Aires era indiscutible.

Lima, que se da cuenta de esto, la enfrenta desde un primer momento. Por ejemplo: el comercio limeño controlaba la introducción de esclavos negros. Cuando en 1720 se instala la South

Sea Company con motivo del Tratado de Utrecht, Inglaterra abre en Buenos Aires una factoría para introducir esclavos y los limeños ponen el grito en el cielo. Lo mismo habían hecho antes, con el apoyo del virrey del Perú, denunciando que Buenos Aires no sólo era la puerta de entrada del contrabando, sino también la puerta ilegal de salida de la plata del Potosí, con lo que provocaba un incontrolable drenaje de divisas. La denuncia era cierta; todo esto formaba parte de la operativa del contrabando en la cual se basaba la supervivencia de Buenos Aires.

La rivalidad con Lima provocó, más o menos hacia 1620, que se instalara una aduana seca en Córdoba. Es decir, que se controlara el ingreso de mercaderías en la ciudad de Córdoba, lo que por cierto era una operación bastante difícil. Existía un camino que atravesaba el territorio santafesino y unía Buenos Aires y Córdoba sin entrar en la ciudad, de manera que, recorriéndolo, se eludía el control. Los limeños, después de mucha polémica, desplazaron la aduana hasta Santiago del Estero y, finalmente, tras más polémicas y discusiones a nivel burocrático, establecieron hacia 1680 ó 1690 esa misma aduana en Jujuy.

Así se fue creando un mercado interno que, en su momento, definiría los límites argentinos. Salvo la aduana de Buenos Aires, que estaba totalmente complicada con el contrabando, la introducción de mercaderías, hasta Jujuy, prácticamente conformaba un mercado único. Y, como ya se sabe, los mercados suelen ser el prerrequisito para formar una nación. La historia daba el marco de lo que sería el territorio de la futura Argentina.

Buenos Aires rivalizó también con otras ciudades. Con Santa Fe, por las ya mencionadas cuestiones de vaquería, y adelantándonos un poco a nuestro desarrollo anticipemos que, a partir aproximadamente de 1730, la rivalidad será con Montevideo. Cuando se fundó, muchos advirtieron que su puerto era superior al de Buenos Aires, cuya entrada padecía el serio obstáculo de las toscas y la poca profundidad del río. Montevideo comenzó a ser considerada la verdadera puerta de la tierra, a pesar de que, para ingresar al interior, había que atravesar dos grandes ríos, el Uruguay y el Paraná.

La competencia entre Buenos Aires y Montevideo fue de tal calibre, que el consulado porteño (es decir, la reunión de los comerciantes porteños) se opuso en 1804 a que se construyese un faro en el puerto oriental. Las tensas relaciones entre ambas ciudades explican también por qué Montevideo fue luego uno de los baluartes realistas contra la Revolución de Mayo. En Montevideo se instaló una contrarrevolución que duró cuatro años, hasta 1814, cuando Alvear logró expugnarla. Se puede decir, además, que la antigua rivalidad con el Perú también tuvo una cierta expresión política en la época de la Independencia, pues Lima se convirtió en el último de los baluartes realistas en América del Sur. Quizá porque verdaderamente cultivaba un sentimiento de fidelidad al rey de España; quizá como una suerte de proyección del viejo encono.

Resumamos lo dicho hasta ahora. La ciudad de Buenos Aires, fundada en 1580 tiene, en primer lugar, una asociación permanente con el comercio ilícito; o sea, practica la burla de la ley. En segundo lugar, su producción se basa en una suerte de catástrofe ecológica, como es la aniquilación indiscriminada de los rodeos mostrencos, a punto tal que en 1715 el Cabildo prohibe las vaquerías, porque "si siguen así las cosas, nos vamos a quedar sin cueros y en cueros..." Y, efectivamente, era así.

PODER CONVOCANTE

A pesar de que inspiraba rivalidades y competencias, Buenos Aires era, al mismo tiempo, una ciudad que tiene un notable poder de convocatoria, como lo muestra el enfrentamiento con Portugal. En 1680 se presentó en Colonia del Sacramento (frente a Buenos Aires, Río de la Plata de por medio), una expedición portuguesa que fundó un establecimiento. Hacía pocos años que se habían separado las coronas de Portugal y de España.

Portugal aspiraba a tener bajo su jurisdicción toda la parte sur de Brasil hasta el Río de la Plata. Así, instaló esta expedición en Colonia, un lugar muy estratégico. Por una parte, es la llave de los ríos de la Plata, Uruguay y Paraná y, por la otra, es el único lugar de la costa donde hay piedra; es decir, donde se pueden construir fortificaciones, que para la época eran indispensables.

El gobernador de Buenos Aires, José de Garro, se enteró de este establecimiento y le mandó a Don Manuel de Lobo, jefe de la expedición portuguesa, un ultimátum muy riguroso, advirtiéndole que la Banda Oriental pertenecía al Rey de España y que, en consecuencia, se tenían que ir. Lobo contestó pidiendo que lo dejasen instalarse y que después la cuestión diplomática se debatiría ante las cortes. Dijo que sus intenciones eran totalmente pacíficas, que lo que querían era comerciar con Buenos Aires. Garro, que era un vasco extremadamente obstinado y además patriota, insistió en que el establecimiento debía levantarse, originando un fenómeno muy curioso.

Convocó a lo que hoy podríamos llamar "las fuerzas vivas" de Buenos Aires (el cabildo secular, el cabildo eclesiástico, los comerciantes más importantes, los funcionarios reales, los hombres más significativos) a una consulta, y todos coincidieron en que debía atacarse la fundación portuguesa y expulsar a los usurpadores. Garro, entonces, envió una circular a su colega, el gobernador de Tucumán, para que intentase movilizar los tercios o milicias de las ciudades del Tucumán a Buenos Aires y emprender así la iniciativa de expulsión de los portugueses.

Y, efectivamente, de Córdoba, de Tucumán, de La Rioja llegaron contingentes reunidos por los vecinos feudatarios (como se llamaba a los que tenían encomiendas), una de cuyas obligaciones era acudir al servicio del rey, a su propio costo, cada vez que eran necesarios sus servicios militares. José de Garro, además, pidió a los jesuitas que mandasen como refuerzo a los indios guaraníes. Se formó así una suerte de ejército de tres mil indios. Al frente de todo se puso a un criollo, Antonio de Vera y Mujica, nacido en Santa Fe.

Con ese aparato militar preparado, Garro volvió a convocar a las fuerzas vivas de la ciudad de Buenos Aires y les preguntó si, a pesar de que Portugal y España estaban en paz y la expulsión por la fuerza de los portugueses podía provocar un incidente diplomático grave, esto debía llevarse a cabo. Las fuerzas vivas convinieron que sí y se produjo el ataque, que re-

25

sultó una masacre horrorosa. Los indios guaraníes les tenían un especial encono a los portugueses debido a las expediciones de los *bandeirantes* contra ellos (esta es otra historia), y mataron a casi todos los pobres colonos, muchos de ellos labradores. El propio Manuel de Lobo fue hecho prisionero, y murió uno o dos años después.

La importancia de este episodio reside en que Buenos Aires, una ciudad de cien años de vida, sin los títulos de Córdoba, por ejemplo, que ya contaba con una universidad; o los de Santiago del Estero, que era la ciudad más vieja del país; sin los títulos de Asunción, que había sido la madre de las ciudades en la primera época; Buenos Aires, con toda su pobreza, su carga de ilegitimidad por el contrabando, logró convocar a un acontecimiento que equivalía casi a una primera guerra argentina: se luchó contra un enemigo exterior, que usurpaba una posesión claramente española, y la mayoría de los que participaron eran criollos. Los tercios de la ciudad de Tucumán eran nietos o bisnietos de los conquistadores; los indios guaraníes, también; a todos los comandaba un criollo.

Buenos Aires adquirió súbitamente una suerte de prestigio que tendría mucha importancia después, cuando se creó el virreinato, cuando los porteños rechazaron a los ingleses y cuando la Revolución de Mayo. Una ciudad que nació y vivió en la ilegitimidad, que dependía económicamente de algo tan extraño como las vaquerías, que inspiraba rivalidades y competencias, también tuvo, sin embargo, capacidad convocante como para echar al usurpador de sus vecindades y, en ese esfuerzo, lograr la cooperación de las ciudades hermanas del resto de esta parte de América.

A todo esto, el interior también crecía y se especializaba en algunas cosas. Tucumán, por ejemplo, en la fabricación de carretas, aprovechando sus buenas maderas. En Santiago del Estero, la abundante mano de obra indígena permitía un tipo de industria textil, por supuesto muy elemental, pero de cierta importancia. Córdoba se especializó en la cría de mulas, que después se mandaban a Salta, donde se vendían para que trabajasen en las minas del Alto Perú y del Perú.

El interior estaba permanentemente asediado por los problemas con los indios del Chaco, que en realidad ocupaban parte de Salta, de Jujuy, de la actual Formosa, y, sobre todo, de Santiago del Estero y Santa Fe, y eran un permanente peligro para las ciudades tucumanesas. Por ello, todos los gobernadores requirieron los servicios de los vecinos de las ciudades para hacer entradas contra los indios, reducirlos e inspirarles temor. Córdoba respondió casi siempre; Santiago del Estero, con mucho entusiasmo, porque estaban implicados sus propios intereses; Salta y Jujuy, también; los riojanos y catamarqueños, con más reticencia, porque para ellos el Chaco estaba muy lejos.

Pero los que nunca acudieron fueron los porteños, lo que indignaba a las ciudades del interior. Dentro de ese contexto solidario, los porteños siempre tenían alguna excusa: habían visto piratas en la costa, tenían algún problema... Esta actitud creó una diferenciación en cuanto a los intereses políticos de unos y de otros.

ORGANIZACION POLITICA

Conviene ahora que describamos brevemente la organización político-jurídica de esta parte de América, la cual, por cierto, no se diferenciaba de la del resto del imperio español. Estaba formada por una serie de autoridades, algunas de las cuales habían sido instituidas como un acto de traslación mecánica de las autoridades españolas al nuevo mundo americano.

Los adelantados, por ejemplo. Durante los ocho siglos de la reconquista, es decir, durante la lucha de Castilla y León contra los moros, los reyes, muchas veces por falta de dinero, nombraban adelantados a algunos señores para que extendieran la frontera de los cristianos a expensas de los moros. Les daban una cierta cantidad de privilegios, de la misma manera que a quienes poblarían los futuros asentamientos en los nuevos territorios. Cuando esa suerte de inmensa lotería que es América cayó bajo los ojos de España, lo primero que se les ocurrió a las autoridades fue trasladar automáticamente algunas instituciones tradicionales españolas a América. Los adelantados fueron una de ellas.

El primer adelantado del Río de la Plata fue don Pedro de

Mendoza, así como en otras regiones de América hubo otros adelantados. Esto implicaba un contrato por el cual el adelantado se comprometía a pagar todos los gastos de la expedición, a cambio de lo cual se lo nombraba Capitán General y juez y se le daba una serie de privilegios de mando y de poder, además de una cierta cantidad de las tierras a descubrir y de las riquezas que se pudieran obtener. En relativamente poco tiempo, algo menos de un siglo, el sistema demostró que no funcionaba, que era peligroso. Los adelantados, por la enorme distancia que los separaba de las autoridades de la metrópoli y también por temperamento, tendían a la autonomía total. Ya había habido algún caso en Perú, con Pizarro y con Lope de Aguirre, por ejemplo.

La institución fue pues cancelada y en su lugar llegaron los burócratas; los gobernadores primero, los virreyes después. Los gobernadores estaban a cargo de jurisdicciones muy amplias, como la del Tucumán, la de Paraguay, la de Buenos Aires, pero dependían de un virrey; en nuestro caso, el virrey de Lima, el virrey del Perú.

El Virreinato de Lima se instauró muy poco tiempo después de la Conquista, como en Méjico, y consistía en un representante directo del rey, generalmente un caballero, un hidalgo de alta alcurnia, quienes en general fueron bastante aptos y eficientes. A partir de esa institución existió lo que podríamos llamar un Poder Ejecutivo que además invadía, a veces, jurisdicciones judiciales y que tuvo, con el tiempo, una facultad de la cual hablaremos enseguida.

La otra institución muy importante, además del virrey, era la Audiencia, una suerte de cámara de justicia o de Suprema Corte que se ocupaba en última instancia de los asuntos judiciales. Sus miembros, además, como en el caso de don Juan de Matienzo, eran informantes; ejercían una suerte de función de planeamiento y tenían la obligación de expresarle al rey todas sus inquietudes. Las audiencias, por lo tanto, además de la función judicial, cumplían una función de control.

Después estaban los cabildos, organización de gobierno municipal. Debe recordarse que aquí todas las fundaciones de ciudades fueron hechas por la Corona y en nombre de la Corona. En América del Norte, en cambio, los colonos llegaban libremente y después fundaban una ciudad; o llegaba una compañía de colonización, vendía lotes y fundaba una ciudad. Aquí, donde todo se hizo en nombre de la Corona, el fundador designaba a los primeros integrantes del Cabildo (seis, ocho, diez, según la importancia de la ciudad), cada uno de los cuales se ocupaba de una función determinada y cargaba con un alto honor por ser cabildante. Duraban un año en sus funciones y al terminar su mandato ellos mismos designaban a sus sucesores; es decir, no se hacía una elección popular como en algunos estados de América del Norte.

Los Cabildos cumplían funciones en teoría municipales, pero, tratándose de ciudades tan alejadas entre sí como eran Córdoba, Santiago del Estero, Tucumán y La Rioja, en realidad ejercían todas las funciones del gobierno: en caso de sequía, tenían que tomar medidas para que estuviera abastecida la población; si había ataques de los indios, tenían que tomar medidas militares; si había algún abuso por parte del gobernador, se quejaban ante el virrey. Eran, pues, no sólo un gobierno municipal, sino un gobierno político verdaderamente importante.

Dentro de la estructura del poder indiano estaba además la Iglesia, que cumplía una función religiosa, desde luego, pero también política: controlaba, vigilaba, se quejaba, entraba en pugna (casi siempre con los gobernadores y con los virreyes) y, básicamente, establecía cierto equilibrio entre los distintos poderes.

En la organización indiana ningún poder era demasiado claro. Nosotros nos escandalizaríamos de que el Poder Judicial tuviera injerencia dentro del político; sin embargo, en aquel entonces la Audiencia podía reemplazar al virrey, como pasó en Buenos Aires en 1806. La Audiencia podía tomar medidas políticas, el virrey podía tomar medidas judiciales porque era presidente de la Audiencia, y los cabildos tenían funciones que excedían lo municipal.

Esta situación no era casual. La Corona española trataba de mantener cierto estado de confusión para poder controlar el conjunto y para que, ante un abuso, un desafuero o un exceso de independencia, otro organismo pudiera meter las cosas en su cauce. Era un sistema de contrapesos muy delicado, regido por las leyes de Indias, que además eran casuísticas; es decir, no generales, sino de tipo particular, y conformadas además según un concepto difícil de definir, aunque muy interesante.

La organización indiana era hija del viejo derecho español, cuyo valor fundamental era la idea de que todo debía ser hecho en beneficio de la comunidad, en beneficio del común de la gente. Este no era un concepto solamente de tipo filosófico, sino que conllevaba aplicaciones prácticas muy concretas y trascendentes. Si cuando el virrey o el gobernador recibía una cédula real, emanada del mismo monarca instalado en Madrid, y al leerla la consideraba un disparate, solemnemente convocaba a los funcionarios, al cabildo, a la Audiencia, al obispo y decía: "Se acata pero no se cumple". En otras palabras: "No desconocemos la autoridad de quien dice esto, pero como no hace al bien común y traería más males que bienes, no lo aplico y lo archivo en un cajón".

Este procedimiento era habitual, lo que implica que existía una suerte de veto por parte de las autoridades indianas respecto de las disposiciones de la autoridad real que aunque, era acatada como suprema autoridad, podía no estar bien informada respecto de la realidad americana. En consecuencia, los representantes del rey que estaban sobre el campo decían: "Esto no va", en aras del bien común. Este valor, después de la Revolución de Mayo, será sustituido por el de soberanía popular.

LOS INDIOS

La organización administrativa y los sucesos que ocurrían en estas tierras tenían un trasfondo muy importante, que tiñe, da valor y moviliza el conjunto: la presencia indiana. La existencia de aborígenes en el Nuevo Mundo conmocionó no sólo a España sino también a Europa. El hecho de que se hubiera descubierto un "nuevo" continente en el que además había seres vivos, reconocidos al cabo de unos años como seres humanos, trajo una serie de problemas enormes de tipo teológico, filosófico, jurídico, político y, desde luego, también científico.

Por de pronto, si son seres humanos: ¿Cristo los redimió? ¿Tenemos que evangelizarlos? ¿Tenemos obligación de bautizarlos? ¿Está dentro de nuestra misión hacerlo? Y fundamentalmente, en el caso de España, ¿tenemos derecho a hacerles la guerra, a sacarles sus bienes, a esclavizarlos, a sacar el mejor partido de ellos? Estas cuestiones se discutieron, y varias veces, en España; hubo reuniones de teólogos y muchos libros escritos sobre este tema. ¿En qué caso puede España hacer la guerra contra unos indios que no nos han hecho nada? Nosotros hemos llegado allí como invasores, ¿qué derecho tenemos de combatirlos?

En los primeros años de la conquista el problema fue relativamente teórico, pero cuando en 1519 Hernán Cortés desembarcó en las costas de Méjico y se encontró, por primera vez en la historia de la civilización europea, con otra cultura, desconocida hasta entonces y tal vez más brillante y más opulenta que la de ellos, el fenómeno indio apareció en toda su crudeza como una problemática distinta. ¿Qué hacemos con los indios, cómo sacamos el mejor partido de ellos? Porque, desde luego, la conquista era la conquista y no se podía detenerla.

¿Cómo hacemos, además, para sacar el mejor partido de ellos sin que esto nos signifique un pecado, algo que pese sobre nuestra conciencia y la conciencia de nuestro monarca? Así se inventó la institución que defendía a todo el poblamiento de América (excepto Buenos Aires, donde no había indios sometidos) y, especialmente, al Tucumán: la encomienda. Consistía en encomendar a un español un grupo de indios, una tribu, algunas familias. Lo que se le encomendaba era la salvación de las almas y cierto bienestar mínimo. A cambio, el indio debía trabajar para él o, después de 1615, pagarle un tributo.

El vecino que poseía este privilegio debía acudir al servicio del rey cada vez que se lo requiriera; paulatinamente adquirió la condición de feudatario, casi de señor feudal. Tiene encomendados a un grupo de indios que no son sus esclavos, que no puede transferir, vender, o trasladar, con los cuales tiene ciertas obligaciones. Pero a su vez tiene respecto de ellos ciertos derechos, fundamentalmente que trabajen para él o que le paguen una tasa.

A grandes rasgos, este era el panorama del Tucumán y de la gobernación de Buenos Aires hacia mediados del siglo XVIII; período durante el cual está asentada, por decirlo así, esta estructura social y de poder que hemos descrito. A mediados del siglo XVIII es también el momento cuando cambia la idea de riqueza de las naciones en Europa, cuando la dinastía Borbón se afirma en España, cuando cambia también el concepto del valor que tienen las posesiones indianas. Son las vísperas de la creación del Virreinato del Río de la Plata.

Capítulo II

LA ETAPA COLONIAL

ANTES DE ABORDAR específicamente la creación del Virreinato del Río de la Plata y dilucidar el significado histórico que tuvo, registraremos algunos procesos ocurridos a mediados del siglo XVIII que nos parecen interesantes.

Durante el tiempo transcurrido desde que interrumpimos nuestra crónica a fines del capítulo anterior —a principios del siglo XVIII, cuando se producen en España la muerte de Carlos II, la guerra de sucesión y, finalmente, la coronación del primer monarca de la dinastía Borbón, Felipe V—; durante esos años y los posteriores, se desarrollaron algunas circunstancias que, si bien se habían originado en el siglo anterior, adquirieron entonces una mayor significación.

LAS ESTANCIAS

Buenos Aires empezó a cambiar, quizá no tanto la ciudad en sí misma como el territorio que la circundaba. Decíamos anteriormente que, en un principio, sus habitantes vivían como náufragos entre dos mares enormes: uno, la pampa; el otro, el Río de la Plata. A mediados del siglo XVIII, pueblos indígenas de origen probablemente chileno que habían descubierto el caballo ocuparon espacios vacíos en la pampa, volviéndose más peligrosos para los cristianos.

En consecuencia, los habitantes de Buenos Aires intentaron proteger las pocas poblaciones que la circundaban, creando aldeas eventualmente defendidas por pequeñas construcciones de barro o por empalizadas en Mercedes, San Miguel del Monte, Chascomús, Dolores. Así se formó una línea de fortines que llegaba hasta Melincué, atendida por paisanos a quienes se convocaba en una suerte de milicia: los blandengues. A pesar de que estaban mal pagos y mal armados, era a ellos a quienes se debía acudir en caso de ataque de los indios.

El propósito de este pequeño círculo de fortines era proteger de los malones a las primeras estancias que se habían creado en las cercanías de Buenos Aires. Hasta entonces la riqueza agropecuaria, fundamentalmente constituida por ganado vacuno, se cazaba directamente en las vaquerías. Pero como a principios del siglo XVIII los ganados mostrencos comenzaron a extinguirse, algunos porteños con iniciativa y coraje instalaron lugares donde amansarlos, donde acostumbrarlos a vivir. De ese modo, cuando llegaba el momento de faenarlos, estaban a mano y su explotación no significaba expediciones de días enteros, durante los cuales había que internarse por la llanura para encontrarlos.

En los nuevos establecimientos la forma más común de retenerlos era mediante el "rascadero", un palo muy notorio plantado en medio de la pampa, donde los animales iban a rascarse (es "el palenque ande ir a rascarse" que se menciona en el *Martín Fierro*). Allí podían ir a tomar agua y eventualmente se les dejaba algunos panes de sal para equilibrar la dieta de pastos que hacían. Cerca del rascadero se edificaba el rancho del dueño (a veces de su representante o capataz), quien, desde luego, vivía una vida muy solitaria y salvaje. Se encontraba a muchos días de distancia de la ciudad de Buenos Aires, donde podía proveerse de los elementos necesarios para la vida. En realidad, por lo que se refiere al tipo de relaciones que podía tener y al tipo de trabajo que podía realizar, era una vida parecida a la de los indios.

A pesar de tanta precariedad, así fue el comienzo de las incipientes estancias bonaerenses. De éstas se obtenía fundamentalmente el cuero, que ya había sido el objeto principal de las vaquerías y ahora se explotaba mediante métodos más refinados. Se intentaba curarlos en el lugar y embarcarlos de manera relativamente periódica. En algunos casos se buscaba incluir algunos subproductos como las astas o las pezuñas.

A los historiadores y a los lectores de historia nos es difícil imaginar cómo era la vida cotidiana hace cincuenta, cien o doscientos años. Por lo tanto, tenemos que hacer un esfuerzo para asumir hasta qué punto el cuero era una cosa importantísima en la vida de los europeos y de los americanos. A mediados del siglo XVIII, formaba parte de una cantidad de objetos de uso común que hoy han desaparecido o que se fabrican de otra manera.

Entre otras cosas, era el revestimiento de los ejes de las ruedas de los carros; con cuero se formaban o se hacían los atalajes de los caballos y las forniduras de los uniformes: no sólo los cinturones, no sólo las cananas, sino también los zapatos, las botas; con cuero se revestían muchos muebles y los carruajes de cierta importancia; y, entre otras muchas utilidades más, se lo utilizaba para artículos de aseo.

El cuero era una mercadería reclamada de manera creciente en Europa, sobre todo cuando había guerra y se lo necesitaba hasta para embalar y forrar cañones. En consecuencia, las estancias que se empezaban a formar cerca de Buenos Aires, protegidas de los indios por el cinturón de fortines, respondían a una demanda cada vez más importante para el Río de la Plata.

Así fue cambiando la fisonomía de aquel Buenos Aires descrito en el capítulo anterior; aquel Buenos Aires cuyos habitantes vivían solamente del contrabando, esperaban un navío de registro que llegaba cada uno o dos años y se encontraban desasidos de la mano de Dios. En este nuevo Buenos Aires de mediados del siglo XVIII, en cambio, ya existía una suerte de industria local que consistía fundamentalmente en la explotación del cuero.

Por otra parte, hacia las últimas décadas del siglo XVIII se fue formando en Buenos Aires, con creciente intensidad, una sociedad donde la gente valía por lo que era y por lo que tenía. El valor social no se los daba ni sus apellidos ni el formar parte de una aristocracia (incipiente o no), sino el éxito que hubieran alcanzado en la vida.

En el interior, mientras tanto, se fueron produciendo algunas otras diferenciaciones, como por ejemplo una mayor identidad local en las ciudades de Córdoba, Mendoza (que todavía pertenecía a la Capitanía General de Chile), La Rioja y San Miguel de Tucumán, entre otras. Cada una se fue dedicando a algún tipo de producción que la identificaba y que de cierta manera vinculaba a sus habitantes. Había, por ejemplo, todo un estilo de carretas construidas en Tucumán y todo otro estilo mendocino de carretas.

LOS JESUITAS

El marco político-filosófico de la dinastía de los Borbones era el absolutismo, concepción que sostenía, entre otras cosas, que nada que esté dentro del Estado debe estar contrapuesto al Estado mismo o a sus representantes. A mediados del siglo XVIII esta ideología repercutió en la parte de América que aquí nos concierne a través de dos hechos. Uno es la expulsión de los jesuitas en 1767.

La orden jesuita había logrado constituir un enclave muy curioso y digno de análisis dentro del imperio español en parte del actual territorio de Paraguay, parte de Corrientes y los litorales brasileño y uruguayo. Comprendía aproximadamente setenta pueblos cuyos habitantes eran indios guaraníes que habían abandonado sus hábitos nómades, dirigidos por padres jesuitas que a su vez habían sido adiestrados muy duramente por la Compañía de Jesús para convertirse en administradores de cada uno de estos pueblos.

Creo que debemos rendir un homenaje a la intención de estos sacerdotes, que fueron heroicos. Lograron una identificación tan grande con los guaraníes que hasta adoptaron su idioma en sustitución del español, los rescataron de su destino trashumante, los urbanizaron, les enseñaron oficios, unificaron su lengua y llegaron a convertirlos en autores de una gran cantidad de expresiones de tipo cultural que siguen teniendo importancia, que siguen siendo bellas y útiles.

A veces he pensado que parecería que hacia mediados del siglo XVII los jesuitas se hubieran dicho: "En Europa ya no tenemos nada más que hacer; esta civilización está corrompida por el lucro, la codicia, la crueldad. Busquemos un lugar donde ensayar una civilización totalmente distinta, donde no exista el espíritu de lucro, donde la gente trabaje solidariamente, donde nadie tenga dinero porque no lo necesita, donde se viva como hermanos". Desde cierto punto de vista, se puede decir que el de los pueblos jesuitas era un régimen económico socialista. Nadie tenía nada propio, excepto las cosas domésticas y todas las necesidades eran subvenidas por la comunidad: "Cada cual de acuerdo con su capacidad; a cada cual de acuerdo con su necesidad".

La presencia de los jesuitas en el territorio argentino tuvo, además, un significado político. Defendieron el territorio español de los *bandeirantes* y se opusieron a la permuta de siete pueblos guaraníes a cambio de la Colonia del Sacramento; costó mucho persuadirlos de que los abandonaran, dejándolos bajo la jurisdicción portuguesa.

Uno de los problemas que los jesuitas presentaban a la corona española era precisamente su poder político. En los pueblos vivían muchos miles de indios —algunos con entrenamiento militar—, que podían constituir una fuerza bastante importante. Como consecuencia, en 1767 el rey Carlos III envió una orden secreta a las autoridades de todas las colonias españolas en el mundo, ordenándoles que cierto día predeterminado se tomase a buen recaudo a todos los jesuitas existentes en la jurisdicción, estableciéndose a través de un inventario cuáles eran los bienes que poseían.

Y efectivamente, a mediados de 1767, en el actual territorio argentino, con un intervalo de un mes entre la orden y la ejecución, diversos piquetes armados golpearon las puertas de las residencias jesuíticas —que no solamente estaban en Misiones sino en casi todas las ciudades del actual territorio argentino—, detuvieron a los sacerdotes e incautaron sus bienes. A partir de ese momento y durante casi un siglo, la Compañía de Jesús desapareció del actual territorio argentino.

El hecho tuvo infinitas consecuencias. Se cortó abruptamente la acción cultural desplegada por los jesuitas, no solamente en las misiones sino en el resto del territorio argentino. Otras órdenes religiosas intentaron cubrir el espacio vacante. Los bienes temporales dejados por la Compañía de Jesús fueron vendidos o rematados, con lo cual surgió una nueva clase de propietarios, personajes de las provincias que adquirieron así un status mayor. Un ejemplo es la espléndida estancia de Santa Catalina en Córdoba, cerca de Jesús María, que, adquirida por un señor cordobés apellidado Díaz, conformó una de las explotaciones ganaderas más importantes de ese momento.

El establecimiento de los jesuitas en este territorio no podía durar demasiado tiempo, entre otras razones porque su prosperidad tentaba la codicia de algunos funcionarios españoles que suponían que las reducciones conformaban un patrimonio que debía estar en manos de la Corona. Probablemente el error de los jesuitas fue no enseñar a sus pupilos a gobernarse por sí mismos. La prueba de que no formaron una clase dirigente está en que, cuando fueron expulsados, las misiones quedaron totalmente arruinadas. A pesar de que los padres franciscanos se hicieron cargo de ellas con el mayor empeño que pudieron, su patrimonio cultural se dilapidó con relativa velocidad. De lo que había sido un emporio de laboriosidad, al cabo de unos quince años prácticamente nada quedaba ya en pie.

De cualquier modo, lo que se logró a lo largo de los ciento cincuenta años que duró el experimento de los jesuitas fue realmente admirable. La muestra está en tantas capillas e iglesias que se ven todavía: en Córdoba, la iglesia de la Compañía, las estancias de Jesús María y de Santa Catalina y la capilla de Candonga, entre otras, son pruebas de lo que fue la experiencia en las misiones. Los jesuitas, además, lograron hacer una imprenta con tipos de madera en plena selva e imprimir libros que aún hoy son una maravilla por su calidad gráfica. La imprenta fue trasladada después a Córdoba y de ahí, cuando la expulsión de los jesuitas, a la Imprenta de los Niños Expósitos en Buenos Aires, a la cual se deben tantas publicaciones.

Hubo también otros factores que impulsaron la expulsión de la Compañía. Los elementos masónicos que en ese momento operaban en el seno del gobierno de Portugal y de España; las teorías del enciclopedismo; las ideas liberales que ya cundían en Europa. Además, hubo algunos escándalos financieros que desprestigiaron y debilitaron a la orden jesuita en Francia. Basta leer, por ejemplo, *Candide* de Voltaire para darse cuenta hasta qué punto la Compañía, en aquella época, era objeto de calumnia y, también, de críticas a veces fundadas. El poder de los jesuitas era demasiado fuerte; por lo tanto, se hacía sospechoso.

Cuando la expulsión, varios Estados europeos, como Rusia o Polonia, les ofrecieron hospitalidad. Algunos jesuitas se fueron a Italia. Muchos de ellos vivían en Faenza, y algunos escribieron cosas muy lindas sobre sus experiencias en América. Otros celebraron el advenimiento de la Independencia, ya fuese porque aborrecían al poder español que los había expulsado; ya fuese por cariño a América, donde habían pasado muchos años. Incluso otros, como por ejemplo Villafañe, que era argentino riojano, regresaron al Río de la Plata después de la Independencia. Por lo general, sus vidas fueron muy desdichadas después de que los disolvieron. Estaban acostumbrados a formar parte de un cuerpo extremadamente solidario y se los desperdigó por el mundo; vivían en la miseria, generalmente acogidos por algún principado italiano, algún ducado, algún condado. La orden sólo se reconstituyó en 1815.

CAMBIOS

Otro cambio importante vinculado con el absolutismo de los Borbones es, además de la expulsión de los jesuitas, el comienzo de un régimen más estrictamente fiscalista, lo que creó mayores resistencias en estas tierras. Existía, por parte de la Corona, la necesidad de introducir reformas en aras de un mejor gobierno y de un mayor control de las cosas, lo que derivó en un régimen de tipo más colonial: incluso se dieron órdenes para talar los olivos y los cultivos de tabaco que hacían competencia al aceite y al tabaco españoles.

Anteriormente, cuando el gobierno de la dinastía de los Austrias, la única contribución importante que América hacía a la corona española era el veinte por ciento (el quinto real) de los metales que se obtuvieran aquí; lo demás quedaba para los particulares. A partir de los Borbones se estableció un régimen fiscal más racional. Había cambiado, además, la idea de riqueza de las naciones. En lugar de creer, como en épocas anteriores, que ésta consistía solamente en el oro y en la plata, se comenzó a considerar riquezas a los bienes, a la actividad económica. De ahí la importancia del cuero. Como consecuencia, la zona del Río de la Plata, que no tenía oro ni plata pero sí otros bienes, se valorizó.

El régimen colonial no llegó a florecer porque lo interrumpió el movimiento de la Independencia. Cuando ocurrieron las invasiones inglesas, se reveló la impotencia militar de España para defender sus colonias de América, pero ya antes se había manifestado su impotencia económica para abastecerlas porque carecía de una flota. Carlos III y sus sucesores se empeñaron con relativo éxito en reconstruir tanto la de guerra como la mercante. La economía mercantilista lo exigía.

Otro hecho importante es el creciente avance de los portugueses en el Río de la Plata. Ya contamos cómo Buenos Aires logró convocar a una suerte de expedición nacional que expulsó a los portugueses de la Colonia del Sacramento, lo que dio lugar a una serie de maniobras de tipo diplomático y militar. Varias veces los españoles la volvieron a tomar por la fuerza y tuvieron que entregarla después debido a los tratados diplomáticos. Finalmente se firmó el Tratado de Permuta, por el cual España cedía siete pueblos de las misiones a cambio de la Colonia del Sacramento. En 1776, don Pedro de Cevallos llegó al frente de una enorme expedición, la más grande que se haya visto en América, con la misión de tomar definitivamente la Colonia del Sacramento y afirmar las fronteras entre Portugal y España. Al norte de donde actualmente está la frontera entre Uruguay y Brasil fundó la fortaleza de Santa Teresa.

El Virreinato

En 1776 se creó el Virreinato del Río de la Plata. Hasta ese entonces Buenos Aires era una gobernación y el Tucumán otra, y ambas dependían —al menos teóricamente— del Virreinato de Lima. A partir de 1776 toda esa jurisdicción formará parte del Virreinato de Buenos Aires, junto con el Paraguay y la región de Cuyo, que dependía de la Capitanía General de Chile. Así se estableció el esbozo de una gran nación, concebida sobre la base de un pensamiento grandioso, que se manifiesta tanto en la jurisdicción que se le atribuyó como en la capital que se le dio.

Desde un punto de vista institucional, el hecho más importante es la designación de don Pedro de Cevallos como virrey del Río de la Plata, mediante una cédula real por la cual se le asignaba una jurisdicción que comprendía el Alto Perú, la gobernación del antiguo Tucumán y la gobernación del Paraguay. En estas regiones había algunas ciudades que tenían atributos más que suficientes para aspirar a ser capital del nuevo virreinato. Estaba Córdoba, que desde 1615 era sede de la universidad más prestigiosa de esta parte de América. Estaba Potosí, cuya riqueza legendaria había alimentado las arcas del Estado español durante más de un siglo y que, aunque en decadencia, seguía manteniendo su leyenda. Estaba Asunción del Paraguay, que había sido la primera fundación española en esta parte de América.

Sin embargo, la corte española se decidió por Buenos Aires porque, pese a su ubicación periférica, era el lugar ideal desde donde resistir el avance de un eventual ataque portugués y, además, el que tenía más fácil acceso a España a través de la navegación atlántica. Seguramente un buen lobby porteño en Madrid también contribuyó a que la ciudad fuera erigida como cabeza del Virreinato, el último de América. Su jurisdicción comprendía las actuales repúblicas Argentina, de Bolivia, de Paraguay y Oriental del Uruguay.

Si bien Buenos Aires era la capital, las otras ciudades tenían jurisdicción propia. Estos gobiernos municipales o cabildos eran comunales y tenían a su cargo una cantidad de cosas que hacían al bien común y que excedían lo municipal: en 1810 ya había un ejercicio político bastante importante. En buena parte, los cabildos estaban integrados por criollos de unas cuantas generaciones.

Más adelante, las jurisdicciones municipales fueron estableciendo de hecho los límites aproximados de cada una de las actuales provincias y países, en base al *uti posidetis*, uno de los legados de las civilizaciones españolas. Es un principio del derecho internacional americano, cuya traducción del latín es: "Como poseísteis, seguiréis poseyendo". Cuando hay una cuestión de límites entre los países americanos, lo primero que se hace es ver los archivos españoles para ver cuál era la jurisdicción española y, si está claramente delimitada, se la toma como frontera. Así, por ejemplo, Bolivia y Perú tienen su límite en el río Desaguadero, porque ahí terminaba el Virreinato del Río de la Plata y empezaba el Virreinato del Perú.

El Virreinato del Río de la Plata tenía salida a los océanos Pacífico (por la zona de Puno, donde actualmente está la frontera chileno-boliviana) y Atlántico. Su extensión era enorme. Contaba con dos grandes ríos, como el Paraná y el Uruguay, y con praderas anchísimas donde podía desarrollarse cualquier explotación agropecuaria. En cuanto a sus posibilidades económicas, se podría agregar que en la zona que abarcaba el norte de Buenos Aires, el sur de Córdoba, el sur de Santa Fe y que llegaba hasta Entre Ríos se criaban cuarenta mil mulas, que anualmente se llevaban a Salta para venderlas a los mineros del Perú y del Alto Perú. En Misiones, el Paraguay, el norte de Corrientes y Tucumán había selvas espléndidas que permitían todo tipo de elaboración de la madera, en una época donde ésta era un material de construcción muy apreciado. Existían además yacimientos minerales en la zona del Alto Perú y, en la de Mendoza, también había plata y otros minerales.

El nuevo virreinato tenía dimensiones lo suficientemente grandes como para poder mantenerse y, efectivamente, tuvo una vigencia de más o menos treinta años. Pero incluía regiones demasiado heterogéneas, estableciendo forzosamente una vinculación política entre territorios cuyos habitantes eran de modalidades muy distintas entre sí, de orígenes étnicos muy diferentes y de intereses muy contrapuestos. El Alto Perú, por ejemplo, que durante siglos había tenido vinculación social, comercial y política con Lima, fue de pronto incorporado a Buenos Aires. Una situación similar fue la de la región de Cuyo, que dependía de Santiago de Chile y de pronto pasó a pertenecer a una capital que le quedaba a más de mil kilómetros de distancia; o la de Montevideo, fundada treinta años antes, cuyas aspiraciones eran ser el puerto único de esta parte de América.

La concepción, de todos modos, era grandiosa. El Virreinato del Río de la Plata tenía la envergadura de un país de las dimensiones de los Estados Unidos. Sus dos salidas, al océano Atlántico y al Pacífico, le daban la posibilidad de conectarse con todo el mundo. La Patagonia y las islas Malvinas se incluían dentro de su jurisdicción, creando toda una perspectiva de explotación marítima, pesquera, de aceite de focas y de ballena, entre otras producciones muy promisorias en esa época. Sin embargo, el Virreinato habría necesitado más años para fraguar. Eran tan distintos y tan heterogéneos los elementos que lo formaban que, cuando después de 1810 llegó el momento en que la dependencia central de España se cortó, aparecieron, aparte de la República Argentina, Bolivia, el Paraguay y el Uruguay en un irreprimible estallido de naciones.

PROSPERIDAD

A partir de 1776 empezó un período de prosperidad para Buenos Aires y en alguna medida también para sus aledaños, incluida la antigua gobernación del Tucumán, que se benefició con el Auto de Libre Internación y el Reglamento de Libre Comercio (1777 y 1778 respectivamente). Inmediatamente después de la creación del Virreinato del Río de la Plata, en efecto, fue posible un tipo de comercio mucho más abierto, flexible y liberal que el que anterior.

El Reglamento de Libre Comercio permitió que el puerto de Buenos Aires tuviese vinculaciones directas y sin necesidad de autorización previa con los puertos de España y de casi toda América. Además, se pudieron introducir mercaderías no sólo en la antigua gobernación del Tucumán, que para entonces pertenecía al Virreinato del Río de la Plata, sino también en el Alto Perú. Así se cortó definitivamente la dependencia que ligaba a esta jurisdicción con el Virreinato de Lima, lo que provocó protestas muy amargas no sólo de los limeños sino también de los propios virreyes de Lima, quienes llegaron a pedir a la Corona de España que dejase sin efecto la creación del Virreinato del Río de la Plata.

Con el nuevo reglamento, aumentó la introducción de mercaderías a través del puerto de Buenos Aires y entre 1780 y 1800 la ciudad vivió una explosión de progreso (similar, por otra parte, a la que se viviría cien años después, entre 1880 y 1910, y que aún hoy se conserva en la memoria colectiva de los argentinos). Muchos inmigrantes, españoles la mayoría, pero también italianos, franceses y de otras nacionalidades, se instalaron en Buenos Aires. El puerto recibía buques norteamericanos, balleneros o que traían trigo; comenzó un intercambio bastante activo; crecían aquellas casas de comercio que caracterizaron luego a la ciudad de Buenos Aires y que dieron vida a toda una burguesía que tendría importancia política décadas después.

Hubo muchos casos de muchachitos jóvenes, adolescentes casi, enviados desde España por sus familias, consignados a alguna casa de comercio porteña. Martín de Alzaga, por ejemplo, que no sabía hablar español cuando llegó a Buenos Aires —hablaba éuscaro—; o los fundadores de familias tan tradicionales como los Lezica y los Anchorena, entre otros. Todos ellos llegaron a Buenos Aires consignados a una casa de comercio; trabajaron como dependientes durante algunos años; se casaron —generalmente con la hija del patrón—; adquirieron status; fueron elegidos cabildantes en algún momento; recibieron honores y riqueza; sus hijos serían oficiales de los ejércitos patrios; sus nietos, enfiteutas con Rivadavia y amigos de Rosas; sus bisnietos la pasarían muy bien con Roca y, como en la Argentina las fortunas familiares no duran mucho más que dos generaciones, de Roca en adelante todos ellos estarían fundidos...

Volvamos a los últimos años del siglo XVIII. Buenos Aires concentró, decíamos, una gran cantidad de comerciantes y de aprendices en casas de comercio. Quizás conviene recordar el primer capítulo de *El siglo de las luces* de Alejo Carpentier, cuando se describe la llegada de los protagonistas a La Habana, que entraban al almacén paterno y sentían los olores: el del pescado seco, el del bacalao, el de las piezas de género. Seguramente no el olor de la yerba mate, porque en Cuba no se la

46

conocía, pero aquí, sí. Podemos imaginar, pues, lo que sería ese barrio vecino a los embarcaderos de Buenos Aires, cerca de Plaza de Mayo. Allí estaban los depósitos y allí se realizaba el comercio que después, en carretas, iría a ramificarse a Córdoba, a Mendoza, a Salta, etcétera.

Al mismo tiempo, o como consecuencia de esto, creció en Buenos Aires una sociedad que quizá tuviese algún impulso aristocratizante, pero que era esencialmente plebeya; una sociedad de comerciantes y, eventualmente, de estancieros que se fueron haciendo ricos o que eran ricos pero seguían viviendo en sus estancias una vida tan dura, trabajosa y salvaje como la de cuarenta años antes, cuando recién empezaban a construirse las líneas de los fortines.

De todos modos, la sociedad porteña se formó de una manera tal que carecía de los prejuicios aristocráticos de, por ejemplo, la cordobesa, donde no había excepción alguna a la rigidez que caracterizaba a la sociedad española colonial de la época. Concolorcorvo (seudónimo de un mestizo cuyo color era el del cuervo), encargado de recorrer el camino Buenos Aires-Lima y establecer dónde se podían asentar las diversas postas para instalar el correo, registra estas diferencias en su libro *El lazarillo de ciegos caminantes*.

Allí cuenta que en Buenos Aires no existen los prejuicios de casta que él observa en otras ciudades del interior. Señala que en Córdoba, por ejemplo, cuando una mulatita se puso vestidos que pertenecían a mujeres de otro nivel social, las damas hicieron una especie de complot, le dieron una paliza, la hicieron desnudar y la hicieron pasar un papelón para que aprendiera bien dónde estaba su lugar. En Buenos Aires, en cambio, era posible que un inmigrante como el padre de Manuel Belgrano, que había llegado de Génova, se hiciera de algún dinero a fuerza de trabajo, tuviera la posibilidad de mandar a su hijo a estudiar a España y que él mismo recibiera los honores correspondientes a una posición social obtenida gracias al éxito económico. Esto distinguía a Buenos Aires del interior, donde todavía se tenían en cuenta los linajes y su antigüedad; donde todavía los criollos descendientes de los conquistadores se mantenían con estancias añejas en su concepción y poco redituables.

Existían también otras diferencias. Buenos Aires se vio favorecida por la organización del virreinato, ya que necesariamente tan enorme territorio, en algunas ciudades, debía ser atendido por representantes del virrey para que la lejana autoridad tuviese algún poder efectivo. Así se instalaron las llamadas gobernaciones-intendencias en Córdoba y en Salta y, entre otras, cuatro más en el territorio del Alto Perú y en Asunción del Paraguay.

Estas gobernaciones-intendencias, atendidas por funcionarios (algunos de ellos recordados con mucho cariño por la acción efectiva que desarrollaron, como en Córdoba el marqués de Sobremonte), tenían a su vez ciudades subalternas que dependían de ellas, lo que trajo ciertas consecuencias. Ciudades como San Juan, Mendoza, La Rioja o Catamarca, que dependían de Córdoba, o Tucumán, que dependía de Salta, se sentían disminuidas en sus derechos y trataban de "puentear" a las ciudades que eran gobernación-intendencia. Apelaban pues directamente a Buenos Aires, que se convirtió en algo así como la protectora de hecho de las pequeñas ciudades y la rival de, por ejemplo, Córdoba y Salta.

De algún modo esto explica por qué los acontecimientos de 1810 fueron recibidos en Córdoba con una contrarrevolución, y por qué la adhesión a la Junta de Mayo por parte de Salta demoró bastante tiempo. Existían contradicciones no sólo políticas entre Buenos Aires y el interior, sino también comerciales. Buenos Aires había logrado finalmente su ambición fundacional: ser la puerta de la tierra, convertirse en quien controlaba la puerta, quien daba paso a los que entraban o salían de la casa.

Este control lo ejercía de forma tal que muchas veces, cuando entraban demasiadas importaciones, las pequeñas industrias del interior (las tejedurías de Catamarca o de Córdoba; los textiles, los vinos y los alcoholes de Mendoza o Catamarca) sufrían la competencia extranjera. Esto se vería mucho más agudamente años después, pero ya entonces se podía advertir en el Alto Perú, que era una importante fuente de tejidos bastos y de tejidos gruesos de lana.

CRIOLLOS

De todas maneras, el hecho más importante de la época en cuan to a la sociedad de entonces es la aparición de una categoría humana que adquirió cada vez mayor importancia y mayores ambiciones: los criollos, hijos de españoles, que no eran mestizos (pues no tenían mezcla de sangre, al menos aparentemente) y a quienes antecedían tres, cuatro, cinco generaciones nacidas en tierra americana.

En esa época, provincias como La Rioja o Catamarca eran virtualmente gobernadas por los criollos a través de los cabildos. Se han hecho estudios de la composición de los cabildos de las ciudades del interior, donde se ve que, salvo algún español —casi siempre un comerciante que se había incorporado a la sociedad local—, los cabildos eran manejados por descendientes de los conquistadores o de las viejas familias de cada provincia. Esto nos hace pensar que la política que se desarrolló en el país después de 1810, tan sutil, tan complicada, tuvo su antecedente en aquellos cabildos donde el criollo y el español pujaban por el poder político y que le dieron a los criollos y a sus descendientes un entrenamiento considerable en estas lides.

La existencia misma del criollo ya definía en sí una categoría humana muy especial: era activo, celoso del español, al que ridiculizaba o cuya importancia intentaba atenuar y tenía un amor indudable a la tierra donde había nacido. En Santiago del Estero se encuentra un acta capitular de mil setecientos setenta y pico, donde se relata —por supuesto que en un lenguaje de escribano, como se redactan todas las actas—, una lucha muy enconada por un problema de tipo ceremonial, de precedencia de un cargo en el Cabildo, entre un español y un criollo de apellido Bravo. Todo esto terminó con una pelea tan grande, que la misma acta dice que este criollo, Bravo (que debía ser bastante bravo) dijo al español: "Váyase vuestra merced a la mierda". Hasta tal punto, vemos, llegaban las peleas y las rivalidades.

LAS INVASIONES INGLESAS

La existencia del criollo fue un hecho nuevo que también significó un factor de presión dentro de este Virreinato que se había creado, dentro de esta Buenos Aires que se iba refinando. Vista con perspectiva histórica, la ciudad es casi nada, pero para aquella época era bastante importante: teatro, imprenta, el paseo de la Alameda, una corte virreinal que, aunque muy plebeyita, chica y pobretona, podía compararse con la de Lima o Nueva España.

Entre esta Buenos Aires y el interior había, dijimos, una contradicción pasiva, sin grandes manifestaciones de hostilidad, salvo algunos casos pintorescos. En pocos años adquirió una preponderancia muy grande y también un grado de riqueza que la definía y la mostraba al imperio español americano como ejemplo de una clase social nueva, de un nuevo tipo de riqueza y de otros factores que, como dice Ricardo Levene, eran explosivos si se los consideraba a la luz de una posible revolución, como la que efectivamente ocurrió en 1810.

Hay que resaltar otro hecho vinculado con la creación del Virreinato que potenció esta situación explosiva: las invasiones inglesas. Ocurrieron en 1806 y en 1807, aunque en realidad se trató de una sola invasión. Los ingleses se instalaron en la Banda Oriental del Río de la Plata, desde allí invadieron Buenos Aires, la ocuparon, fueron desalojados, se mantuvieron en la Banda Oriental, consiguieron refuerzos y finalmente atacaron nuevamente para ser derrotados en la Reconquista. Estos son los hechos más o menos conocidos y no vamos a detallarlos. La pregunta es: ¿cuáles fueron las consecuencias directas de las invasiones inglesas con respecto al poder creciente de Buenos Aires, a las contradicciones de esta ciudad con el interior del país y a la creación de una conciencia nueva que no podemos llamar nacional pero que va encarnándose en la nueva casta de los criollos?

Las consecuencias son muy importantes por varios motivos. En primer lugar, se acentuó ese poder administrador de Buenos Aires que centralizaba a todas las jurisdicciones del Virreinato. Si bien cayó en poder de los ingleses, la ciudad pudo restablecerse, reconquistarse, y sus estructuras administrativas no sufrieron daño: las ciudades del interior siguieron prestándole acatamiento.

En segundo lugar, Buenos Aires adquirió un poder nuevo, el militar, antes inexistente. Hasta 1806, España mantenía un regimiento en Buenos Aires que se llamaba Regimiento Fijo; era un cuerpo de tropa asentado en Buenos Aires, que venía generalmente de La Coruña, en Galicia. Al cabo de un año, los soldados y los oficiales desaparecían, ya fuese porque se dedicaban al comercio, porque se casaban con mujeres nativas o porque simplemente desertaban. De modo que el Regimiento Fijo prácticamente no tenía vigencia alguna y, cuando las invasiones inglesas, España evidenció que no tenía poder para evitar un ataque. Lo que en cambio sí se puso de manifiesto fue el poder militar de Buenos Aires para resistir, para reconquistarse y para defenderse de invasores que, además, no eran soldados bisoños, sino los mejores del mundo, los que habían enfrentado a Napoleón. La victoria se obtuvo gracias al entusiasmo del pueblo y al valor de Liniers, y también gracias a los errores cometidos por los ingleses.

A partir de la primera invasión, y previniendo la segunda, se formaron cuerpos que rápidamente se armaron, uniformaron y eligieron su jefe según un viejo fuero de las milicias españolas que permitía, cuando se creaban nuevas fuerzas militares, que los mismos soldados designaran a sus mandos. Así se eligió a Saavedra como jefe de los Patricios después de una puja interna que éste tuvo con Belgrano. Los cuerpos se formaron en función de las regiones de sus integrantes: los arribeños, es decir, los de las provincias de arriba; los patricios, oriundos de Buenos Aires; los gallegos, los vascos y catalanes, los pardos y morenos, entre otros.

Ocurrió entonces que los cuerpos integrados por españoles estaban constituidos generalmente por personas de una relativa buena posición, en su mayoría dependientes de comercio que, cuando tenían que presentarse en el cuartel, hacer ejercicios doctrinarios y de tiro, marchas y evoluciones, no sólo se aburrían mucho sino que además tenían que dejar sus trabajos. Como esto no les convenía, fueron abandonando cada vez más estas obligaciones. Los criollos, en cambio, que en general eran pobres, tomaron con mucho entusiasmo sus

51

nuevos empleos de soldados y el dinero que se les daba como sueldo. Estos cuerpos criollos fueron poco a poco modelando lo que hoy llamaríamos una potencia de fuego considerable que hasta ese momento no se tenía y un poder militar propio que virtualmente no dependía de la corona española sino de sus propios recursos.

Finalmente, después de las invasiones inglesas Buenos Aires adquirió un enorme prestigio en toda América porque no sólo había rechazado al invasor, sino que había sido capaz de protagonizar un hecho sin precedentes dentro del imperio español, el derrocamiento del representante del Rey. Sobremonte, en efecto, aparece como un timorato a los ojos de los porteños por acatar instrucciones que databan de la época de Cevallos, según las cuales, si había un ataque exterior, el primer deber del virrey era asegurar los fondos reales y el dinero de los particulares y escapar, poniéndolos a buen recaudo. Lo hizo, y quedó ante la historia como un cobarde.

El pueblo, después de la reconquista de Buenos Aires, exigió a gritos su derrocamiento y la Audiencia, frente a este malestar, homologó la decisión popular y suspendió al virrey Sobremonte a pesar de sus protestas, designando en su reemplazo a Liniers. Si bien éste nunca llegó a ser nombrado por la Corona, fue de hecho un virrey provisorio nombrado por el pueblo. Este es un precedente fundamental: el pueblo de Buenos Aires derroca al virrey, algo nunca visto en el imperio español.

Pero además, vale la pena reiterarlo, la hazaña de expulsar y hacer prisioneros a los soldados más valientes del mundo le valió a Buenos Aires un prestigio enorme ante toda América y, por supuesto, ante las ciudades de su propia jurisdicción virreinal. Le dio el carácter de hermana mayor, lo que tiene una enorme importancia, como se verá en el próximo capítulo.

Resumiendo lo anterior: el Virreinato, que se creó en 1776, estableció una enorme jurisdicción que, en última instancia, benefició básicamente a la ciudad de Buenos Aires. Le dio una prosperidad y un poder administrativo que crecerían unos pocos años después, cuando luego de las invasiones inglesas, la ciudad no sólo reforzó su poder administrativo mediante la fidelidad de las pequeñas ciudades del interior y la rivalidad con Córdoba, Salta o Montevideo, sino que además adquirió un temible poder militar y un enorme prestigio moral. Tal era el panorama de esta parte de América en vísperas de la Revolución de Mayo.

Capítulo III

1810
Y SUS EFECTOS

EL TEMA DE este capítulo es la Revolución de Mayo, situación fundacional llena de significado y de consecuencias. No nos ocuparemos tanto de los hechos en sí como de intentar comprender cuál fue su sentido y cuáles sus consecuencias; qué cambios se introdujeron en la sociedad del Río de la Plata y qué nuevos problemas creó, por su propia dinámica, esa Revolución que buscaba enfrentar viejos problemas, fundamentalmente el de la dependencia con España.

La Revolución de 1810 fue un acontecimiento que, cuando se lo ve desde una perspectiva histórica, parece inevitable, pues las cosas ocurrieron de tal modo que un suceso semejante en esta parte de América era casi necesario. Resumamos muy brevemente el contexto nacional de la época, ya que es importante que veamos por qué en un momento dado los vecinos de Buenos Aires resolvieron tomar una actitud tan extrema y escandalosa como fue la de deponer al representante del rey y designar una Junta en su reemplazo.

UNA NUEVA DINASTIA

Inglaterra y España estaban en guerra desde 1804 y no era la primera que sostenían; en realidad podríamos hablar de una larga guerra que había comenzado a fines del siglo XVIII. Pero esta guerra en particular tiene especial importancia, entre otras cosas porque en la batalla de Trafalgar (1805), donde la flota española, al igual que la francesa, quedó prácticamente destruida, se definió la lucha que en ese momento se libraba entre Napoleón y el imperio británico.

La guerra entre Francia e Inglaterra dio marco a los hechos políticos acaecidos en España. Allí reinaba Carlos IV, pero gobernaba Manuel Godoy, príncipe de la Paz, primer ministro de Carlos IV y favorito de la reina María Luisa. A pesar de que, según se dijo, era un hombre de pocas luces, en pocos años Godoy hizo una carrera sensacionalmente rápida y se llenó de riquezas, de poder y de influencia. Su política fue de total apoyo a Francia, lo cual era lógico: si España estaba en guerra con Inglaterra, lo más sensato era que se apoyase en Napoleón, con quien tenía un enemigo en común.

Sin embargo, cuando el favorito de la reina permitió a las tropas napoleónicas pasar por territorio español para atacar a Portugal, muchos españoles consideraron que Godoy exageraba el apoyo a los franceses. Napoleón, que tenía una concepción global de la guerra, creía en la eficacia del bloqueo continental, una suerte de alianza de todos los países del continente europeo contra Inglaterra para evitar que exportase su creciente producción textil, asfixiándola y provocándole un caos económico tal que facilitara su rendición. Justamente uno de los puntos básicos del bloqueo continental, cuya meta era alinear a todo el continente contra las islas, estribaba en no permitir que Portugal siguiese siendo la tradicional aliada de Gran Bretaña.

De modo que con el apoyo español las tropas francesas llegaron a Portugal sin encontrar resistencia casi y, mientras se acercaban a Lisboa, la corte portuguesa se embarcó y se trasladó a Río de Janeiro. El hecho de que la corte del rey de Portugal, incluyendo tanto a sus parientes como a la burocracia, se instalase en Río de Janeiro, fue muy importante y repercutiría en el Río de la Plata.

A todo esto, en España continuaba la política pro-francesa hasta que finalmente, con motivo de una asonada popular en Aranjuez —lugar de veraneo de los reyes de España— que se pronunció contra Manuel Godoy de manera tumultuaria, éste tuvo que renunciar. Carlos IV se vio obligado a abdicar y su hijo Fernando VII accedió al trono en marzo de 1808, ante el disgusto de Napoleón, quien ya no encontraba en España instrumentos tan maleables como Godoy y Carlos IV.

De modo que, haciendo uso de su poder, Napoleón convocó a la familia real española a Bayona en mayo de 1808. Allí, durante una sesión que no fue sino una farsa, obligó a Fernando VII a devolverle la corona a su padre Carlos IV y a éste, a su vez, a cedérsela a Napoleón. Napoleón, por su parte, se la entregó a su hermano José Bonaparte, a quien designó rey de España. Es decir que en pocos días España vio caducar a la dinastía Borbón y surgir otra, la Bonaparte, nueva, plebeya y usurpadora. Fernando VII fue confinado en Valençay, en el castillo de Talleyrand y Carlos IV y su mujer se retiraron a Italia junto con Godoy.

En España comenzó a gobernar José Bonaparte en nombre de su hermano, apoyado por la fuerza de los batallones y regimientos franceses. Esto provocó una tremenda reacción en el pueblo español que, a partir de 1808 se sublevó espontáneamente en toda la península y se formaron juntas populares y regionales que en algún momento enviaron delegados a una junta central.

Las alianzas internacionales cambiaron. España, que antes estaba en guerra con Inglaterra, se alió con ésta para luchar contra Napoleón, el enemigo común. Las fuerzas bonapartistas tuvieron algunos reveses en España, pero después de 1809, cuando tras la batalla de Wagram puso fin a los problemas militares que había tenido con Austria, Napoleón envió grandes refuerzos a la península ibérica y logró ocuparla en su mayor parte. Resistió sólo Andalucía, donde estaba la Junta de Sevilla, que prácticamente resumió los poderes de las demás juntas.

Mientras tanto, en el Río de la Plata había una gran inquietud. La fidelidad a la dinastía Borbón provocaba que la dinastía francesa fuese muy resistida pero, por desgraciada coincidencia, en ese momento el titular del Virreinato del Río de la Plata era un francés, Santiago de Liniers, designado por el pueblo de Buenos Aires en reemplazo del marqués de Sobremonte. Si bien Liniers nunca fue designado virrey titular, sino en todo caso aceptado por la Junta de Sevilla como provisorio hasta que se compusieran las cosas, el hecho de que fuera francés despertaba suspicacias. Sucedió también que Liniers no era un hombre demasiado político y cometió algunos errores más de forma que de fondo, debido a los que se acrecentaron las sospechas acerca de cuál sería su papel.

Por otra parte, en la corte portuguesa de Río de Janeiro estaba la infanta española Carlota, hermana de Fernando VII y casada con el heredero del trono de Portugal. Por ser la heredera más directa de Fernando VII, en ese momento cautivo, Carlota se consideraba la virtual titular de una especie de protectorado sobre el Río de la Plata. Todos los factores, indudablemente, contribuían a complicar la situación.

A mediados de 1809 llegó el nuevo virrey, mandado por la Junta de Sevilla. Era un marino español, Baltasar Hidalgo de Cisneros. A pesar de que algunos amigos de Liniers lo instaban a que no entregase el poder, éste, leal a la Corona, así lo hizo y se retiró a Córdoba. Unos meses después, en mayo de 1810, llegó la noticia de que los bonapartistas habían ocupado Andalucía, donde funcionaba la última junta popular contra los franceses que existía en España. La noticia causó una enorme conmoción y desencadenó los hechos de Mayo, aquella reunión convocada por el Cabildo, con conocimiento del virrey, para que de manera abierta los vecinos de la ciudad se expidiesen acerca de lo que se debía hacer en esta situación.

LA REVOLUCION

Situémonos en el caso y en la época. Buenos Aires era un virreinato que dependía de España. El rey legítimo —que, obviando la farsa de Bayona, era Fernando VII— estaba preso. El pueblo se resistía al rey usurpador, José Bonaparte. Las juntas populares que luchaban militarmente contra los franceses habían sido arrasadas. ¿Qué hacer, entonces? ¿Entregarse a la dinastía Bonaparte? ¿Seguirle el juego al usurpador que señoreaba en casi toda Europa? ¿Esperar hasta ver qué pasaba en los campos de batalla del Viejo Continente?

En mayo de 1810 confluyeron varios sectores con diferentes

ideas acerca del destino de estas tierras. Es posible que algunos de los que participaron en las Jornadas de Mayo —por ejemplo Moreno y Castelli— hayan querido iniciar una singladura hacia la independencia. Es posible también que otros, españoles o cercanos al partido españolista, hayan pensado que lo más conveniente era formar una junta y esperar.

Algunos recordaban lo sucedido un siglo antes, cuando la guerra española de sucesión entre los Austrias y los Borbones, que duró casi quince años. A lo largo de ese intervalo, las colonias habían quedado a la expectativa de lo que se decidiera en España, dispuestas a reconocer al rey legítimo. Una vez que Felipe V, el primer Borbón, se instaló en el trono español, los funcionarios coloniales de la Corona reconocieron su legitimidad y la cosa siguió adelante sin mayores problemas. Es posible pues que en 1810 muchos hayan pensado que sucedería algo parecido a eso.

El caso es que se formó una junta en sustitución del virrey, lo que desencadenó importantes consecuencias. Algunos factores se habían puesto en marcha en el pasado y la situación de 1810 los potenció. Por ejemplo, la capacidad de convocatoria lograda por Buenos Aires cuando tomó la Colonia del Sacramento en 1680 con el concurso de los tercios del Tucumán, del Paraguay y de los indios guaraníes. También el prestigio que ganó más de cien años después, cuando en 1806 y 1807 rechazó, por sí sola, a los ejércitos más valientes del mundo.

El prestigio entonces consolidado por Buenos Aies adquirió una nueva proyección institucional y jurídica en las Jornadas de Mayo de 1810. Ocurrió que uno de los partidarios de no hacer innovaciones y de mantener al virrey planteó en el cabildo abierto del 22 de mayo que los vecinos de Buenos Aires no tenían derecho a tomar una iniciativa tan importante como la de sustituir al virrey por una junta. Por muy importante que fuera la ciudad, era una más del virreinato, y lo lógico era consultar el parecer de las otras jurisdicciones. No olvidemos que había gobernaciones-intendencias y ciudades subalternas que tenían derecho a establecer sus posiciones en ese momento.

Fue entonces cuando Juan José Paso, político muy hábil y muy fino, apeló al argumento de la "hermana mayor". Dijo que

Buenos Aires actuaba en esta emergencia como una hermana mayor en custodia de los bienes y los intereses de sus hermanos y que, desde luego, se comprometía a convocar a los delegados de otras ciudades para que homologasen la decisión de sustituir al virrey.

El 22 de mayo de 1810 la figura casi retórica de la hermana mayor se convirtió en una proyección jurídica concreta. Buenos Aires obtuvo el derecho de introducir este cambio substancial en la estructura del poder virreinal, bajo la condición de convocar después a las otras jurisdicciones y pedirles su opinión. Actuaba según lo que en Derecho se llama una "gestión de negocios": algo que se hace por otra persona sin que ésta lo sepa, pero que le evita males mayores. Oportunamente, la persona beneficiada se enterará, pero en principio se actúa como buen padre de familia o hermano mayor.

Tanto o más importante que éste de la hermana mayor es otro concepto que se lanza en la sesión del 22 de mayo: el de soberanía popular. Uno de los argumentos jurídicos que se esgrimen, en efecto, es la teoría según la cual el poder reside en la corona porque le fue otorgado por Dios de alguna manera legítima. Sin embargo, continúa el razonamiento, ocurre que la corona le ha sido arrebatada a su legítimo titular. Dado que hasta las juntas han sido derrotadas militarmente, ¿quién tiene el poder? El pueblo, que provisoriamente puede delegarlo en la persona o personas que desee hasta que la situación se aclare.

El concepto anterior es fundamental. Hoy nos parece un lugar común del Derecho Político, pero en aquella época fue revolucionario. Que los gobernados pudieran elegir a sus propios gobernantes, aunque fuese provisoriamente, era una doctrina explosiva. Más adelante volveremos sobre este aspecto.

Aparte de las innovaciones jurídicas, las Jornadas de Mayo demuestran que los criollos tenían el poder militar. Conviene recordar que después de la primera invasión inglesa y de la reconquista de Buenos Aires se armó urgentemente una serie de cuerpos militares organizados según las regiones de donde eran originarios sus integrantes: gallegos, catalanes, arribeños, patricios, pardos y morenos, etcétera. Dijimos que los españoles, que por lo general eran empleados de comercio de buen pasar, eludían los ejercicios militares porque les significaban una pérdida de tiempo y de dinero, mientras los criollos, los pardos, los morenos, para quienes las raciones y el sueldito eran importantes, cumplían puntualmente con sus obligaciones, con lo que fueron adquiriendo una potencia de fuego muy respetable. Esto quedó demostrado el 1 de mayo de 1809, cuando Martín de Alzaga lideró contra Liniers una suerte de golpe que intentaba ser militar y Saavedra, a la cabeza de los patricios, impuso inmediatamente el orden y quedó dueño de la Plaza de Mayo.

LA REVOLUCION EN EL INTERIOR

En 1810 el poder militar de Buenos Aires se puso de manifiesto no sólo por la presión de los regimientos criollos, sino también porque se ordenó de inmediato el envío de expediciones a diversos puntos del virreinato. Lo que había sucedido en Buenos Aires, en efecto, era demasiado escandaloso como para que se aceptara pacíficamente. El derrocamiento de un delegado del rey o de la Junta que decía representarlo, y su sustitución por una Junta, era realmente algo difícil de tragar en las regiones más fidelistas del virreinato.

En Córdoba se armó una contrarrevolución, presidida por Liniers, que concluyó con su fusilamiento y el de sus compañeros. En Mendoza hubo bastante reticencia para aceptar la junta porteña. En Salta tuvieron lugar muchas discusiones. Y en tres puntos, sobre todo, la resistencia se hizo activa: el Alto Perú, el Paraguay y Montevideo. El puerto oriental, sabemos, tenía una vieja rivalidad con Buenos Aires. Esa antinomia creció mientras Liniers fue virrey porque en Montevideo no lo reconocían como tal, precisamente por ser francés; se formó entonces una junta que se disolvió al llegar Cisneros, pero los gérmenes de la actitud antiporteña quedaron. Y cuando en Buenos Aires se designó a la Junta, en Montevideo se armó una resistencia militar que duró cuatro años.

Desde Buenos Aires partieron expediciones, que no fueron simultáneas. Una, al Paraguay, para tratar de convencer o vencer a los paraguayos. Allí se vivía una vida propia, más mediterránea, cuyos intereses chocaban con los de Buenos Aires, puerta de entrada ante la cual debían rendir pleitesía para realizar sus importaciones y exportaciones. Belgrano, jefe de la expedición patriota, encontró pues resistencia. Se peleó una batalla, la perdió, hubo negociaciones; finalmente Paraguay mantuvo una actitud neutral respecto de la guerra de la independencia, sin hostilizar a las autoridades porteñas.

La expedición que se mandó al Alto Perú, en cambio, obtuvo un primer triunfo, Suipacha, pero después de unos meses sufrió el desastre de Huaqui a orillas del río Desaguadero, límite entre el virreinato del Río de la Plata y el del Perú.

Quedó en claro que las tropas habían sido enviadas para establecer el reconocimiento de las autoridades de Buenos Aires, pero no para extender su poder a otro virreinato. Buenos Aires se consideraba una heredera del poder español hasta donde llegaban sus fronteras.

Las expediciones al Alto Perú fueron retomadas después por Manuel Belgrano, con los triunfos de Tucumán y de Salta y las derrotas de Vilcapugio y Ayohuma. Luego asumió el mando del ejército el general Rondeau, quien subió hasta el interior del Alto Perú y sufrió la derrota de Sipe Sipe en 1815. A partir de 1815 ya no hubo expediciones a la frontera norte alentadas desde Buenos Aires, pero sí un estado de guerrilla permanente, animado sobre todo por el caudillo Martín Miguel de Güemes, quien más o menos congeló allí la situación con una guerra de guerrillas que impidió a los realistas avanzar hacia el sur.

El otro problema militar fue Montevideo, que destacó una flotilla para hostilizar a Buenos Aires. Los orientales incluso bombardearon la ciudad e hicieron algunos raids por las poblaciones del Paraná. La resistencia española en Montevideo sufrió diversas circunstancias. Hubo un sitio que cercó en la ciudad a los realistas; Artigas, convertido por elección popular en el caudillo de la Banda Oriental, participó en la lucha patriota, apoyando a la junta porteña, pero luego se retiró por algunos inconvenientes que tuvo con ésta; en 1814, sin embargo, las tropas patriotas lograron tomar Montevideo y este triunfo le permitió a José de San Martín variar la estrategia militar de la Revolución y concebir y ejecutar las campañas de Chile y de Perú.

Tan importantes como estos aspectos militares son los sucesos que se desencadenan en Buenos Aires y en el interior desde que el virrey es sustituido por un gobierno que empieza a llamarse "patrio". Hay, por supuesto, diversas alas: más radicalizadas, como las de Moreno y Castelli; más conservadoras, como la que conduce Saavedra; y diversas facciones que se van sucediendo en la titularidad del poder durante los diez años que corren entre 1810 y 1820, cuando cayó el gobierno central.

Hasta ese momento en Buenos Aires existía un gobierno que —llámese Primera Junta, Junta Grande, Triunvirato, Segundo Triunvirato, Directorio; fuesen las que fueran su forma jurídica y sus reglamentos— residía en la ciudad, se consideraba heredero del poder español, recaudaba dinero, fundamentalmente a través de la aduana, y lo destinaba en su mayor parte a la causa nacional de la Independencia: a armar y vestir a los ejércitos patrios, a enviar diplomáticos al exterior, a hacer propaganda por la causa de la Revolución, etcétera. Sus características eran las de un gobierno central y aunque en 1820, encarnado en el Directorio, cayó, a lo largo de sus diez años de duración se generaron cambios muy importantes dentro de esa sociedad que ya empezaba a llamarse argentina.

LOS CAMBIOS

En primer lugar, se produce un cambio en las creencias colectivas. Dijimos que el bien común era una de las concepciones fundamentales de la normativa jurídica hispana en América. "Bien común" significa que las medidas que se tomen por parte del Estado (esto es: la corona, el virrey, el gobernador) tienen que ser dirigidas al bien de todos, no hacia el de un sector determinado. Dijimos también que esta concepción permitía que alguna ordenanza o cédula real, aunque llegase de Madrid refrendada por el rey, se acataba pero no se cumplía si el virrey consideraba que aquí causaría mayores males que bienes: directamente se la dejaba sin efecto.

El concepto de bien común fue dejado de lado a partir de 1810 y sustituido por el de soberanía popular, bandera que levantaron teóricos de la Revolución como Moreno, Castelli o Monteagudo. El concepto revolucionario demoró un siglo en implementarse a través de elecciones, pero presidía ya como principio esta nueva sociedad.

La soberanía popular, que retomaba la idea de que el pueblo puede designar a sus representantes cuando falta la autoridad legítima, fue reemplazado por la tesis rousseauniana según la cual es la mayoría que preside, por lo menos en teoría, las diversas elecciones, designaciones y asambleas, que se sucedan. Desde luego fue un cambio lento, que se fue afirmando a través de medidas de gobierno y del pensamiento de algunos dirigentes, pero un cambio que apuntaba a la formación de una sociedad republicana y democrática.

En segundo lugar, y ya no en el terreno teórico sino en el de los hechos, la disgregación del virreinato impactó a sus habitantes. No olvidemos que el virreinato había sido el esbozo de un gran país, una concepción cuya grandiosidad residía en la vasta jurisdicción que se le atribuía, de la cual después surgieron cuatro naciones. Su gran defecto, sin embargo, se vinculaba a la grandeza del territorio: el virreinato se componía de elementos muy heterogéneos, cuyos climas, producciones, pueblos, mentalidades e intereses eran distintos entre sí y, en algunos casos, contradictorios. Como el virreinato duró solamente treinta años, no hubo tiempo para que sus elementos fraguasen convirtiéndolo en una nación con conciencia de sí misma.

Sabemos que a partir de 1810 los puntos de resistencia a la Revolución estaban en el Alto Perú, en el Paraguay y en Montevideo. Fueron precisamente estas regiones las que tendieron a separarse del virreinato. El proceso demoró unos veinte años, pero fue irreversible. El Alto Perú, ubicado bajo la jurisdicción de Buenos Aires en 1776, seguía conservando su vinculación con el Perú y se mantenía tan lejano de la capital como siempre. La resistencia a las tropas patriotas fue pues auténtica, incluso popular, y se trató del último lugar de América del Sur donde la resistencia española continuó hasta 1824, cuando la batalla de Ayacucho le puso fin. Por otra parte, esta batalla no fue librada por tropas porteñas sino por las de Simón Bolívar, enviadas desde el norte, lo cual hacía suponer que él protegería el nuevo camino hacia la independencia de esas regiones. De ahí nace Bolivia.

Paraguay demoró en independizarse algunos años más; sólo en 1846 declaró su independencia. La Banda Oriental, por su parte, que sufrió desde 1815 el avance prolijo y permanente de los portugueses, fue escenario de una guerra entre la República Argentina y el Imperio del Brasil que concluyó en 1827 con la proclamación de la independencia de la Banda Oriental como República Oriental del Uruguay.

Todos estos factores de disgregación empezaron a operar en cuanto terminó la autoridad española, que de modo pacífico regulaba la vida en regiones tan diferentes; el incontrolable proceso revolucionario las fue separando.

LO MILITAR

De pronto, a partir de 1810 hubo necesidades militares. Aquella ciudad de tenderos y comerciantes que había formado batallones y regimientos a partir de las invasiones se encontró con que tenía que hacer un gran esfuerzo militar para poder impulsar la idea revolucionaria. Fue Buenos Aires, en efecto, la que llevó adelante la Revolución. Dijimos antes que en el interior hubo reticencias, resistencias, retrasos. Poco a poco, no las capitales como Salta o Córdoba, sino las gobernaciones-intendencias y las ciudades subalternas, fueron admitiendo o reconociendo a la Junta.

De todas maneras, por el carácter rígido y tradicionalista de las sociedades del interior, las nuevas concepciones que venían desde Buenos Aires tardaron en ser aceptadas y, en consecuencia, el mayor peso de la Revolución lo soportó Buenos Aires. Si bien en Córdoba y en Tucumán las madres entregaban a sus hijos para que formaran parte de los ejércitos patrios, el dinamismo revolucionario lo dio, sobre todo, Buenos Aires.

A partir de sus nuevas necesidades, Buenos Aires empezó a darle a todo lo militar, al uniforme, al lenguaje, un estilo, un valor que antes no había tenido. Estos cambios ocurrieron sobre todo a partir de 1812, con la llegada de José de San Martín y de Carlos de Alvear, los primeros profesionales militares al servicio de la Revolución. Los anteriores eran improvisados; Belgrano, por ejemplo, era abogado y fue nombrado general porque no había otro. El único brigadier —y poco eficaz— era Miguel de Azcuénaga.

San Martín y Alvear instaron a los muchachos de la buena sociedad para que se incorporasen al ejército como oficiales y, efectivamente, se empezó a poner de moda ser militar. Los hijos de familias como Escalada, Balcarce y otras por el estilo se fueron formando como oficiales y esta actividad, hasta el momento cumplida por aficionados, se convirtió en un oficio profesional y serio, visto ya que la guerra también iba a ser seria y, además, larga.

La militarización de la sociedad alteró las bases del orden tradicional. José María Paz, quien sirvió prácticamente en todos los ejércitos patrios que existieron a partir de 1813, cuenta en sus memorias que no recuerda que nunca se hayan comprado caballos: cada vez que hacían falta, se requisaban. En el mejor de los casos, al dueño se le daba un vale y que después reclamase a quien pudiera. La diferencia con el orden anterior cuando, para bien o para mal la autoridad española, a través de sus distintas estructuras o instancias, mantenía el respeto por la propiedad, era notable.

El nuevo estado de cosas favoreció la aparición de caudillos militares. Cuando la sociedad delega una cantidad de sus bienes en aquellos que tienen las armas porque son quienes van a defender la Revolución, se prefigura la idea del caudillo militar triunfante que, en algún momento, golpeará con su sable la mesa y dirá: "¡Acá mando yo!"

Otro proceso novedoso, muy interesante también, es el antiespañolismo. Desde 1810 en adelante, cuando se hizo más notoria la ruptura de los vínculos con España porque la Revolución seguía en marcha a pesar de que Fernando VII había regresado a su trono; cuando no se podían poner de acuerdo los enviados del gobierno español con el de Buenos Aires; en fin, cuando la independencia se perfilaba como algo inevitable, reinó la animadversión hacia todo lo español. El español era el adversario y había que ser hostil con él. Este sentimiento apareció en toda una gama muy amplia; por ejemplo en las letras.

Si bien el movimiento romántico tardaría aún unos años en llegar, ya existía un rechazo contra las artes hispanas y contra las formas clásicas.

Hubo casos donde el rechazo fue bien concreto. Por ejemplo, ya la Primera Junta mandó expulsar a todos los españoles solteros de Buenos Aires, lo cual trajo, claro, un lío de noviazgos rotos y familias destrozadas, a punto tal que hubo una gran presión sobre la Junta para que revocara la medida. Entonces, como suele ocurrir en nuestro país, el decreto se completó con otro que exceptuaba a aquellos solteros que demostrasen solidaridad con la Revolución, que tuviesen avales, etcétera. Finalmente la medida quedó sin efecto.

Ahora bien, ¿cómo es posible que hubiese tanto antagonismo contra los españoles, si el 95 por ciento era español o hijo de español? Creo que esta nueva sociedad necesitaba identificarse de alguna manera y, para lograrlo, tenía que rebelarse contra el padre y convencerse a sí misma de que había sido tirano, despótico, malo, etcétera. Es un resorte psicológico bastante comprensible.

La sensación de rebeldía de los hijos criollos contra los padres y abuelos españoles era perceptible. Un viajero inglés, Brackenridge, escribió en 1819 que en el paseo de moda de Buenos Aires, el de la Alameda, se veían grupos fantasmagóricos de hombres grandes pobremente vestidos que hablaban melancólicamente entre ellos; eran españoles que antes habían sido comerciantes ricos y respetados en Buenos Aires y que ahora se veían marginados por el proceso revolucionario y, además, empobrecidos, porque se había interrumpido la cadena que unía a los comerciantes de Buenos Aires con los de Cádiz.

El sentimiento antiespañol se daba de muchas maneras. En algunos casos, como medidas concretas contra quienes podían ser enemigos. La conspiración de Martín de Alzaga (1812), por ejemplo, marcó un pico muy alto del antiespañolismo. Alzaga fue fusilado y sus bienes expropiados; había liderado lo que pudo ser un movimiento revolucionario realmente peligroso, en gran parte financiado o dirigido por españoles viejos y ricos que habían visto debilitarse su poder.

El maltrato a los españoles se extendía a los prisioneros de ese origen. En la batalla de Tucumán —no en la de Salta, porque Belgrano hizo un convenio con el general español y quedaron todos en libertad— se confinó a cantidad de prisioneros españoles en diversas ciudades del virreinato. La mayoría se quedó allí. Sin ir más lejos, este autor desciende, entre otros, de un prisionero español de Tucumán, Tomás Valdés, quien se afincó en La Rioja, se casó y murió muchos años después, muy respetado.

El general San Martín mandó a muchos prisioneros españoles a Mendoza para que trabajaran a las órdenes de los propietarios criollos en reemplazo de la mano de obra esclava, que había sido reclutada por los ejércitos patrios. En otros casos el tratamiento para con los españoles fue más duro; durante varios años existió cerca de Dolores un campo de concentración llamado Las Bruscas, donde los prisioneros españoles lo pasaban muy mal. Hay una cantidad de memoriales de los prisioneros, que se quejaban de las condiciones en que vivían, del clima, del alimento. Algunos intentaron fugarse.

Don Faustino Ansái, por ejemplo, hombre muy respetable de Mendoza, tuvo una vida azarosa de la cual ha dejado una memoria de lo más interesante. Fue uno de los que en 1810 encabezó la posición de no reconocer a la Junta de Buenos Aires. Lo derrotaron en el cabildo, lo detuvieron y lo mandaron prisionero a Las Bruscas, que recién se estaba formando. Ansái se escapó y se refugió en Montevideo; cuando los patriotas tomaron Montevideo, lo apresaron y lo volvieron a mandar a Las Bruscas. Recién en 1820 ó 1821 logró ser puesto en libertad.

El antiespañolismo cambió el estilo de vida porteño. Se fue dejando de lado el calzón corto, que era propio del español de buena familia y se lo reemplazó por los pantalones que traían los marineros norteamericanos. Hay retratos de Mariano Moreno que lo pintan de calzón corto y medias blancas y, en su famoso decreto de honores, él mismo habla del uso del frac para poder entrar en cualquier acto oficial. Pero todo eso se abandonó pronto, así como la zalema, los saludos ceremoniosos del protocolo español; en cambio se adoptó simplemente el apretón de manos anglosajón. De la misma manera, se reemplazó el chocolate por el té.

Estos cambios culturales se debían además a que, acompañando el libre comercio que instaura la nueva Junta, se instaló poco a poco una colonia inglesa; en menor medida, también llegaron franceses. Las autoridades patriotas, en general, fueron muy liberales en el aspecto comercial. No había ningún tipo de restricciones: cualquiera podía entrar las mercaderías que quisiera si pagaba los derechos de aduana consiguientes; y podía también retirarlas —comprándolas, claro—. Esta política no obedecía a un pensamiento liberal sino a una necesidad de guerra. En la medida en que había mucho comercio y se pagaban muchos derechos de aduana, la gran recaudación permitía al gobierno de Buenos Aires armar, alimentar y vestir a los ejércitos patrios.

Como consecuencia, los comerciantes ingleses se fueron instalando en Buenos Aires. Con motivo de las guerras napoleónicas y del bloqueo continental, Inglaterra tenía un stock excesivo de mercaderías que le resultaba difícil colocar. Buscando nuevos mercados, muchos comerciantes ingleses viajaron a Buenos Aires porque, incluso antes de 1810, ya el virrey Cisneros había permitido una cierta apertura comercial. Esto significó no sólo que se instalasen en la ciudad comerciantes ingleses, sino que muchos de ellos recorriesen el país en busca de mercados y formas de comercialización nuevos y convenientes. A su vez, importaron costumbres, modalidades y palabras y, mientras el interior del país seguía manteniendo una postura algo más cerrada al respecto, Buenos Aires era una ventana al exterior.

La liberalización comercial y la guerra trajeron una serie de efectos. Como la mayor parte del Alto Perú estaba en manos de los españoles, el tradicional comercio de mulas, típico de la era colonial, se detuvo, junto con el ingreso de metálico que de allí llegaba. Anteriormente los mineros altoperuanos viajaban a Salta, donde compraban las mulas, con dinero en efectivo, y los arrieros y los productores locales embolsaban muchas monedas de plata. Pero la guerra terminó con el intercambio y el circulante empezó a escasear.

Los comerciantes ingleses, además, exigían que se pagasen sus mercaderías con dinero, fundamentalmente con plata, y así contribuyeron a restar circulante. Traían sobre todo tejidos, buenos, bonitos y baratos, mejores que los que se podían producir aquí; también artículos de menaje, cuchillos, ollas y otros objetos de inmediata colocación. Los muebles los traían sobre todo los norteamericanos. Estas ventas, que se pagaban con moneda metálica, hicieron que en pocos años la población del antiguo Virreinato se fuera quedando sin dinero, lo que acarreó una serie de trastornos económicos y monetarios.

Hacia cierta democracia

Entre las novedades relacionadas con la Revolución de Mayo está la noción de igualdad; es decir, que no debe haber privilegios, que cada ciudadano es igual a otro, que todos tienen el mismo derecho, etcétera. En esos momentos era todavía una idea muy abstracta, pero luego caló hondo en la sociedad argentina y tuvo una proyección muy concreta algunas décadas después. El sentimiento antiespañol, la liberalización del comercio, los conceptos de soberanía popular y de igualdad son todos cambios que aparejan una transformación tan directa, tan abrupta como la Revolución de Mayo misma.

Junto con los anteriores, existen otros dos aspectos bastante importantes también. A partir de la Revolución comenzó a gestarse algo que podríamos llamar "opinión pública", generalizada a través de corrillos, fracciones y tertulias y expresada en los diarios mediante artículos editoriales, críticos o con desarrollo de tipo conceptual, como los de Mariano Moreno. Por primera vez los diarios —en lugar de publicar cansinamente noticias de tipo comercial, algún adelanto científico o algo que pasaba en Europa, como hacían en la época del virreinato—, pusieron en el tapete ideas revolucionarias, estimulantes, en muchos casos impactantes para una opinión pública que recién se asomaba a este tipo de debates.

Las elecciones son otra novedad. Cada vez que desde Buenos Aires se convocaba algún cuerpo representativo como la Asamblea del año 1813 o el Congreso de 1816 en Tucumán y otros que no alcanzaron a reunirse, en todas las ciudades del antiguo virreinato la gente se reunía y designaba a alguien que la representara en Buenos Aires ante los cuerpos colegiados que se formarían. Por supuesto, la gente que se reunía era del mismo tipo de la que, en la época colonial, habría participado de los cabildos abiertos. "La parte más sana y principal" se la llamaba; es decir, los vecinos que tenían casa puesta, familia y trabajo respetable. No votaba el pueblo en general.

Así como ni los esclavos ni los mestizos votaban, tampoco podían hacerlo los blancos, ya fuesen españoles o criollos, que no desempeñaran un oficio honorable. Los carniceros, por ejemplo, no votaban; los zapateros, tampoco. El sufragio quedaba reservado a una elite que antes no había ejercido la actividad de reunirse, constituirse en cabildo, optar por uno o por otro, hacer un acta, firmarla y, eventualmente, dar instrucciones —como las de la Banda Oriental a los diputados a la Asamblea del año 1813, donde entre otras cosas se les pide que no sea Buenos Aires la capital del nuevo gobierno—.

Existía, pues, un movimiento de la opinión pública y un ejercicio del intelecto, la imaginación y los pareceres que se iba dando a través de los diarios, a través de estas elecciones restringidas, a través de los avatares que fueron sufriendo los diversos gobiernos patrios, desde la Junta hasta el Directorio, a través de los sucesos militares, algunos victoriosos, otros desgraciados, a través, en fin, de la apertura hacia un comercio que vinculaba a esta parte de América con el resto del mundo. Entre 1810 y 1820 la Revolución de Mayo significó una transición de fondo. Ocurrieron cosas que nunca antes habían sucedido, hubo una transformación real de la sociedad, cuyas manifestaciones adquirieron un tono más libre y desenfadado, juvenil incluso. En este contexto se fueron perfilando algunos líderes revolucionarios que en la época del antiguo coloniaje no hubieran tenido la menor posibilidad de figurar políticamente.

Capítulo IV

LA BÚSQUEDA
DE UNA FÓRMULA
POLÍTICA

BREVE HISTORIA DE LOS ARGENTINOS

TODO PUEBLO QUE se propone el tránsito a una etapa tan nueva como la que se inició en 1810 se formula una serie de interrogantes, algunos de modo expreso, otros implícitamente. La primer pregunta a resolver era qué tipo de relación tendríamos con la antigua metrópoli. Hubo quienes pensaron que no valía la pena embarcarse en una lucha total hacia la independencia, sino que convenía más bien establecer una suerte de asociación con España, pero la dinámica misma de la guerra frustró esta posibilidad. Por otra parte, a partir de 1815, cuando regresó Fernando VII, en España se implementó una política absolutista que repugnaba a las ideas liberales vigentes en Buenos Aires en ese momento.

La segunda pregunta, evidentemente muy importante, era qué esquema político se le daría a esta nueva entidad, las Provincias Unidas del Río de La Plata. Un modelo posible era el de los Estados Unidos. Treinta años antes las colonias inglesas de América del Norte habían declarado su independencia, sancionado una constitución y puesto en marcha un esquema político muy novedoso, la república democrática, en una época —fines del siglo XVIII— cuando la opción progresista parecía ser la monarquía constitucional. Los colonos ingleses, liberados de su antigua metrópoli, decidieron elegir el sistema republicano, que no existía contemporáneamente aunque había tenido vigencia dos mil años antes, en Grecia y en Roma.

El sentimiento republicano estaba muy presente también en lo que había sido el antiguo Virreinato del Río de la Plata. El genio natural de sus habitantes, la vida libre, el tipo de trabajo campero, las enormes distancias, todo contribuía a que el futuro modelo político tuviera un designio republicano y, aún más, federal. Sin embargo, en estas tierras existía además una tradición centralista que se afirmó durante el virreinato con la predominancia de Buenos Aires como capital. Recordemos que las gobernaciones-intendencias —Córdoba y Salta en el actual territorio argentino, por ejemplo, y otras en el Alto Perú y Paraguay— le estaban subordinadas, y que también había ciudades subalternas que mantenían una rivalidad casi permanente respecto de las principales.

NOVEDADES JURIDICAS

Podemos decir que estos interrogantes empezaron a plantearse desde 1810. ¿Qué sistema político aplicamos? ¿República, monarquía, república federal, república centralista...? Además de los antecedentes de los cabildos, de las gobernaciones-intendencias y del centralismo virreinal, hay que tener en cuenta que en las Jornadas de Mayo se manejaron dos conceptos jurídicos que tendrían una enorme trascendencia política en los años subsiguientes. En primer lugar, la doctrina de la retroversión; en segundo, la de la subrogación.

La Junta que sustituía al virrey, en efecto, *subrogaba* los poderes de éste; es decir, lo sustituía en la plenitud de sus poderes, de sus atribuciones, de sus competencias. Por esa razón, la Junta de Mayo y los gobiernos posteriores (la Junta Grande, el Primer Triunvirato, el Segundo Triunvirato, el Directorio) consideraban que poseían la totalidad de los poderes que habían sido del virrey y, en consecuencia, aspiraban a gobernar estas tierras. O sea que, aunque entre los gobiernos virreinales y los patrios existió una diferencia enorme de signo político, no la hubo respecto de la suma de poderes que unos y otros se atribuyeron.

El concepto de subrogación permitió a Buenos Aires justificar el poder central que a partir de 1810 ejerció sobre el resto del territorio del Virreinato. Así se explica, por ejemplo, que la primera expedición al Alto Perú, enviada en junio de 1810, tuviera instrucciones de detenerse en el río Desaguadero, que separaba la jurisdicción del Virreinato del Río de la Plata de la del Virreinato del Perú. Si la Junta de Mayo estaba subrogada a los poderes del virrey, no podía traspasar la competencia jurisdiccional que éste había tenido en su momento.

La otra doctrina, la de la retroversión, sostenía que en caso de que la autoridad legítima faltase por cualquier motivo, el pueblo tenía derecho a darse sus propias autoridades. En 1810, precisamente, el rey legítimo, Fernando VII, estaba cautivo y se creía además que la Junta Central de Sevilla había sido capturada por los franceses.

Esta teoría fue enarbolada en muchas ocasiones por juristas de Buenos Aires y del interior del país, donde rápidamente se hizo popular. Tanto, que los habitantes de Jujuy, por ejemplo, apelaron a ella para negarle a Salta el poder de mandarles gobernantes: los jujeños querían gobernarse a sí mismos. Así se va afirmando también el sentimiento federal que explotó a partir de 1820.

El uso que tuvieron los conceptos de subrogación y de retroversión demuestra que las teorías jurídicas no son abstracciones, sino que suelen tener, cuando prenden con fuerza, una gran repercusión jurídica y política; demuestra que las teorías no son sólo elementos que se manejan idealmente, sino que tienen una aplicación práctica muy concreta.

BUENOS AIRES Y EL INTERIOR

La relación entre Buenos Aires y el interior del país empezó a volverse tensa a partir del gobierno de la Primera Junta. La capital, desde la subrogación que hizo la Primera Junta de los derechos y los poderes del virrey, pretendía no sólo seguir manejando el gobierno, sino designar además gobernadores-intendentes, mandar ejércitos para que reconocieran su autoridad, establecer relaciones diplomáticas con los otros países y, por supuesto, recaudar los derechos fiscales, que eran fundamentalmente derechos de aduana. A través de la recaudación fiscal, dijimos, Buenos Aires subvenía a la necesidad de los ejércitos patrios, de la administración pública, de la propaganda de la Revolución, del envío de los representantes diplomáticos, etcétera.

Mientras tanto, en el interior crecía muy rápidamente la sensación de que la Revolución de Mayo sólo había sustituido el despotismo de Madrid por el de Buenos Aires, lo que trajo una serie de consecuencias. El encono más grande provenía de Lima, que estaba en manos de los realistas, pero muy lejos. Dentro del conjunto del antiguo Virreinato, era la Banda Oriental el lugar donde la rivalidad con Buenos Aires había sido siempre más aguda. Recordemos que Montevideo, que tenía mejor puerto que Buenos Aires, aspiraba desde la época colonial a ser la puerta de entrada y de salida de toda esta parte de América.

Fue pues en Montevideo —que en ese momento estaba en manos de los realistas, de todos modos— y en la campaña que rodea Montevideo, donde, a través de la figura de Artigas (un caudillo con evidente carisma popular, muy obstinado, con algunas luces y algún conocimiento de lo que era el federalismo norteamericano), se empezó a cuestionar seriamente al régimen centralista porteño. El enfrentamiento se manifestó en la Asamblea del año 1813 y durante el Congreso de Tucumán, al cual Artigas no envió delegados.

El pensamiento y la acción político-militar de Artigas no sólo influyeron en la Banda Oriental, sino también en las provincias del litoral (Entre Ríos, Corrientes, Santa Fe) y, en algún momento, también en Córdoba. La suya fue una oposición importante desde todo punto de vista. Cuantitativamente, porque tenía el poder suficiente para sustraer de la jurisdicción efectiva de Buenos Aires una parte tan importante del antiguo virreinato como eran las provincias mencionadas; y cualitativamente, porque su disidencia implicaba un pensamiento político definido, inspirado en los antecedentes norteamericanos.

Habría que pensar, por supuesto, si la política de Artigas fue o no acertada en ese momento, ya que en estas tierras faltaban elementos que sí existían en Estados Unidos. En las antiguas colonias norteamericanas, por ejemplo, había, además del gobernador —generalmente enviado por la Corona inglesa— legislaturas locales, formadas por los vecinos importantes, que colegislaban con el gobernador; existía, pues, una experiencia de gobierno seudodemocrático. Y, lo que es más importante aún, la estructura poblacional estaba compuesta por pequeñas ciudades y aldeas donde una población, generalmente alfabetizada, formaba una suerte de opinión pública a través de la lectura de diarios locales. Así estaban las cosas antes y después de la revolución norteamericana, lo que creó las bases para esa democracia que nacería a partir de la presidencia de Washington.

Aquí, en cambio, las ciudades eran escasas y estaban situadas a centenares de leguas unas de las otras; no existía una opinión pública generalizada, ni una población mayoritariamente alfabeta. De ahí las grandes dificultades para montar una estructura de poder que respondiera a una suerte de esbozo de democracia, como la que existía en Estados Unidos en ese momento. Ni siquiera existían elementos que hicieran posible el desarrollo de partidos políticos como los que se formaron en Estados Unidos y fueron dando origen a la democracia norteamericana tal cual la conocemos hoy.

Pero Artigas, de todos modos, expresaba un sentimiento localista importante que, además de reaccionar contra el centralismo a veces abusivo de Buenos Aires, ponía de manifiesto la existencia de peculiaridades regionales. No hay que olvidar que el antiguo virreinato estaba compuesto por territorios totalmente diferentes: ni el Alto Perú tenía algo en común con el Paraguay, ni las provincias del actual noroeste argentino tenían algo en común con Buenos Aires. La composición étnica, el paisaje, la producción, la idiosincrasia eran diferentes en cada caso, y existían los celos, los amores y un respetable enraizamiento localista que finalmente se encarnó en la figura de los caudillos.

A partir del momento de la Revolución de Mayo creció, pues, este sentimiento federalista que fue sembrando gérmenes de opinión en lo que hoy son las provincias argentinas, y que se encarnó, sobre todo, en la figura de Artigas. Pero que tuvo, además, características muy propias de estas tierras. Mientras que en las antiguas colonias británicas de América del Norte

81

existía un respeto por la ley heredado después de un siglo de tradición británica, el pasado colonial argentino registra desde mediados del siglo XVI (ni bien fueron pobladas estas tierras) cantidad de alborotos, motines, sediciones y luchas contra los poderes considerados autoritarios o tiránicos. El segundo gobernador del Tucumán, Jerónimo Luis de Cabrera, fue degollado por su sucesor, Gonzalo de Abreu, quien a su vez también fue degollado por su sucesor, Hernando de Lerma, y así sucesivamente. Esta tradición no existía en Estados Unidos, lo cual daba a las luchas políticas de allí una cierta dulzura que aquí no hubo.

En 1815 se produjo la primera revolución nacional contra un poder central, cuando en el interior se desató una suerte de rebeldía general ante la designación de Alvear como Director Supremo. Fue depuesto dos o tres meses después. En realidad, ya en 1812, con el implícito apoyo de San Martín y de Alvear se había destituido al Primer Triunvirato y formado el Segundo. Anteriormente, el 5 de abril de 1811, la Junta Grande que presidía Saavedra había sido reforzada por un movimiento popular. De modo que existía la costumbre de resolver los cuestionamientos al poder central no sólo por la vía del razonamiento y de la polémica, sino también por la vía armada.

LA INDEPENDENCIA

En 1815 ocurrió un cambio violento de gobierno. Las circunstancias crearon la necesidad de insuflar un nuevo motivo de fervor por la Revolución, que pasaba en ese momento por un mal trance militar y político. Político, porque Fernando VII regresó al trono ese año. Militar, porque después de la derrota de Sipe Sipe las tropas del ejército auxiliador del Alto Perú habían tenido que retirarse y estaban casi en la línea de Salta; Paraguay permanecía neutral y, aunque se había tomado Montevideo —ése fue el gran triunfo de 1814—, en el resto de América prácticamente todos los movimientos revolucionarios afines con el de Buenos Aires habían sido sofocados.

Así surgió la urgente necesidad de declarar la independencia, cuestión que hasta ese momento no había sido expresamente mencionada, a pesar de que el antiguo virreinato ya se perfilaba como un país. A partir de la Asamblea del año 13 tiene bandera, himno y moneda propia; legisla con leyes de fondo, como esas que abolieron la esclavitud de quienes nacieran a partir de ese momento, la trata de los negros, los títulos de nobleza y los mayorazgos, y la que estableció la libertad de imprenta. Sin embargo, hacía falta homologar estos hechos con una declaración de independencia formal, que tuvo lugar en Tucumán en julio de 1816.

En esa oportunidad se definió también el segundo gran interrogante. El primero, vimos, era: ¿dependemos de alguna manera de España? La naturaleza del proceso hizo que esto fuera imposible y se declaró la Independencia. La pregunta siguiente fue: ¿qué forma de gobierno elegir? En el Congreso de Tucumán se planteó seriamente la posibilidad de que este país fuese una monarquía. Napoleón había sido vencido y en Europa predominaba la Santa Alianza, un conjunto de naciones muy reaccionarias: el imperio zarista de Rusia; la Francia de los Borbones; Austria, manejada por Metternich. En este marco, las repúblicas sugerían subversión, caos, jacobinismo.

Algunos hombres importantes, Manuel Belgrano entre ellos, aconsejaron erigir una monarquía. La propuesta tuvo algunas posibilidades de cristalizar a través de gestiones diplomáticas muy complejas en Europa; también se barajó la idea de restaurar en el trono a un inca. Sin embargo, estas opciones nunca fueron más que sondeos de una opinión pública que, por mínima que fuese, repudiaba la posibilidad de un monarca en Buenos Aires: eso habría sido el fin de la Revolución. El pueblo, a pesar de ser una entidad indefinida, vaporosa, rechazaba esa posibilidad y prefería otra más abierta, más libre, más democrática.

De modo que la iniciativa monárquica fue descartada, se declaró la Independencia y el Congreso de Tucumán, que se trasladó a Buenos Aires, siguió sesionando para elaborar una Constitución. Fue la de 1819, elaborada para el caso de que en algún momento se decidiese la alternativa monárquica y que prácticamente no tuvo vigencia. Se trataba de una constitución aristocratizante, con un Senado formado por delegados de las provincias —pero que al mismo tiempo incluía personajes designados por su propio carácter: rectores de universidad, generales, obispos, etcétera—. En el texto nunca se mencionaba la palabra "república". La Constitución de 1819 no funcionó porque la disidencia federalista era ya muy grande y muy profunda la desconfianza de los pueblos frente a las intrigas monárquicas. Así las cosas, después de una serie de hechos políticos y mientras San Martín estaba empeñado en emancipar a Chile, en febrero de 1820 se produjo la batalla de Cepeda.

LA ORGANIZACION INFORMAL

La batalla de Cepeda fue librada por dos auténticos caudillos del litoral, Estanislao López y Francisco *Pancho* Ramírez, que se enfrentaron con los restos del Ejército Nacional, derrotándolo en Cepeda, no lejos de San Nicolás, el primero de febrero de 1820.

Unas pocas semanas antes, el ejército del Alto Perú, traído por el Directorio para hacer frente a los caudillos, se había sublevado en Arequito. Se negó a seguir peleando contra sus compatriotas y se replegó a Córdoba. De modo que el Directorio quedó inerme y así fue como a partir de esa batalla se creó, de manera inorgánica pero de todos modos muy deliberada, un sistema federal. La historiografía corriente conoce ese año, 1820, como el año de la anarquía.

"Anarquía" viene del griego *an arkos*, que quiere decir sin gobierno, acéfalo y, efectivamente, en la batalla de Cepeda se derrumbó el gobierno nacional: cayeron el Directorio y el Congreso. Desde 1810 en adelante había existido en Buenos Aires un gobierno cuya autoridad era nacional; un gobierno que, se suponía, subrogaba el antiguo poder del virrey. A partir de Cepeda, Buenos Aires se convirtió en provincia: se eligió una Legislatura y la Legislatura eligió un gobernador.

Durante 1820 Buenos Aires padeció una cantidad de azares políticos, incluido el mentado día de los tres gobernadores, pero hacia fines de ese año se afirmó su situación política. Al mismo tiempo se fueron erigiendo trece provincias, las fundadoras reales de la nacionalidad. Trece, porque Jujuy se separó de Salta recién en 1833, completando así las catorce provincias tradicionales.

¿Qué significado tenía la formación de las provincias? En primer lugar, habría que decir que después de la batalla de Cepeda Estanislao López y Ramírez no impusieron a Buenos Aires condiciones demasiado gravosas. Sólo pidieron que se firmara un tratado donde se estableciesen lo que ellos consideraban dos grandes principios: el de nacionalidad y el de federalismo.

El primero consistía en expresar concretamente la idea de que el antiguo virreinato quería ser un país, una nación. Si bien atravesaba un momento de anarquía y de turbulencia, tenía la vocación de constituirse como país y, cuando las condiciones lo permitiesen, lo haría.

Con un poco de optimismo, el Tratado de Pilar establecía que, dentro de los sesenta días de firmado, se reuniría un congreso en el convento de San Lorenzo, cerca de Santa Fe —allá donde San Martín ganó su primera batalla—, para establecer las formas en que el país se organizaría bajo el sistema federal. Si bien los hechos atropellaron este plazo, el Tratado de Pilar quedó como una prueba de la vocación de las provincias de constituirse en nación.

El segundo principio que López y Ramírez querían que Buenos Aires reconociese era el federal. La nación no sería una monarquía, sino una república federal; es decir, una república donde algunas facultades se delegaran en un poder central, pero donde cada una de las provincias pudiera gobernarse a sí misma. Esto venía de una vieja tradición que se puede registrar desde la época colonial.

Dijimos que las ciudades de Córdoba y de Salta eran sede de gobernaciones-intendencias, de las que dependían las llamadas ciudades subalternas. (Córdoba, por ejemplo, tenía a La Rioja, San Luis, Mendoza y San Juan.) Pero las ciudades subalternas aborrecían a las sedes de las gobernaciones-intendencias. Se consideraban expoliadas, las veían como una autoridad abusiva y —ya lo dijimos— solían recurrir a Buenos Aires para que las salvara de esa supuesta tiranía. Cada vez que tenían algún problema más o menos grave de tipo económico, alguna exacción, algún impuesto; cada vez que se les enviaba un gobernador delegado o algún teniente gobernador, las ciudades subalternas recurrían a Buenos Aires que, enfrentándose con la correspondiente sede de la gobernación-intendencia, la "puenteaba". Los cabildos que había en cada ciudad, subalterna o no, eran los centros que resistían las denunciadas exacciones de las gobernaciones-intendencias y fueron los núcleos del federalismo posterior.

Cuando en 1820 cayó la autoridad nacional y ya no hubo gobernadores-intendentes designados por Buenos Aires ni tenientes gobernadores designados en las ciudades subalternas por los gobernadores-intendentes, esos viejos cabildos convirtieron a su región en provincia. Se designó una legislatura; se designó un gobernador; en algunos casos se redactó una constitución; algunas provincias establecieron un régimen fiscal para dar cuenta de las necesidades de las que se suponía debía ocuparse un gobierno.

Mientras esto ocurría, en Córdoba gobernaba Juan Bautista Bustos, que había sido militar en la guerra de la Independencia y que había llegado al poder mediante una revolución —apoyado, precisamente, por el Ejército del Alto Perú sublevado en Arequito días antes de Cepeda—. Bustos veía con preocupación la cantidad de provincias que, según él, no tenían viabilidad para poder ejercer un buen gobierno. Si bien él era federal, había creído que las provincias debían formarse sobre la base de las antiguas gobernaciones-intendencias y empezó a darse cuenta que muchas no tenían dinero para manejar su gobierno, ni una clase respetable de hombres que pudiera ejercerlo, ni tampoco un clero que pudiera representarlo. En fin, a su entender les faltaban las condiciones mínimas para funcionar como provincias.

Bustos, como gobernador de Córdoba, hubiera aspirado por supuesto a que su provincia comprendiera Córdoba, San Luis, La Rioja y Cuyo, pero las provincias que se habían erigido a partir de los cabildos querían tener su propia autonomía, aunque en algunos casos realmente tuvieran muy pocos recursos para subsistir de una manera decorosa. Supónganse la provincia de La Rioja en 1820: ¿cuáles eran sus recursos fiscales? Impuestos mínimos que cobraban a los arreos o a las tropas o a las mercaderías que pasaban muy de vez en cuando por su territorio, o la tasa que se cobraba a un boliche por instalarse. No había un sistema fiscal, vivían en una enorme pobreza. Y, con el curso de los años, esta característica se acentuó de una manera todavía más dramática. De todos modos, las provincias respondían a un sentimiento localista respetable y en ese momento no se podía hacer otra cosa que darles algún tipo de satisfacción.

En los años posteriores a 1820 se desarrolló, pues, una doble experiencia. Por un lado Buenos Aires se sintió eximida de su condición de hermana mayor, sede del gobierno nacional. Ya no tenía obligaciones nacionales. Los derechos de aduana que recaudaba —el rubro más importante en materia de ingresos fiscales— fueron dedicados exclusivamente a sus necesidades: mejorar las calles, crear la universidad, establecer todo aquello que hizo famoso a Bernardino Rivadavia como gobernante progresista. Los fondos que antes se aplicaban a los ejércitos y a las misiones diplomáticas, se aplicaron entonces a las necesidades locales. En el resto de las provincias, en cambio, la falta de recursos hizo que los gobiernos provinciales navegasen entre fracasos, frustraciones, pequeñas revoluciones, motines...

Por un lado, entonces, Buenos Aires realizaba lo que en aquel momento se llamó "la feliz experiencia", la de un gobierno pacífico, que año tras año presenta ante la Legislatura su presupuesto, hace una rendición de cuentas como corresponde, crea instituciones nuevas, mejora la calidad de vida de los habitantes, permite un comercio próspero. Por el otro, las provincias, cuya situación no ha mejorado en nada con la independencia sino que, al contrario, ha empeorado. A partir de 1824, con la batalla de Ayacucho —la última de la Independencia— la región de Salta, Jujuy y Tucumán, que antes vivía del comercio con el Alto Perú, padeció falta de circulante y, sobre todo, la inexistencia de un mercado donde colocar su producción. En Cuyo ocurrió algo parecido, aunque la liberación de Chile permitió una cierta expansión de sus actividades económicas. Otras provincias del interior que no tenían recursos propios la pasaron muy mal.

Así se fue notando la necesidad de hacer algún tipo de organización constitucional del país. Las provincias reclamaban una constitución, mientras en Buenos Aires remoloneaban, porque sabían que una constitución implicaría nuevamente un gobierno central al que Buenos Aires iba a tener que subordinarse.

GUERRA CONTRA EL BRASIL

La situación habría durado indefinidamente si no fuese porque un hecho nuevo urgió una forma de organización constitucional: la guerra con el Brasil. Si bien la Banda Oriental estuvo en su momento bajo la hegemonía de Artigas, los portugueses, que siempre la habían codiciado, empezaron una invasión lenta, pero progresiva y firme, que terminó en 1820 con la ocupación de Montevideo. Un año después se proclamaba a la Banda Oriental, Provincia Cisplatina; es decir, una provincia más del imperio portugués —y, a partir de la independencia, una provincia más del imperio del Brasil—. Esto era inaceptable.

La Banda Oriental había pertenecido siempre a la Corona española y no olvidemos que una de las nociones jurídicas que se mantuvo durante los gobiernos patrios fue el principio de que las nuevas naciones conservarían las mismas fronteras de las jurisdicciones coloniales. Es decir que así como el Virreinato del Río de la Plata llegaba hasta el Desaguadero en el Perú, Bolivia, ya convertida en república, no pretendió pasar más allá del Desaguadero. Del mismo modo, la Banda Oriental había pertenecido siempre a la Corona española y su ocupación por los portugueses era una usurpación.

La clase dirigente porteña comprendió la necesidad de hacer un gran esfuerzo para evitarlo y convocó a todas las provincias para que enviasen delegados a un congreso, que se reunió en Buenos Aires en 1824. Después de varias gestiones ante el emperador del Brasil, ante su negativa a desocupar la Banda Oriental y presionado por la expedición que treinta y tres paisanos orientales hicieron para encabezar su cruzada libertadora, el gobierno de Buenos Aires, en representación de todas las provincias, declaró la guerra.

En cierto sentido la reunión del congreso de 1824 en Buenos Aires, con delegados de todas las provincias, respondía a la necesidad de que la República Argentina, como se la llamaba ya en aquella época, hiciese un gran esfuerzo para desplazar a los brasileños de la Banda Oriental.

El congreso, sin embargo, tuvo un neto sesgo unitario. A pesar de que las provincias enviaron a sus delegados —algunas con grandes esfuerzos— para que se sancionara una constitución federal, la que se sancionó fue unitaria y se eligió como Presidente de la República a Bernardino Rivadavia, jefe justamente de la facción unitaria. Este arreglo fue de corto alcance.

Después de una guerra casi empatada con Brasil (en Ituzaingó se ganó la guerra terrestre, pero el bloqueo brasileño fue muy duro y asfixió económicamente a las Provincias Unidas), se logró un tratado de paz, por el cual la Banda Oriental se constituiría en república independiente. Así se completó la fragmentación del antiguo virreinato: Bolivia se había declarado independiente con el asentimiento del Congreso, Paraguay seguía en estado de neutralidad y de encerramiento y la Banda Oriental se convirtió en República Oriental del Uruguay.

A partir de ese momento quedaron definidas las fronteras de lo que después sería la República Argentina, pero la guerra con el Brasil y los intentos utópicos de Rivadavia terminaron con el régimen presidencial: el experimento unitario se frustró con la renuncia de Rivadavia y el país regresó a su anterior situación. Es decir, la de trece provincias que se gobernaban cada una por sus instituciones, pero que confiaban a Buenos Aires el manejo de las relaciones exteriores.

Se reconocía que Buenos Aires, por el hecho de haber sido la capital virreinal y de tener el cuerpo administrativo necesario, era la provincia capacitada para llevar adelante las gestiones con el resto del mundo. De hecho, desde 1822 las naciones más importantes reconocieron la existencia de las Provincias Unidas del Río de la Plata como nación independiente. El gobierno de la provincia de Buenos Aires recogió así una doble responsabilidad. Por un lado, la de ocuparse de las relaciones exteriores; por otro, la de tener en cuenta la vocación nacional que se había expresado en el Tratado de Pilar y que alguna vez tenía que concretarse.

GUERRA CIVIL

Lamentablemente el gobernador de Buenos Aires, Manuel Dorrego, un federal que gozaba de la confianza de los caudillos del interior, fue derrocado por un cuerpo de los antiguos combatientes de la guerra con el Brasil, encabezado por Juan Lavalle. Este hecho abrió nuevamente un período de guerra civil, que se dio en dos escenarios: Buenos Aires y el interior.

En Buenos Aires fue Juan Manuel de Rosas, el comandante de la campaña, quien tomó la responsabilidad de resistir a los golpistas que habían volteado a Dorrego. Después de algunas batallas y algunos encuentros más o menos confusos, se acordó con Lavalle que Rosas sería gobernador de Buenos Aires, se restituyó la Legislatura que había gobernado con Dorrego y se restableció la paz en la provincia.

Pero en el interior —donde fue enviado el general José María Paz, quien inmediatamente derrocó a Bustos y se erigió en gobernador de Córdoba— se creó una liga unitaria que depuso a los gobiernos federales que había en el interior. A pesar de llamarse "liga unitaria", probablemente no haya tenido una ideología unitaria. Se enfrentó con el poder de Buenos Aires, lo que dio origen al Pacto Federal de 1831.

El Pacto Federal fue un convenio que se celebró entre Buenos Aires, Santa Fe y Corrientes. Tuvo por objeto establecer un compromiso ofensivo-defensivo: quien agrediese a cualquiera de las tres provincias tendría que enfrentarse con las tres. Además, como antes el Tratado de Pilar, el pacto implicaba el compromiso de organizar el país bajo el sistema federal cuando estuviesen dados las condiciones indispensables de paz y de tranquilidad.

En el momento de la firma, un delegado de Corrientes, Pedro Ferré, planteó además la necesidad de diseñar un programa económico para este nuevo país. ¿Iba a seguir siendo librecambista? ¿Se iba a seguir permitiendo que entrasen todas las mercaderías extranjeras y que los comerciantes locales fuesen condenados a la más completa miseria, liquidando a sus pequeñas industrias? Esas preguntas hacía Ferré, que tenía un pequeño astillero y conocía los problemas creados por el librecambismo loco que habían vivido las provincias desde 1810, cuando los gobiernos patrios abrieron el comercio porque necesitaban el dinero de la aduana para subvenir sus necesidades.

La política librecambista había significado una invasión total de mercadería, sobre todo británica, y la aniquilación de las pocas industrias artesanales que había en el interior, al mismo tiempo que una extracción de dinero metálico que había sometido a estas provincias a una gran escasez. Ferré pedía que antes de firmar el tratado las partes se pusieran de acuerdo para que las industrias locales —el vino, el trigo, los artículos de cuero— fueran protegidas por tarifas aduaneras razonablemente altas.

Buenos Aires, gobernada por Rosas, se opuso a esta propuesta y, finalmente, en enero de 1831 se firmó el Pacto Federal sin ningún tipo de previsión sobre la política económica que se seguiría. Lo único que allí se dice es que se formará una comisión representativa de los tres gobiernos signatarios y que, cuando en el país haya paz y tranquilidad, se invitará a las otras provincias a constituirse orgánicamente.

Pero en ese momento, el Pacto Federal significaba un poder militar contrapuesto a la liga unitaria del general Paz. La guerra civil finalizó ese año con la prisión del general Paz, que por casualidad fue boleado por un soldado de las filas enemigas. Así se descabezó su ejército y el general Juan Facundo Quiroga terminó con los últimos restos unitarios en el interior.

La Carta de la Hacienda de Figueroa

Dentro de la búsqueda de formas políticas que ocurría desde 1810, en 1834 se firmó un documento muy importante que, junto con el Pacto Federal, sería el esqueleto de la organización más o menos pragmática que sostuvo al país hasta la batalla de Caseros.

Rosas, que luego del acuerdo con Lavalle fue gobernador de Buenos Aires desde 1829 a 1831, gobernó correctamente y ordenó un poco las cosas. Su gobierno coincidió con una tremenda sequía que hubo en Buenos Aires y en las provincias del área, pero significó el fin de la guerra civil en Buenos Aires.

Después de haber llevado a cabo la conquista del desierto se negó a ser gobernador, porque Rosas quería gobernar solamente con facultades extraordinarias. En su opinión, el estado de las cosas no permitía a un gobernante controlar la situación si no tenía la suma del poder público, si no era un dictador. Como la Legislatura de Buenos Aires no quiso darle estas atribuciones, Rosas no aceptó ser reelegido.

Varios gobernadores interinos se sucedieron y, a fines de 1834, llegó a Buenos Aires la noticia de una guerra civil entre dos provincias federales: Tucumán y Salta. Rosas convocó al hombre más prestigioso del interior, Juan Facundo Quiroga, quien entonces vivía en Buenos Aires, y le pidió que fuera como delegado del gobierno de la provincia para pacificar la situación. Luego de varios días de conferencias, Quiroga partió hacia el norte y Rosas se quedó en una estancia de San Andrés de Giles, la Hacienda de Figueroa, donde redactó un largo documento fechado el 20 de diciembre de 1834, que llegó a manos de Quiroga cuando éste estaba en Santiago del Estero.

Se trata de la famosa carta de la Hacienda de Figueroa, uno de los pocos documentos donde Rosas explica su pensamiento político que, en síntesis, es el siguiente: el país no está todavía en condiciones de organizarse constitucionalmente bajo un régimen federal. Ni siquiera existen los elementos básicos para hacerlo. Recién sale de una guerra civil, las provincias están destrozadas, las cicatrices son aún muy hondas. Si se convoca a un congreso, se va a llenar de unitarios, "de logistas y de pícaros" y el resultado será un nuevo fracaso. Además, se necesita dinero y no lo hay. Por otro lado ¿dónde se reuniría el congreso? En Buenos Aires, no; eso provocaría de inmediato la desconfianza del interior, como siempre ha ocurrido. Y, ¿qué tipo de constitución se haría?

Dejemos que las cosas se vayan arreglando con el tiempo,

dice Rosas. En vez de imponer una organización del país desde arriba para abajo, es preferible que los asuntos se ordenen de abajo para arriba: que las provincias recompongan sus cosas, que se acostumbren a vivir en paz, que armen sus instituciones y recién entonces podremos pensar en una constitución nacional. Hasta entonces, tratemos de vivir armónicamente.

Si bien algunos historiadores, muy quiroguistas, sostuvieron que esta carta traicionaba el pensamiento de Quiroga, quien quería una constitución, es muy probable que el caudillo estuviese de acuerdo con Rosas. La carta está en el Archivo General de la Nación, manchada de sangre: Quiroga la llevaba en su traje cuando fue asesinado en Barranca Yaco. La muerte de Quiroga significó la postergación, tal vez indefinida, de los anhelos de organización constitucional del país. A partir de ese momento, en 1835, el país vivió una confederación de hecho, bajo el pensamiento pragmático de Rosas.

En resumen, el Pacto Federal, firmado en 1831 por Buenos Aires, gobernada por Rosas; Santa Fe, gobernada por Estanislao López; y Corrientes, gobernada por Pedro Ferré, fue un convenio por el cual las tres provincias prometieron defenderse en caso de ataques exteriores e interiores, no permitir la disgregación del país y convocar a una organización constitucional cuando hubiese paz y tranquilidad. Los términos del compromiso estaban sostenidos por Facundo Quiroga quien, si bien no firmó el tratado, era el poder militar y político en el interior.

A la alianza de provincias del litoral, entonces, se sumó de algún modo el poder de Quiroga, quien se enfrentó con la liga unitaria, hegemonizada por el general Paz. Este había volteado los gobiernos de varias provincias y puesto a cargo de ellos a sus propios amigos, militares en general. Muy pocos meses después, la liga unitaria se desbarató con motivo de la captura de Paz y también de la lucha de Quiroga, que terminó con los restos del ejército unitario.

Los unitarios, además, después de la desastrosa experiencia de Rivadavia, dejaron de creer con tanta firmeza en un gobierno de tipo centralista. Se dieron cuenta de que la realidad era mucho más fuerte que sus teorías y que pensar en este tipo de organización del país era utópico. Lo único que querían, ya, era una organización del país. De todos modos, los unitarios desaparecen de escena, sobre todo a partir del segundo gobierno de Rosas y la hegemonía política del país es, a través de diferentes figuras que van ocupando los gobiernos de las distintas provincias, federal.

Capítulo V

HACIA
LA ORGANIZACIÓN
NACIONAL

COMO PARTE de la búsqueda de una fórmula política que diese razonable unidad a las provincias se firmaron dos convenios, dijimos. Uno fue el Tratado de Pilar (1820), que definía la vocación nacional y federalista de los firmantes (Buenos Aires, Santa Fe y Entre Ríos) y daba, incluso, algunos pasos para llegar a una organización constitucional del país que finalmente no se concretó. El otro convenio fue el Pacto Federal (1831), que estableció para las provincias signatarias (Buenos Aires, Santa Fe y Corrientes, a las que sucesivamente se fueron incorporando las demás) el compromiso de reunirse, cuando estuvieran en paz y tranquilidad, en un congreso destinado a adoptar el sistema federativo. Finalmente, mencionamos también la Carta de la Hacienda de Figueroa (1834), pieza doctrinaria que refleja el pensamiento de Juan Manuel de Rosas respecto de este tema. Dice, en resumen, que no están dadas las condiciones para que el país se organice constitucionalmente y que sólo el tiempo irá arreglando las cosas.

ROSAS

Dejamos nuestro relato en 1835, así que corresponde ahora hablar de Rosas, cuyo segundo gobierno empezó en los primeros meses de ese año y se prolongó durante diecisiete años más, hasta la batalla de Caseros, en febrero de 1852. No abundaremos en el tema, porque la polémica sobre Rosas es tan repetitiva, que para mí ha dejado de tener interés. Ocurre que cuando se discute la cuestión, se está discutiendo el sentido de valores que siguen siendo importantes en la vida colectiva y hasta individual de los argentinos de hoy, como la libertad o la soberanía nacional.

Rosas tenía una idea muy particular de la libertad: consideraba que los gobiernos debían ser autoritarios y ejercer una represión implícita o explícita. No tenía el menor sentido de tolerancia o de pluralismo en relación con sus opositores; creía en la necesidad de una autoridad paternalista que rigiera hasta en sus mínimos detalles la vida de la colectividad. Por otra parte, defendió con obstinación la soberanía argentina (en aquella época se la llamaba "independencia"); se opuso de una manera muy valiente a las pretensiones de países como Francia e Inglaterra, que eran las potencias más poderosas del mundo, y resistió sus avances.

Dado que a Rosas se lo critica o se lo elogia por facetas tan distintas de su personalidad, ya no caben discusiones sobre él desde el punto de vista historiográfico. Es muy difícil que se encuentre algún documento que eche luz sobre aspectos ignorados de Rosas como persona o como gobernante; es decir, el material crítico con el que trabaja el historiador está prácticamente agotado. Existe sí una polémica en base a estos valores que aún hoy conmueven a la gente, y es en torno a aquélla que giran las discusiones sobre Rosas. Al que valora la libertad como una categoría fundamental de la vida colectiva, nunca le va a gustar Rosas; el que cree en la soberanía como elemento articulador de la comunidad nacional, hablará bien de él. Y así seguirán durante años y años.

Independientemente de esta polémica, revisaremos algunas características del gobierno de Rosas. Fue, fundamentalmente, un gobierno conservador. Es decir, un régimen que no trató de modificar nada y que en cierto modo revivió la modalidad del sistema colonial en cuanto a no permitir debates que pudieran conducir a la fragmentación de la sociedad; a la absoluta preeminencia que dio al criterio de autoridad; e incluso a algunas ideas como las que Rosas expuso en 1836 en ocasión de celebrarse el 9 de Julio. Se trata de un discurso poco conocido, cuya tesis era que la Revolución de Mayo se había hecho por fidelidad al rey de España, para conservar sus dominios, y que solamente la incomprensión de los realistas llevó a los patriotas a una serie de etapas después de las cuales no hubo más remedio que declarar la Independencia.

En muchos aspectos, pues, Rosas vivía en la época colonial. Otorgó gran importancia a la cuestión religiosa y a la de la autoridad paternal e, indudablemente, dio a su gobierno un sentido que llamaríamos hoy reaccionario. No hubo, por ejemplo, iniciativas de obras públicas importantes; la universidad prácticamente dejó de funcionar porque se le quitaron los subsidios y el dictado de unas pocas cátedras en Buenos Aires se debió a que los alumnos mismos pagaron a sus profesores.

Durante el gobierno de Rosas hubo una escasa apertura al exterior, aunque los extranjeros vivieron sin que se los persiguiera o se los discriminara e, incluso, existió una moderada corriente inmigratoria. Pero no había interés por abrir una ventana al mundo, ni a las ideas que pudiesen venir de afuera. Por el contrario, se percibía una cierta desconfianza a lo foráneo, coincidente con los sentimientos de Rosas, que era muy criollo, muy nacionalista, afecto a las cosas de la tierra —por primitivas y bárbaras que fueran—.

La actitud conservadora respecto del país, respecto de lo que ya existía, fue desarrollando un sentido de unidad nacional que hasta ese momento todavía no estaba maduro. El largo régimen rosista, con la reiteración de actos burocráticos, fue creando una integración que antes no tenían las provincias. Pues aunque Rosas hablaba de la Federación y consagraba su lema como federal, en la práctica encabezó un régimen absolutamente centralista.

Así Rosas fue creando un gobierno nacional de hecho. En vísperas de su derrocamiento, había acumulado en la persona del gobernador de Buenos Aires una serie de atribuciones que son prácticamente las mismas que hoy la Constitución le otorga al Presidente de la República y que en ciertos casos incluso iban más allá de lo que hoy pueda esperarse del Poder Ejecutivo Nacional.

Además de manejar las relaciones exteriores, por ejemplo,

mantenía una cuidadosa vigilancia sobre las provincias que tuvieran fronteras con países vecinos para impedir el comercio clandestino de monedas de oro —fuga de divisas diríamos hoy—, y para impedir también que en esos países existiera ningún tipo de propaganda que pudiese afectar al régimen federal.

El gobernador de Buenos Aires tenía también a su cargo una suerte de Ministerio de Economía, ya que recaudaba impuestos a través de la Aduana porteña y, en algunos casos, graciosamente mandaba subsidios a provincias que estuvieran muy necesitadas. Así sucedió con Santiago del Estero, a la que envió dinero para sacarla de la postración económica.

Rosas también ejerció una especie de Ministerio de Guerra, porque controlaba a lo que hoy llamaríamos el Ejército Nacional, que en algún momento combatió contra Bolivia, parte de la Banda Oriental, el Brasil —y Francia e Inglaterra, con las cuales no hubo guerra declarada pero sí hostilidades—.

Intervenía a las provincias que le eran desafectas, ya fuese con una simple carta, aprovechando el temor que inspiraba la fuerza de Buenos Aires, ya fuese con una expedición militar, como ocurrió con la Coalición del Norte.

Asimismo manejaba todo lo que tenía que ver con el Patronato eclesiástico; es decir, designación de obispos, pases de bulas y documentos papales, y vigilaba las órdenes religiosas y curas párrocos para detectar si eran afectos o no al régimen de la Federación. Y, por supuesto, ejercía una prolija censura de prensa y la vigilancia sobre periódicos o libros opositores que pudieran entrar al país.

El hecho de que Rosas reuniese algunos de los poderes que luego la Constitución otorgaría al gobierno nacional, creó las condiciones para que después de su largo gobierno, cuando fue derrotado en la batalla de Caseros, se pudiera establecer la unidad del país a través de una constitución.

CONSTITUCIONES

Entre las actitudes conservadoras de Rosas, cabe señalar también la de ignorar el aire de los tiempos, cosa que suele ocurrir a los gobiernos de este sesgo. Durante un lapso determinado, la rigidez que mantiene las cosas tal como estaban puede ser útil, porque se opone a la discordia o al caos. Pero luego los tiempos plantean otras exigencias, otras necesidades y un gobierno muy conservador no las sintoniza, no las absorbe. Eso pasó con el régimen rosista.

En 1835 pudo ser necesario para crear un paréntesis en las guerras viles que habían desgarrado a la sociedad argentina. Pero después se fue progresando razonable y sostenidamente, y empezaron a gestarse otras exigencias, inclusive de tipo intelectual o jurídico. Por ejemplo, la de contar con una constitución escrita. En toda la década de 1840, los movimientos populares revolucionarios de Europa solicitaban o imponían a los reyes una carta constitucional.

Estaba de moda la idea de que en un libro, una ley escrita, se establecieran las relaciones entre la autoridad y los súbditos, las relaciones entre los distintos organismos de poder, las garantías y los derechos de los habitantes.

La misma necesidad se sentía en el Río de la Plata, pero Rosas no la advirtió. Cuando en mayo de 1851 Justo José de Urquiza levantó la bandera de la rebelión, Rosas se limitó, como contraofensiva intelectual, a publicar la famosa Carta de la Hacienda de Figueroa que había escrito diecisiete años antes. Para él no había pasado el tiempo y, a su juicio, seguía siendo necesario un largo paréntesis durante el cual las cosas se fuesen componiendo solas y la organización constitucional se fuera dando de abajo hacia arriba.

Su gobierno se había convertido en un anacronismo. Lo que quince años atrás había sido útil, no tenía ya contenido. Sin embargo, Rosas era todavía el jefe de ejércitos numéricamente importantes. Todos los gobernadores de provincias le prestaban adhesión y, aparentemente, las masas federales de Buenos Aires también. Pero en realidad su gobierno estaba carcomido; ya no tenía la justificación que en su momento lo sostuvo.

En este sentido también conviene señalar que hubo *varios Rosas*, según las regiones argentinas donde su acción se hizo sentir. Había un Rosas para la ciudad y la provincia de Buenos Aires, probablemente amado por las masas y respetado por las clases medias; garantía de seguridad, que había puesto orden y establecido las condiciones para que la gente trabajara y se enriqueciera. En la provincia de Buenos Aires, por ejemplo, un viajero inglés de 1847, William McCann, se dio el lujo de recorrer durante casi un mes la provincia sin parar nunca en una casa que no fuera de un inglés, un escocés o un irlandés. A tal punto estos extranjeros estaban radicados con toda clase de garantías y sin que nadie los molestara, aun cuando Rosas había resistido en su momento las hostilidades de Francia e Inglaterra.

Por otra parte, en la provincia de Buenos Aires se había logrado cierto estado de convivencia con los indios, que en la época de Rosas no habían organizado casi ningún malón. Existía un sistema de soborno por el cual el gobierno de Buenos Aires les mandaba yeguas, tabaco, yerba, y los mantenía quietos y tranquilos, en un estado más o menos amistoso. Este era el Rosas de Buenos Aires.

Pero en el litoral había un Rosas con otra significación, y es el que provocó ese estado de cosas que culminaría con el levantamiento de Urquiza. Era un Rosas que detentaba el monopolio de la navegación de los ríos, pues no permitía que embarcaciones extranjeras navegasen los ríos del interior, asfixiando así a una economía floreciente como la de Entre Ríos, donde se pagaban salarios iguales a los de la provincia de Buenos Aires y donde había un intenso comercio con la Banda Oriental. Este Rosas ya no gustaba tanto, además, porque frente a los levantamientos reiterados de Corrientes, la represión había sido muy dura.

Y, finalmente, había para el interior un Rosas temido y odiado: el que ordenó las terribles expediciones de Oribe, que durante largo tiempo dejaron la marca de grandes crueldades; el que ordenó el fusilamiento de José Cubas en Catamarca, el de Marco Avellaneda en Tucumán (1840) y otras represiones. Cosas como éstas, además de la postración económica en que se hallaban, preocupaban mucho a los gobiernos provinciales, reducidos a un estado de inopia frente a la creciente prosperidad de Buenos Aires. Ese estado de cosas debía cesar para que el país pudiera organizarse, dar garantías y derechos a sus habitantes y establecer, junto con el esquema político definitivo, un reparto de las rentas de la Nación más equitativo de lo que había sido hasta ese momento.

CASEROS

Después de la batalla de Caseros, Rosas desapareció de la escena política; se exilió en Inglaterra y Urquiza quedó como protagonista de la nueva etapa. Caseros no fue una batalla entre dos partidos enemigos donde uno ganó y el otro —el de Rosas— perdió: Caseros fue una lucha interna dentro del partido federal, donde el viejo caudillo fue desplazado y un nuevo caudillo, Urquiza, dio un paso adelante.

Una serie de facciones que también odiaban a Rosas se había coaligado con Urquiza: los antiguos unitarios; los que se decían unitarios pero eran liberales y vivían exiliados, como Sarmiento o Mitre; y los brasileños, a quienes Rosas había declarado la guerra un año antes, que reforzaron la expedición de Urquiza, facilitaron su traslado por el río y, en última instancia, hicieron posible la victoria de Caseros.

La actuación de Urquiza en la provincia de Buenos Aires fue moderada. Allí se fue formando un centro de poder político integrado sobre todo por liberales y por antiguos unitarios. Existía un sentimiento porteñista lastimado por la circunstancia de que Rosas no hubiera podido ser volteado por los propios porteños sino por una expedición venida del interior, algo parecido a lo que había pasado en 1820 con Ramírez y con López, pero esta vez de manera más espectacular.

Después de Caseros, Rosas renunció como gobernador y la Legislatura se disolvió; bajo el régimen de Urquiza se hicieron nuevas elecciones, donde prevalecieron los porteñistas, se eligió una nueva legislatura y se designó gobernador provisorio a Vicente López y Planes. Entonces Urquiza, que tenía con el país el compromiso de llamar a una constitución, reunió en San Nicolás de los Arroyos a los gobernadores de todas las provincias y consiguió un acuerdo, el Acuerdo de San Nicolás, que conformaría, junto con el Tratado de Pilar y el Pacto Federal de 1831, el conjunto de pactos preexistentes al que alude el Preámbulo de la Constitución.

El Acuerdo de San Nicolás, establecido por ex gobernadores de Rosas asimilados al orden que funda Urquiza —quien no quería enfrentarlos, sino utilizarlos como instrumentos para esta nueva etapa institucional— fue realmente muy importante. En primer lugar, estableció un mecanismo para poner en práctica un Congreso General Constituyente, integrado por dos diputados de cada provincia, que debería reunirse en Santa Fe. Esta cláusula molestó mucho a Buenos Aires, que iba a tener la misma representación que Jujuy o La Rioja.

En segundo lugar, preparó el terreno para la constitución futura, aboliendo las aduanas interiores, declarando libres de todo derecho a las personas o mercaderías que transitaran por el territorio argentino y declarando la libre navegación de los ríos, un paso adelante para dar status constitucional a una liberación del comercio que hasta entonces no existía. Junto con esta virtual creación de un mercado común dentro del territorio argentino, se estableció que la aduana de la provincia de Buenos Aires sería nacionalizada; es decir, que las rentas aduaneras, que hasta ese momento eran de la provincia de Buenos Aires, a partir de entonces serían compartidas por todas las provincias.

El tercer orden de intenciones que incluía el Acuerdo de San Nicolás fue la creación de un gobierno provisorio, al cual se le dio el nombre de Directorio. Urquiza fue designado Director y recibió determinadas atribuciones; entre ellas, ser comandante de las milicias que existiesen en el país, manejar los fondos nacionales y, fundamentalmente, los ingresos por derechos de la aduana de Buenos Aires.

El Acuerdo de San Nicolás era bastante arriesgado, porque ninguno de los gobernadores tenía mandato para subscribir semejante compromiso. Pero evidenciaba una intención de organizar el país, pese a la hostilidad de algunos intereses, en especial los de Buenos Aires. Por su parte, los porteños tenían argumentos en contra, inclusive jurídicos, que fueron expuestos por Bartolomé Mitre ante la Legislatura de Buenos Aires.

En primer lugar, el gobernador de Buenos Aires —dijo Mitre— no tenía facultades para disponer en San Nicolás de bienes de la provincia, como eran sus recursos o sus tropas. En segundo lugar —no se decía pero estaba implícito en las palabras de Mitre— Buenos Aires no tenía ningún interés en nacionalizar sus bienes, como su aduana o su ciudad, a la que se podía declarar capital de la Federación.

El alegato de Mitre provocó que la Legislatura de Buenos Aires rechazara el Acuerdo, que en cambio fue aprobado por el resto de las provincias. Ante la renuncia del gobernador López y Planes, que se sintió desautorizado, Urquiza dio un golpe de Estado y asumió la conducción de la principal provincia del país. Pero la oposición dentro de Buenos Aires era muy grande, por lo que finalmente una revolución en septiembre de 1852 permitió a los porteños retomar el control de la ciudad. Urquiza intentó sitiarla pero no lo logró y, finalmente, tuvo que retirarse.

Unos meses después se reunieron en Santa Fe los delegados de las provincias sin la presencia de Buenos Aires, sancionaron la Constitución Nacional de 1853 y eligieron como presidente a Justo José de Urquiza. A partir de ese momento, se prolongó durante diez años una situación muy riesgosa. Por un lado existía la Confederación Argentina, entidad formada por trece provincias que pretendía ser la Nación en su conjunto, tenía una Constitución Nacional sancionada por los congresales en Santa Fe, un Congreso y un Poder Ejecutivo con sede en la ciudad de Paraná. Allí iban los embajadores y los cónsules extranjeros cada vez que debían hacerlo, pero cada vez que podían se escapaban, porque era una ciudad aburridísima y preferían vivir en Buenos Aires.

Por otro lado, existía el Estado de Buenos Aires, cuya situación era ambigua: no proclamaba ni su soberanía ni su independencia. No decía ser un Estado libre, pero tampoco estaba integrado a la Confederación. Se suponía que era un Estado autónomo, que reconocía pertenecer a la República Argentina.

SEGREGACION

Esta secesión —que pudo haber sido definitiva, frustrando así para siempre el anhelo de unidad nacional— opuso a una entidad nacional con sede en Paraná otra entidad, con sede en Buenos Aires. Ambas competían, se hostilizaban y se atacaban, incluso militarmente. ¿Cuáles eran los obstáculos reales que les impedían reunirse? Fundamentalmente, la diferencia de desarrollo económico que existía entre Buenos Aires y el resto del país. Había un abismo, como lo había habido también en tiempos de Rosas, entre el adelanto de Buenos Aires y la manera en que las demás provincias desarrollaban su economía y su vida política.

En la Buenos Aires de 1857, por ejemplo, había ya alumbrado de gas en las calles, un ferrocarril que llegaba hasta San José de Flores y una Aduana, construida para atender las necesidades del creciente comercio. El desarrollo de Entre Ríos, la provincia que más podía aproximársele, no tenía punto de comparación con el de Buenos Aires. Mucho menos, el de Santiago del Estero, Córdoba, Tucumán y demás que, por otra parte, estaban en manos de caudillos de la época de Rosas y no tenían ni una clase dirigente tan ilustrada como la de Buenos Aires, ni instituciones tan arraigadas e importantes como la Universidad, la Legislatura o la prensa porteña. La diferencia era tan grande que se hacía muy difícil elaborar fórmulas que posibilitaran la unión de Buenos Aires con el interior.

La Confederación Argentina, además, casi no tenía fuentes de ingresos permanentes, mientras la Aduana, en cambio, alimentaba al gobierno de Buenos Aires. También le permitía, por ejemplo, sobornar al jefe de la flota de la Confederación que estaba sitiando a Buenos Aires, o levantar una Guardia Nacional armada para hacer frente a la caballería de Urquiza que, si bien estaba integrada por los paisanos de Entre Ríos y era muy pintoresca, tenía una capacidad ofensiva bastante escasa. Por otra parte, en la Confederación había gente muy extremista dispuesta a incorporar a Buenos Aires por la fuerza, y en Buenos Aires había también quienes sugirieron que la provincia se declarase república independiente. Pero finalmente prevaleció la sensatez en ambas partes.

¿Qué impidió que este estado de segregación continuara para siempre? La comprensión de que Buenos Aires sola no era ni podía ser nunca un país y que las demás provincias, sin Buenos Aires, eran inviables. La idea venía desde los tiempos del antiguo Virreinato: Buenos Aires y el interior eran dos realidades diferentes, pero complementarias. Cada una de ellas sola no era factible, por lo que había que buscar la fórmula para que las grandes diferencias que las separaban pudieran limarse.

El patriotismo de algunos dirigentes también contribuyó a la unión nacional. Es evidente que Urquiza quería la organización definitiva del país y, aunque era un hombre del interior, comprendía que esta organización era imposible sin Buenos Aires. Esto explica de algún modo su actitud en la batalla de Pavón, según veremos.

Y, finalmente, también tiene peso la historia, que mostraba que hacía ya medio siglo (desde 1810) que los argentinos, fueran del interior o fueran de Buenos Aires, buscaban una fórmula para vivir armoniosamente. Historias comunes, próceres comunes, el recuerdo de la gran gesta de la Independencia... La presencia de algunos hombres de aquella época, que aún vivían, convertía en un pecado tremendo esta división que, de prolongarse, podía convertirse en definitiva.

La suma de estos factores incitaba a creer que, por encima de los conflictos, los enfrentamientos y las diferencias, era posible lograr alguna fórmula permanente; cosa que en efecto ocurrió, después de dos grandes batallas. Una fue la de Cepeda (1859), donde la Confederación triunfó sobre Buenos Aires. Urquiza avanzó hasta la ciudad pero, una vez más, se mostró muy moderado. No entró en Buenos Aires sino que acampó en San José de Flores, y sólo pidió que se destituyese al gobernador, Valentín Alsina, ultraporteñista furioso, y se pusiese en su lugar a alguien con quien se pudiera conversar.

Así se llegó a acordar lo que pasaría a la historia como Pacto de San José de Flores, por el cual Buenos Aires se comprometió a ingresar a la Confederación y ésta a reconocer las reformas que la provincia de Buenos Aires quisiera hacérle a la Constitución. Había, en efecto, un tema muy conflictivo: el de la Capital. La Constitución de 1853, en su primera redacción, decía que la Capital de la Nación Argentina sería la ciudad de Buenos Aires, cosa que los porteños no podían tolerar porque significaba entregar su ciudad a autoridades nacionales a las que posiblemente no pudiesen controlar.

Por ese motivo, entre otras reformas menores finalmente se estableció que la Capital de la Nación Argentina iba a ser la ciudad que fuese declarada tal por una ley del Congreso, previa cesión hecha por una ley especial de la Legislatura de aquella provincia que tuviese que cederla. De manera que si Buenos Aires era declarada Capital por el Congreso de la Nación, ella a su vez podía o no sancionar una ley donde cediese a la Nación la ciudad del mismo nombre.

El Pacto de San José de Flores, que está en la misma línea del Tratado de Pilar, del Pacto Federal y del Acuerdo de San Nicolás, fue el último paso que se dio en pos de la organización nacional, el último convenio para que Buenos Aires pudiese ingresar pacíficamente a la Confederación.

Pero después que la provincia hubo examinado la Constitución Nacional, sugerido algunas reformas y enviado sus delegados al Congreso que se reunía especialmente, sucedieron ciertos hechos políticos que llevaron a una nueva ruptura entre la Confederación y Buenos Aires.

Sus tropas se enfrentaron nuevamente, más o menos en el mismo lugar donde se había peleado la batalla de Cepeda y, finalmente, en 1861 ocurrió la batalla de Pavón. Desde el punto de vista militar, fue un combate sin definición, porque si bien la caballería de Urquiza ganó, la infantería porteña, al mando de Mitre, quedó virtualmente intacta y Urquiza se retiró del campo de batalla. Mitre aprovechó la circunstancia y avanzó con su ejército hasta Rosario, mientras Urquiza volvía a Entre Ríos y se encerraba allí, pasivamente.

El gobierno de la Confederación, radicado en Paraná, viendo que no había auxilio por parte de Urquiza, se declaró en receso, se disolvió. Mitre, a su vez, mandó cuerpos de ejército hacia el interior para cambiar las situaciones que le eran desafectas y logró que los distintos gobiernos de provincias delegasen en su persona las relaciones exteriores y la dirección provisoria de los asuntos nacionales —tal cual lo había hecho Urquiza después de Caseros, a pesar de las críticas de Mitre—.

En 1862 se realizaron elecciones y el 12 de octubre de ese año Bartolomé Mitre asumió la Presidencia de la Nación. Buenos Aires ya estaba reincorporada al país y era su capital provisoria según una ley dictada por la Legislatura, donde no se cedía la ciudad sino que se invitaba al gobierno nacional a instalarse en calidad de huésped: una sutileza jurídica para evitar la capitalización de la ciudad.

UN GOBIERNO NACIONAL

Después de este largo relato, necesariamente confuso porque fueron confusas las circunstancias y es muy difícil resumirlas, llegamos a un gobierno nacional. Un gobierno que tuvo que ahogar por la fuerza las rebeliones del interior (sobre todo las del Chacho Peñaloza, quien salió a defender a la derrotada Confederación con los pocos medios que tenía y fue aplastado primero y asesinado años más tarde). Pero, bien o mal, había un gobierno nacional instalado en Buenos Aires, cuyo sentido y jurisdicción eran nacionales. Por primera vez desde 1820 existía un gobierno formal y verdaderamente nacional.

La solución a la que se había llegado duró sólo dos décadas. Pero de todos modos fue conveniente en su momento. Las provincias tenían una Constitución, la Aduana de Buenos Aires iba volcando sus rentas y gastos al servicio de objetivos de alcance nacional, existían garantías constitucionales e independencia de poderes, y en el país tenía vigencia un esquema ideológico, por así llamarlo.

Se trataba del esquema que sobre todo planteó Juan Bautista Alberdi en su libro *Bases y puntos de partida para la organización de la República Argentina*. Cuando Urquiza reunió en Santa Fe al Congreso que sancionaría la Constitución de 1853, sus integrantes comenzaron a buscar modelos para redactarla. Si bien había una idea bastante concreta de lo que se quería, faltaba el aspecto operativo, práctico. Entonces llegó a sus manos un librito que había preparado Alberdi, abogado argentino radicado en Valparaíso que, alejado de Buenos Aires unos veinte años antes por disidencias con Rosas (aunque nunca fue perseguido), había cumplido en Chile una labor profesional muy destacada.

En su libro, Alberdi proponía un proyecto de Constitución

y el fundamento teórico de este nuevo país que iba a emprender su marcha, dejando atrás la larga dictadura de Rosas y la larga época de las guerras civiles, y preparándose para tener otro papel y otras funciones, incluso en el resto del mundo.

¿Qué decía Alberdi, en síntesis? Para resumirlo con palabras mías: hagamos una Constitución donde se dé toda clase de garantías a las personas que quieran venir aquí a trabajar, a ejercer sus industrias, a educar y a educarse, a transmitir sus ideas. Es decir, una Constitución que garantice la creación de una sociedad próspera. Pero en cambio no seamos tan liberales cuando se trata de política. No existe un electorado o una ciudadanía. La Argentina no tiene, todavía, ciudadanos. Los argentinos nativos no tienen aún hábitos de trabajo, respeto por la autoridad. No tienen nada de aquello que hace posible un gobierno regular.

¿Qué tenemos que hacer entonces? Fomentar la inmigración. Que vengan muchos extranjeros, si es posible anglosajones, y se vayan mezclando con la población nativa. Entonces, cuando con los hijos o los nietos de esos inmigrantes fragüe un nuevo tipo de hombre, un nuevo tipo de argentino, será el momento de darle no solamente las libertades civiles, sino también las políticas. Mientras tanto, que gobiernen los más aptos, los mejores —nosotros—, llevando las cosas de modo tal que con inversión extranjera, con tendido de ferrocarriles, con la explotación racional de la pampa, poco a poco se vayan creando condiciones que hagan posibles formas republicanas con un contenido también republicano. Mientras tanto, mantengamos sólo la forma de la república.

En última instancia, este era un pensamiento bastante realista, comparable, si se quiere, al que Rosas expuso en la Carta de la Hacienda de Figueroa.

Y, sin que nadie lo dijese de manera directa, fue el pensamiento que se puso en marcha en la época de Mitre y, más aun, en la de Roca, a partir de 1880. Es decir: hagamos un país próspero, tratemos de que tenga inserción dentro del mundo contemporáneo, abramos la frontera a los inmigrantes, a los capitales, a las ideas, y por ahora posterguemos un poco lo político, porque todavía no están dadas las condiciones para una república perfecta. Esto no es ni Estados Unidos, ni Europa.

Pero mientras tanto, a medida que esta sociedad se enriquezca, prospere, goce de los bienes culturales y físicos que le dan la civilización, la paz y el orden, estaremos creando las condiciones para, cuando el tiempo lo indique, haya una política mejor. En el ínterin, el pueblo no votará o votará en elecciones amañadas para que siga gobernando la clase naturalmente dirigente. Repito, era un pensamiento realista: rigió la vida argentina hasta la sanción de la ley Sáenz Peña, en 1912.

Capítulo VI

LA FORMACIÓN
INSTITUCIONAL

ENTRE 1860 y 1880 tuvo lugar un proceso cuyo desarrollo hizo posible la organización constitucional definitiva del país. Durante este lapso de veinte años, que es muy significativo y muy interesante, se revela, como tal vez en ninguna otra circunstancia de nuestra historia, que las comunidades no se hacen a saltos y que son muy escasas las ocasiones donde se producen cambios o rupturas definitivos. Por lo general podemos observar determinadas líneas que marcan la continuidad de una forma de vida, de trabajo, de hábitos, de mentalidades, de creencias, incluso de prejuicios, que con el correr del tiempo se van matizando pero que no se interrumpen bruscamente y, en todo caso, si se agotan, suelen ser los gérmenes de nuevas formas que se perfilarán en el futuro.

Esto ocurrió durante el lapso de tiempo que veremos en este capítulo. Los enfrentamientos y las guerras civiles que sucedieron antes de 1860 fueron atroces y, aunque entre 1860 y 1870 también hubo luchas terribles, la ferocidad tendió a atenuarse. La sociedad estaba cambiando, evolucionando; se creaban instituciones nuevas que servían para atemperar las guerras brutales que antes caracterizaron a nuestro país.

La Argentina seguía muy despoblada, pero al mismo tiempo se iban estableciendo inmigraciones, colonias y líneas de ferrocarriles, y las luchas políticas se encauzaban a través de corrientes con alguna definición ideológica. De modo tal que aunque el país no cambia mucho, va evolucionando sobre ciertas líneas y situaciones que ya estaban dadas y que en general tienden a mejorar.

El mundo

Estas dos décadas tan importantes de nuestra historia no pueden entenderse si no hacemos alusión al contexto internacional, porque fue una época de grandes cambios en el mundo, cualitativos y cuantitativos.

La década de 1850 asistió a la anteúltima gran guerra del siglo XIX en Europa, la de Crimea, entre Inglaterra, Francia, Rusia, Italia y Turquía, donde se pusieron en marcha nuevas técnicas y estrategias guerreras. En Estados Unidos, durante los primeros años de la década de 1860, se vivió la Guerra de la Secesión, que en última instancia significó el triunfo del norte industrializado contra el sur feudal y romántico (y esclavista) de las plantaciones de algodón. En 1870 tuvo lugar la guerra franco-prusiana, que terminó con la derrota de Francia, la caída del imperio de Napoleón III y la fundación del imperio alemán, una nueva y férrea entidad política que surgió en el viejo continente.

A partir de ese momento hubo paz en Europa —salvo algunas guerras coloniales, por lo general hubo paz en el mundo— y las sociedades europeas se fueron expandiendo y desarrollando sobre la base de algunos inventos que incidieron en la calidad de vida de la gente y que trascendieron también a nuestras tierras, como por ejemplo la luz de gas, que fue una innovación muy importante, no ya sólo en las calles, sino en el interior de las casas, porque hizo posible que la gente leyese más: ésta fue una de las claves del éxito de las novelas de Dickens, que se leían en las casas inglesas y promovían la alfabetización de la población.

Además, el acero fraguado a altas temperaturas permitió una serie de aplicaciones en la construcción. Fue un momento de grandes avances médicos: se detectaron bacilos y microbios que antes eran desconocidos. El ferrocarril adquirió una enorme importancia en prácticamente todo el mundo. Es decir que estos años de paz entre 1870 y —para nosotros— 1890, significaron un gran avance en la calidad de vida de la gente, incluso de la clase trabajadora de Europa, que fue beneficiada por la baratura y la rapidez de los viajes transatlánticos, lo que les permitió emigrar a otros continentes con más facilidad que antes.

Por otra parte, los trabajadores industriales de Inglaterra, Alemania y Francia, vivían mucho mejor que sus padres o sus abuelos y reclamaban entonces una serie de productos que después proveyeron nuestro país y otros países de América. Era un contexto internacional signado por la paz, por la disponibilidad de capitales para invertirse en el exterior de los países centrales y por los avances científicos y técnicos, que tuvieron una directa repercusión en el nivel de vida de los habitantes de Europa.

LOS MECANISMOS POLITICOS EN LA ARGENTINA

Desde 1860 hasta 1880 se sucedieron en la Argentina tres presidencias; las presidencias fundadoras, por decir así, las que establecieron la solidez del sistema republicano —quizás no tanto en su contenido, pero por lo menos en su forma—. Fueron las de Bartolomé Mitre (1862-1868; aunque desde 1860, después de la batalla de Pavón, Mitre prácticamente ejerció el manejo del país), Domingo Sarmiento (1868-1874) y Nicolás Avellaneda (1874-1880).

Ya la mención de estas fechas indica que hubo continuidad constitucional; es decir, que se había superado la etapa de los caudillismos, de los gobiernos volteados por revoluciones o alzamientos y de las dictaduras prolongadas en el tiempo. Las fechas en cuestión son las de los sexenios que la Constitución marca para cada presidente y, aunque no hayan sido procesos electorales demasiado limpios, el que en aquella época los presidentes hayan podido cumplir el período constitucional es de todos modos un gran avance, que afirma la normativa de la Constitución y establece un cierto respeto por la ley.

Este avance no significa un cambio brusco, sino la afirmación de lo que ya se venía dando. Es decir, de la necesidad de que este país no se rigiese por la arbitrariedad de algunos gobernantes ungidos con la suma del poder público, ni por caudillos que pudiesen representar el poder en las provincias, sino por presidentes establecidos durante un período marcado por la ley.

Durante esos años, ¿cómo se manejó la política, de qué manera fueron elegidos los dirigentes, de qué modo se expresó la opinión pública? En líneas generales, puede decirse que, después de Pavón, Mitre se encontró dueño de la situación y construyó en las provincias y en Buenos Aires la estructura del poder que le daría la presidencia definitiva en 1862. Se apoyaba en un partido llamado Liberal, porque reconocía que había abrazado la bandera del liberalismo, esa ideología que empezaba a extenderse prácticamente en todo el mundo civilizado.

El liberalismo significaba poco en las demás provincias, pero bastante en la de Buenos Aires: instituciones fundadas, periodismo libre, parlamentarismo, apertura del comercio, libertad para ejercer industrias útiles. El Partido Liberal, sin embargo, se encontró con grandes problemas heredados, como por ejemplo el de la capital de la nueva nación, el mismo con el que se tuvo que enfrentar Urquiza en 1853; es decir, la renuencia de los porteños para entregar su ciudad y convertirla ya no sólo en capital de la provincia de Buenos Aires sino en capital de la Nación.

Dijimos que para resolver este problema, se hizo una suerte de triquiñuela jurídica: la provincia de Buenos Aires se convirtió en anfitriona del gobierno de la Nación, invitándolo a instalarse y permanecer allí durante un tiempo determinado. Mediante esa Ley de Compromiso, Buenos Aires fue la capital provisoria. En el local del Viejo Fuerte, donde ahora está la Casa Rosada, el Gobierno Nacional instaló su administración, mientras la provincia de Buenos Aires mantenía su jurisdicción sobre la ciudad. Los cuerpos legislativos, tanto de la Nación como de la provincia, se reunían en el mismo local donde hoy funciona la Academia Nacional de la Historia: allí se encuentra el recinto de la antigua Legislatura de Buenos Aires y del antiguo Congreso Nacional.

Al acordarse la Ley de Compromiso, el Partido Liberal se dividió: la parte más porteñista, con Adolfo Alsina al frente, adoptó la bandera del autonomismo, y se denominó Partido Autonomista. Del otro lado quedaron los liberales o mitristas. Por otra parte, existía también el viejo Partido Federal, que había apoyado Urquiza: consistía, en última instancia, de los resabios de esa estructura de poder que había mantenido a Rosas durante tantos años y que todavía tenía vigencia en el interior, aunque muy poca en Buenos Aires. Estos no eran partidos políticos en el sentido moderno del término. No tenían cuerpos orgánicos, ni tampoco una maquinaria que hiciera proselitismo de manera permanente. El federalismo (con la figura de Urquiza al frente), el mitrismo y el autonomismo eran simplemente corrientes donde se enrolaban algunos dirigentes políticos y en cuyo marco tejían sus alianzas, rupturas y enfrentamientos.

En las vísperas de las elecciones surgían unas curiosas instituciones que se llamaban los "clubs" y que fueron en cierto modo el antecedente del comité. El club Libertad o el club Buenos Aires convocaba a la población a reunirse en un lugar cerrado o abierto, una plaza o un teatro, por ejemplo. Una comisión directiva presidía la sesión, donde se votaba una lista de candidatos o se aprobaba una declaración, un manifiesto o lo que fuera. Después, el club se disolvía hasta su reaparición. Era una democracia muy primitiva, si se quiere, muy a la manera ateniense, y se prestaba a toda clase de triquiñuelas.

Leopoldo Lugones cuenta en su *Historia de Sarmiento* que el club Libertad tenía que decidirse por la candidatura de Sarmiento o la de Alsina. Entonces una tarde de verano, con un sol rajante, el presidente del club, que era sarmientista, pidió que los partidarios de Sarmiento se pusieran a la sombra y los de Alsina, al sol. Por supuesto, todos se fueron para el lado de la sombra y el club Libertad votó por Sarmiento. A pesar de estas anécdotas, la de los clubs fue una forma de empezar un ejercicio político que hasta entonces no había existido.

Del mismo modo, las elecciones eran tan fraudulentas como siempre. La manera en que se hacían dejaba siempre un saldo de muertos y heridos. Sin un padrón cívico ni autoridades permanentes, sin documento de identidad, cualquiera podía votar cuatro o cinco veces, las autoridades podían echar a alguien de la mesa diciendo que no era de la parroquia, o una persona podía presentarse en cinco o seis parroquias distintas. Pero de todas formas comenzaba un ejercicio democrático republicano que en la época de Rosas había quedado totalmente inmovilizado, y después de Caseros se había practicado de manera muy violenta. Ahora tendía, si bien no a aminorarse ni a pacificarse, porque hubo elecciones muy duras, por lo menos a establecer un cierto respeto por los resultados, fueran estos los que fueran.

Este sistema político, que aunque no era el de partidos orgánicos lo prefiguraba, se completaba con dos prácticas, que en ese momento alcanzaron una gran popularidad. Por un lado el "diarismo", como se lo llamaba en aquella época por la cantidad de diarios que transmitían opiniones y daban marco a debates sobre cualquier problema, en los que cualquiera podía participar. El papel y la mano de obra eran muy baratos, y cada dirigente político más o menos importante tenía un diario a su disposición. Así empezó *La Nación*, por ejemplo: como un diario personal, casi, de Mitre. El gas de alumbrado que ya se instalaba en las casas facilitaba la lectura, que a su vez era una forma de transmisión de opiniones, de selección de candidatos y de polémicas sobre diversos problemas que afectaban a las comunidades, como el de los indios, el de dónde debía instalarse el puerto de Buenos Aires o dónde tal o cual línea de ferrocarril, y en qué condiciones... Es decir que a través de los diarios se generalizaba un debate público.

El otro ejercicio democrático era el parlamentarismo o hábito de ejercer el derecho a la opinión en la Legislatura y en el Congreso Nacional, donde había determinadas reglas de juego para los debates, donde se suponía que las discusiones debían ser ordenadas y razonables y donde se ejercía la oratoria como una suerte de deporte de la época. En un momento histórico donde no existían otros medios de comunicación masiva que los diarios, la oratoria, en efecto, jugaba un enorme papel. No podía haber un dirigente político que no fuera un gran orador. Algunos, según cuenta la tradición, fueron muy importantes y arrastraban a las masas, como Adolfo Alsina, José Manuel Estrada o, después, Leandro Alem. Como parte de un juego parlamentario que significaba un avance respecto de aquellas épocas cuando no había participación ciudadana ni representación en los cuerpos legislativos, había que saber redondear los párrafos, había que saber arrebatar a las multitudes.

Durante estas tres presidencias, entonces, se fue afirmando la continuidad constitucional y acostumbrando al país a obedecer una ley. No es que no existieran transgresiones: las hubo, desde luego, pero es curioso comprobar hasta qué punto existía cierto sentimiento de culpa cada vez que se hacía una transgresión demasiado grande. Cuando tenía lugar un fraude electoral muy escandaloso o una intervención injustificada en una provincia, cuando había influencia o injerencia desmedida del oficialismo en la política de algún lado, había también un enorme interés por ocultarlo o justificarlo.

Esto, evidentemente, era un adelanto. Porque una cosa es el golpe de mano dado sin ningún tipo de justificación: la información de Lavalle al gobierno delegado en Buenos Aires ("Comunico a ustedes que hice fusilar al coronel Dorrego por mi orden"), significa la arbitrariedad total, la brutalidad en su estado más puro. Otra cosa es el tipo de debate periodístico y legislativo que se crea frente a una situación como, supongamos, la intervención de Entre Ríos después del asesinato de Urquiza por Ricardo López Jordán. En este caso hubo una serie de justificaciones que podemos encontrar aceptables o no, pero que, de todos modos, indican preocupación por mostrar un cierto respeto por la ley. A todo esto hay que agregar también la presencia de algunas instituciones, como la Suprema Corte Nacional y los jueces federales en las provincias, que de algún modo son los custodios de la Constitución.

INMIGRACION

A la vez que empezaba este ejercicio político, se desarrollaron algunos procesos que, evidentemente, contribuyeron al progreso del país, a la mejor calidad de vida de los habitantes y a la explotación racional de los recursos naturales y humanos. Uno de ellos fue la inmigración. Alberdi, Sarmiento y todos los hombres que, después de Caseros, se aprestaban a dirigir el país, tenían gran fe en la posibilidad de que miles de europeos llegasen para poblar nuestra pampa y enseñar a nuestros habitantes hábitos de trabajo, ahorro y respeto por la autoridad, que todavía no existían y cuya ausencia volvía a nuestro pueblo, a juicio de estos hombres, incapaz de gobernarse.

La fórmula de Alberdi era crear una sociedad civil que ofreciese a los ciudadanos todas las garantías para prosperar, trabajar, educarse, trasladarse de un lugar a otro y tener su propiedad libre de arbitrariedades o abusos; pero que a la vez fuese una sociedad donde todavía no se votara, donde todavía no se eligiera. Alberdi proponía que se mantuviese la forma republicana, pero que en los hechos manejase el país ese pequeño grupo de hombres esclarecidos —en el que se incluía, por supuesto— que podían llevar las cosas adelante justamente porque sabían cómo hacerlo.

La inmigración, se suponía, iba a producir con el transcurso del tiempo la fragua de un hombre nuevo; un argentino distinto, trabajador, laborioso, que entendiese de máquinas, que no tuviese esa vocación indisciplinada, libre y dilapidadora del paisano. Es el momento en que Martín Fierro aparece como un arquetipo de gaucho que ya está en su crepúsculo, es el momento en que Estanislao del Campo ridiculiza al gaucho en *Fausto*. La inmigración, entonces, es uno de los elementos que estos hombres creen indispensable para que el país se pueble, sobre todo con razas que puedan mejorar el nivel étnico y la mentalidad de los argentinos criollos.

Sin embargo, los inmigrantes que llegaron en décadas posteriores no fueron exactamente los que Alberdi o Sarmiento habían deseado. Ellos querían, dentro de lo posible, anglosajones que tuvieran el mismo tipo de mentalidad que habían visto en Estados Unidos: el del pequeño granjero que más o menos se autoabastece, que se siente totalmente autónomo en materia política y no depende del favor del gobierno. Si bien no de este tipo, entre 1860 y 1880 empezaron a llegar inmigrantes en cantidades no muy grandes, pero lo suficientemente significativas como para armar una política de inmigración y permitirles en algunos casos la propiedad de colonias que se fueron estableciendo sobre todo en Entre Ríos, Santa Fe y, algo menos, en Buenos Aires.

También en esta época empezaron a tenderse ferrocarriles. Este era, sobre todo a juicio de Alberdi, el gran instrumento de comunicación e integración de un país donde las enormes distancias implicaban un factor de retraso. Desde el primer momento, inmediatamente después de Caseros, tanto los hombres de Buenos Aires como los de Paraná se esforzaron para tratar de que llegasen capitalistas y técnicos dispuestos a tender ferrocarriles: a eso se debían tal vez las condiciones leoninas con que se establecieron los primeros contratos.

El ferrocarril de Rosario a Córdoba, el Central Argentino, estipulaba un regalo para los capitalistas de una legua a cada lado de la vía. El Central Argentino fue echando a los pobladores a lo largo de su trayecto, y después creó compañías de tierras subsidiarias que vendieron esos terrenos en grandes lotes a distintas personas. Era una donación que hoy vemos casi con horror —las tierras más ricas del país regaladas de esta manera— pero era un hecho habitual en países de alto riesgo como la Argentina, y se hacía también en Estados Unidos y la India, pues se necesitaba desesperadamente unir las distintas regiones que hasta entonces estaban muy separadas.

En 1870 el ferrocarril llegaba de Rosario a Córdoba y en la provincia de Buenos Aires también había líneas, sobre todo la del Oeste, que llegaba hasta Chivilcoy, hasta el sur de la provincia, hasta Chascomús. Se empezó a armar esa red tan característica de la Argentina, que después convergiría sobre el puerto de Buenos Aires. Empezaba a demostrarse el interés de algunos inversionistas, británicos casi todos, sobre la conveniencia de construir ferrocarriles en el país.

Otra característica de estos años era un tipo de explotación rural que hoy nos parece anacrónica, pero que entonces fue un medio muy apto para extender la frontera de la tierra explotable, por lo menos hasta la línea de los indios. Este tipo de explotación se fundaba básicamente sobre la cría de ovejas; la provincia de Buenos Aires era ovejera por definición. La oveja tenía sobre la vaca la ventaja de pariciones muy rápidas y con mucha cría, y podía explotarse tanto la lana como la carne, que se trabajaba en los saladeros y se exportaba. La lana era un producto básico, sobre todo en un momento en que el nivel de vida en Europa tendía a elevarse y la gente común buscaba mejores elementos de abrigo.

Entre otros, explotaban las ovejas muchos irlandeses que habían venido en la década del cuarenta y un poco después, en el cincuenta, corridos por el hambre. En esa década había habido en Irlanda una peste que arruinó varias cosechas de papa, alimento básico de los irlandeses. Muchos emigraron a Estados Unidos y a la Argentina, donde había personajes como el padre Fahy, que los recibía, los encaminaba, los llevaba a lugares donde podía convenirles trabajar para un patrón determinado y eventualmente los casaba con compatriotas.

Se suponía que un pastor que llegaba sin un centavo en el bolsillo, en dos años podía hacerse una majada bastante importante de dos mil o tres mil ovejas. De modo que este animal aumentó el avance de la frontera ganadera de la provincia de Buenos Aires, desplazando al vacuno. Hoy es considerado casi un animal depredador, pero entonces su tipo de alimentación permitía precisamente liquidar los pastos duros y preparar el terreno para los más blandos que, en una etapa posterior, comería el vacuno.

La inmigración, la cría de ovejas en las provincias de Buenos Aires y Santa Fe, y las colonias en Entre Ríos, Santa Fe y el este de Córdoba fueron definiendo así las actividades económicas de una Argentina que todavía no tenía presencia en los circuitos mundiales de la producción o el consumo, pero que buscaba cuál podría ser su papel a través de la agricultura incipiente, de la ganadería —sobre todo lanar— y de la explotación de los pocos recursos naturales que se conocían o podían trabajarse con alguna conveniencia relativa.

DIFICULTADES

Durante ese mismo período ocurrieron una serie de hechos muy negativos. En primer lugar, la guerra del Paraguay, una guerra bastante absurda que estalló en 1865. Fue el producto muy complejo de un problema de equilibrio de poder en el Río de la Plata; de la megalomanía de Francisco Solano López, dictador del Paraguay; de las ansiedades expansionistas del Brasil; de la debilidad de la República Oriental del Uruguay; y de las alianzas de Mitre y sus amigos, los colorados uruguayos. Todo estos factores derivaron en una guerra que duró cinco años y no produjo ningún beneficio al país en ningún sentido, a pesar de haber éste triunfado; una guerra que trajo pestes terribles a Buenos Aires y a todo el Litoral y que, en última instancia, tuvo un solo saldo favorable: haber sido la fragua de un ejército de carácter nacional.

Hasta entonces, en efecto, no existía un ejército nacional. Había milicias provinciales o guardias nacionales que, a pesar de su nombre, eran provinciales. La guerra del Paraguay instó a muchos jóvenes de Buenos Aires a enrolarse en el Ejército, movidos por una actitud patriótica, y al interior a mandar reclutas, que generalmente fueron enviados por la fuerza. Muchos oficiales jóvenes hicieron su carrera en los campamentos de la guerra del Paraguay, y allí se definió una suerte de función que el Ejército Nacional tendría que cumplir en el futuro: ponerse al servicio de los gobiernos, es decir, respaldar al Estado Nacional. Ese fue el único saldo positivo que tuvo la guerra del Paraguay.

Por otra parte, también durante estos años, hubo tres rebeliones de López Jordán en Entre Ríos. En 1870 encabezó una revolución cuyo acto más espectacular fue el asesinato de Urquiza en el Palacio San José. A partir de entonces, Sarmiento se encontró con que o toleraba esa situación o intervenía militarmente la provincia de Entre Ríos, ya que López Jordán tenía el apoyo de la población. Se decidió por esto último, y la intervención derivó en una muy larga guerra que terminaría a mediados de 1871 —pero que después se repetiría dos veces más con otros tantos alzamientos de López Jordán—. Aniquilar esta insurrección que, a pesar de que no fue contra el Estado Nacional, Sarmiento no podía tolerar, insumió gran cantidad de dinero, esfuerzos y armamento. De modo que también esto es una nota negativa de aquellos años, que en otros aspectos son evidentemente de progreso.

Finalmente existía el problema de las revoluciones, que prácticamente acotaban cada llegada de un presidente al poder. Sabemos cómo llegó Mitre: apoyado por las bayonetas de los regimientos nacionales para liquidar las situaciones federales y erigir gobiernos que después apoyarían su candidatura a presidente. La asunción de Sarmiento fue pacífica, pero cuando dejó la presidencia, la candidatura entre Alsina y Mitre, o entre Avellaneda y Mitre se convirtió en un enfrentamiento terrible. La lucha terminó en una insurrección encabezada por Mitre, que duraría varios meses y sería dirimida por el general Rivas en la provincia de Buenos Aires y por el general Roca en Santa Rosa (Mendoza). Esto, que ocurrió en 1874, volvería a suceder en 1880, cuando Avellaneda dejase el poder.

Revoluciones permanentes con cada cambio de gobierno, motines provinciales, alteraciones de toda clase. Sin embargo, el sentido era distinto: ya no de total arbitrariedad, sino de cierto respeto por la ley. Por lo general, el pretexto era que se había hecho fraude o que había una injerencia indebida del poder nacional y se decía que contra eso se reaccionaba. De algún modo, esto significaba una mayor respetabilidad de las normas jurídicas.

Otro problema era el de los indios. En la época de Rosas se mantuvo la paz a través de un sistema —bastante oneroso— de sobornos o tributos a los jefes indios. A partir de Caseros, los indios no sólo organizaron malones y entraron en los poblados cristianos, sino que en algunos casos participaron en las guerras civiles, poniéndose de un lado o de otro (del lado de Urquiza, por ejemplo, o del de Mitre, según el caso). Tomaron participación activa y se convirtieron en un elemento político a tener en cuenta. Además Calfucurá, que era un hombre muy inteligente, logró armar una suerte de confederación de tribus en la pampa, potenciando todo su poder de ataque.

En esos años de relativa prosperidad, en que se criaban ovejas y se habían establecido algunas estancias y saladeros, la presencia de los indios desde el sur de Mendoza, norte de San Luis, sur de Córdoba, oeste y sur de la provincia de Buenos Aires, marcaba un territorio que era una amenaza permanente contra las poblaciones o las explotaciones cristianas. No obstante, se puede decir que fue una época próspera y de asentamiento, y el problema de los indios se resolvió al poco tiempo con la conquista del desierto. Precisamente en aquel momento, 1879, aparecieron, de una manera no demasiado espectacular, dos elementos que después tendrían una enorme importancia en la vida argentina.

EL TRIGO Y EL FRIO

De pronto, el trigo; la primera exportación se hizo en 1878. Era pequeña, pero hasta entonces nuestro país lo había importado para confeccionar la harina. Generalmente llegaba de Estados Unidos. A partir de 1878 hubo un pequeño saldo exportador, que se convertiría treinta años más tarde en el rubro más importante de las exportaciones argentinas.

Por otra parte, en 1879 apareció un elemento tecnológico que tuvo una enorme significación. Ese año un barco, Le Frigorifique, que producía frío artificial, transportó a Europa algunas toneladas de carne de oveja congelada. Se perdió una parte, porque se rompió una sección de la maquinaria, pero el resto llegó a Francia en buen estado y fue consumido.

Así empezó a solucionarse el viejo problema que había desvelado a los ganaderos desde la época de la colonia en adelante: cómo conservar la carne de la res. En tiempos de las vaquerías, la carne quedaba para alimento de los ratones o perros del campo. Después llegó la época de los saladeros: esa carne que antes se desperdiciaba, se comenzó a macerar, secar, salar y a enviarse en barricas a mercados que, si bien tenían un poder consumidor muy bajo, convertían de todos modos a los saladeros en un rubro exportador y permitieron la fundación de algunos donde se empleaban hasta varios miles de personas en diversas tareas.

Pero lo que verdaderamente se buscaba era cómo conservar la carne de un modo tal que su calidad no se resintiera y gustase al paladar europeo. Hacia 1870 la Sociedad Rural de la provincia de Buenos Aires ofreció un premio metálico muy importante para aquella persona que inventase una técnica que conservara la carne en esas condiciones. Un francés, Charles Tellier, descubrió la forma de producir frío artificialmente. Fue a través del frío, entonces, que la carne empezó a ser conservada y exportada, y lo que en 1879 era un experimento, tuvo luego una enorme significación dentro de la economía argentina.

Mientras tanto, Mitre intentaba establecer una convivencia entre Buenos Aires y el interior, y Sarmiento se esforzaba por sembrar escuelas en el país y por ir cambiando las costumbres y la mentalidad de la sociedad argentina a través de la educación y de la colonización. Avellaneda, por su parte, trató de superar la tremenda crisis económica que afligió al país en 1874-75, crisis que obligó al gobierno a hacer una restricción importante en sus gastos pero no le impidió pagar los créditos que había contraído la Nación. Avellaneda estableció también una suerte de proteccionismo experimental, porque impuso algunas tarifas aduaneras un poco altas que, sin quererlo, favorecieron a algunas incipientes industrias nacionales, sobre todo aquellas que dependían de las materias primas que producía el país, como por ejemplo el cuero y la lana.

En el ínterin las luchas políticas eran muy grandes. El Partido Liberal, ya dividido en liberales y autonomistas, se disputaba el poder, y en 1877 estableció una conciliación para suceder a Avellaneda por Adolfo Alsina cuando aquél terminara su período, en 1880. Aunque la conciliación de los dos partidos no contentó a todos y algunos elementos del mitrismo y del alsinismo se levantaron contra ella, fue sin embargo una especie de pacto político civilizado que permitía ver al futuro con algún optimismo. Pero la muerte de Alsina derrumbó esta política de conciliación, y en el firmamento apareció una nueva estrella: el general Roca, quien había hecho exitosamente la Campaña del Desierto y empezaba a ser apoyado por algunos elementos del antiguo alsinismo. El mitrismo, en cambio, lo resistía. Roca consiguió además en el interior el respaldo de ciertos sectores del antiguo federalismo —ya disperso después de la muerte de Urquiza— y desde mediados de 1879, apenas regresó de la Campaña del desierto se preparó para luchar por la presidencia de la Nación. La candidatura de Julio Roca —de algún modo nacional, porque tenía el apoyo de las provincias y estaba apadrinada por su concuñado Juárez Celman, gobernador de Córdoba— chocó con la del gobernador de Buenos Aires, Carlos Tejedor, respaldado por una parte del mitrismo y del alsinismo, lo que desencadenó un proceso político muy complejo. Este enfrentamiento, en vez de ser una lucha entre dos candidaturas políticas, se convirtió en una lucha entre la Nación por un lado y la provincia de Buenos Aires por el otro. La Nación respaldaba la candidatura de Roca, a pesar de las reticencias del presidente Avellaneda, y la ciudad de Buenos Aires y su campaña, la de Tejedor.

La oposición entre ambas partes derivó en un enfrentamiento armado (no una revolución, porque el que inició las hostilidades fue el gobierno nacional) entre la Nación y la provincia en los meses de junio y julio de 1880, que resultó en muchos muertos, más de dos mil, casi todos porteños. Hubo una suerte de sitio de Buenos Aires, hasta que el gobierno provincial se rindió a manos del nacional que, trasladado a la localidad de Belgrano, expulsó desde allí a los diputados que habían adherido a la posición de Buenos Aires y llenó los cargos con diputados elegidos ad hoc.

Finalmente, aprovechando el momento en que Buenos Aires estaba vencida e intervenida y sus tropas, desarmadas, Roca decidió terminar audazmente con el problema de la capitalización de Buenos Aires. Forzó la sanción de una ley por la que se declaraba capital de la República a la ciudad de Buenos Aires. Es decir, lo que decía primitivamente la Constitución de 1853 y que luego se modificó a instancias de la provincia de Buenos Aires se concretó en 1880 con esta ley, homologada además por una ley especial de la provincia, por la que cedía el ejido de la ciudad de Buenos Aires para capital de la Nación.

Así terminó ese viejo proceso del equilibrio entre Buenos Aires y el interior, que duraba desde los últimos años del virreinato. A partir de entonces la ciudad —cuyas diferencias con el interior del país eran muy grandes— estuvo en manos del Poder Ejecutivo Nacional, cuya jurisdicción sobre ella fue directa. Por su parte, la provincia de Buenos Aires tuvo que erigir otra capital, la ciudad de La Plata.

UN AÑO FUNDACIONAL

De modo que 1880 fue un año fundacional por muchos motivos. En primer lugar, terminó la conquista del desierto: se expulsaron los indios de la tierra que ocupaban y 15.000 leguas

129

cuadradas quedaron a disposición del progreso: en realidad, fueron los terratenientes quienes lograron adquirir la tierra, a la que irían dando diversos destinos. En segundo lugar, se concretaron dos hechos importantes cuya significación no se percibió en ese momento: la pequeña exportación de trigo y la exitosa conservación de la carne con frío artificial. En tercer lugar —y muy importante—, al convertirse Buenos Aires en capital y lograrse a partir de la presidencia de Roca la verdadera fundación de un Estado Nacional, se resolvió el problema institucional del país.

Hasta ese momento el Estado Nacional virtualmente no había existido; era huésped de la ciudad de Buenos Aires. El presidente Avellaneda, durante las turbulentas jornadas que precedieron a la Revolución de 1880, frente a las quejas de los diputados provincianos que le pedían garantías, les mostraba el vigilante que estaba en la esquina de su casa y les decía: "¿Qué garantía les voy a dar yo, si ni siquiera tengo poder sobre ese vigilante que está ahí?".

Desde 1880 en adelante, el Estado Nacional adquirió una importancia y una fuerza que antes no había tenido, sometido como estaba a los problemas derivados de su relación con el gobierno de la Provincia, que en muchos casos era más fuerte que él. El Banco de la Provincia de Buenos Aires, por ejemplo, era mucho más sólido que el Banco Nacional que, aunque no era exactamente el banco del gobierno nacional, funcionaba un poco como su agente. A partir de 1880 el Estado Nacional tuvo una sede y recursos suficientes como para armar ciertas estructuras que se proyectarían sobre todo el país: colegios nacionales, juzgados federales, guarniciones del Ejército, obras sanitarias, el Banco Hipotecario, el Banco de la Nación. En fin: lo que Roca llamaba los deberes y las atribuciones del Estado.

De modo que 1880 fue un año muy importante en todo sentido, y la figura que encarnó ese proceso fue el general Roca, un tucumano de apenas treinta y siete años que, con una suerte loca, fue escalando posiciones hasta ser general de la Nación a los treinta y uno y logró concitar un movimiento de opinión que reunió a algunos porteños y muchos provincianos para auspiciar su candidatura como una figura de unidad nacional.

En síntesis podríamos afirmar que entre 1860 y 1880 se fue definiendo el boceto, el esquema de lo que sería la Argentina del fin del siglo. Aunque en aquellas épocas subsistieron muchos elementos anteriores, positivos y negativos, el contexto mundial, los cambios de la sociedad nacional y la voluntad de algunos dirigentes confluyeron hacia la elaboración de un país que marcaría una neta identidad y determinaría claramente su papel en el mundo. Me refiero a la Argentina cuya historia corre entre la asunción presidencial de Roca (1880) y la sanción de la Ley Sáenz Peña (1912).

Capítulo VII

LA MODELACIÓN DE LA ARGENTINA MODERNA

SE HA DADO en llamar Orden Conservador o Régimen Conservador al período que media entre 1880 y 1910 ó 1912, cuando se sanciona la Ley Sáenz Peña, instrumento legal que definió los límites de una época. El adjetivo no está bien empleado, porque la gente que animó los procesos políticos, económicos, sociales y culturales durante este lapso no fue en realidad conservadora, pues su intención no era la de conservar nada, sino, por el contrario, la de modificarlo todo. La denominación se debe a que las fuerzas políticas que fueron el sustento de estos años, después de la Ley Sáenz Peña se autocalificaron o fueron llamadas "conservadoras" y constituyeron el fundamento de los partidos conservadores que existieron luego.

LA BELLE EPOQUE

A lo largo de estas tres décadas también el resto del mundo atravesó un período muy especial, que la posteridad ha denominado *Belle Epoque* y que se caracterizó por la paz que entonces reinaba en Europa. La última guerra ocurrida había sido la franco prusiana, en 1870, y ya en 1880, Francia —que había elegido un sistema republicano casi por casualidad, en vez de retornar a la monarquía—, afirmó su fuerza económica y su solidez política y se puso nuevamente a la cabeza de Europa.

Por su parte el imperio alemán, que se había constituido precisamente sobre la derrota de Francia, tendía a un régimen muy centralizado bajo el imperio. Ya había desaparecido Bismarck, pero sus teorías sobre el fortalecimiento del imperio se seguían aplicando. El emperador Guillermo II, que tenía veleidades bélicas, en poco tiempo convirtió a su país en algo que asustaba bastante al resto del continente europeo.

Gran Bretaña también había afirmado su poder, y después de la guerra de los Boers completó el colorido del planisferio con sus grandes posesiones ultramarinas. Era, indudablemente, la potencia más importante del mundo, con su enorme flota, ingente comercio, gran industria y notable estabilidad institucional.

En cuanto a Estados Unidos, empezaba a revelar su fuerza, cosa que hizo espectacularmente en la guerra contra España de 1898. En esta guerra, que tuvo como escenario la isla de Cuba, la flota española fue hundida de una manera casi miserable por una flota norteamericana cuya superioridad era aplastante.

Por un lado, esto significó que Estados Unidos empezara a asomarse a una política de tipo imperialista, que la llevó a ocupar virtualmente Cuba, Filipinas y Puerto Rico, y a tomar una actitud de injerencia en los asuntos americanos con un sentido de potencia hegemónica en la región. Por el otro, España, que en ese momento disfrutaba por primera vez en el siglo de un sistema político estable (de partidos), sintió la derrota de Cuba como una suerte de fracaso nacional. Esto trajo una serie de consecuencias, sobre todo de tipo literario y cultural, a través de la llamada generación del '98, que hizo la autocrítica de los sucesos de Cuba.

Fuera de estas dos guerras, la de Cuba y la de los Boers, en el sur de Africa, durante este período el mundo vivió prácticamente en paz y, en consecuencia, la estabilidad fue casi absoluta, la disponibilidad de capitales, muy grande y el movimiento de la inmigración europea a distintos puntos de América se mantuvo o acentuó. En estos primeros años del siglo, además, imperó una suerte de talante optimista.

La idea del progreso universal indefinido, la liquidación de los nacionalismos, la menor importancia que aparentemente tendrían las ideologías religiosas, las uniformizaciones de los regímenes políticos y económicos en todo el mundo (donde prácticamente se usaban monedas intercambiables y donde el régimen comercial internacional no tenía ninguna clase de barreras ni interferencias) daba lugar en aquella época a un razonable optimismo. Lo hemos visto en libros, novelas, obras de teatro, películas cinematográficas. Se creía haber llegado a la estabilidad mundial definitiva. Este estado de cosas, por supuesto, se derrumbó en 1914 con la Primera Guerra Mundial, pero de todas maneras el Orden Conservador en la Argentina estuvo enmarcado por un mundo con estas características tan especiales.

UN PROYECTO DE NACION

Este período de treinta años fue testigo del nacimiento de la Argentina moderna. Para decirlo en términos gráficos: si un argentino medio, que en 1880 o en 1879 tuviese veinte años de edad, hubiera echado una mirada sobre su país, habría visto un proyecto bastante promisorio, dotado de recursos naturales interesantes, pero que carecía de una capital y de un Estado Nacional; un país donde la tercera parte del territorio estaba ocupada por los indios y que no tenía moneda propia ni presencia en el comercio mundial. Es decir, que alguna vez podía funcionar bien, pero que por el momento tenía muchas etapas que recorrer.

Treinta años más tarde, este mismo argentino, con apenas cincuenta años de edad, habría visto al país más adelantado de América del Sur, que tenía una inserción perfectamente lógica y redituable en los circuitos mundiales de la inversión, de la producción y del consumo; que tenía la red ferroviaria más larga de América Latina y una de las más largas del mundo; que tenía un sistema educativo admirable; que se distinguía de otras naciones de América por la existencia de una gran clase media; y que gozaba de una estabilidad política e institucional que no había conocido durante toda su historia. Es decir que este argentino que a los veinte años había visto una Argentina en busca de su punto de maduración, en 1910, durante la fiesta del Centenario, podía estar orgulloso de este país realmente logrado —donde sólo habría un aspecto negro, del cual ya hablaremos—.

Cronológicamente, este período comenzó en 1880 con la primera presidencia de Julio Roca. La ciudad de Buenos Aires ya había sido convertida en capital de la República por las leyes de la Legislatura de la provincia de Buenos Aires y del Congreso Nacional. El Estado Nacional había sido estructurado de tal manera que, al decir del propio presidente, tendría que estar por encima de cualquier alteración o revolución. Es decir, debía poseer la autoridad necesaria como para ser realmente el árbitro de los intereses contrapuestos en la vida de la Nación.

Entre 1880 y la sanción de la Ley Sáenz Peña podríamos distinguir, políticamente hablando, tres períodos bastante netos. El primero empieza precisamente en 1880 con la presidencia de Roca, donde gobierna el Partido Autonomista Nacional; es decir, el viejo partido Alsinista —o al menos una fracción— y grupos provinciales que habían apoyado a Roca y se convirtieron en la fuerza oficialista por antonomasia.

La hegemonía del Partido Autonomista continuó durante la presidencia del concuñado de Roca, Miguel Juárez Celman (1886-1890), quien acentuó el carácter exclusivista del oficialismo declarando que el jefe del Poder Ejecutivo Nacional sería también el jefe único del partido oficialista. No había prácticamente otros partidos importantes en el país —aunque la palabra partidos sea casi abusiva para definir lo que era una suerte de compadrazgos donde el presidente de la República, los legisladores y los gobernadores de provincias formaban una estrecha malla de intereses políticos, que eran los que en realidad gobernaban y permitían que la ideología vigente tuviera andamiento—.

En 1890 este sistema sufrió un grave descalabro con la Revolución del Parque y con el surgimiento de un partido opositor, la Unión Cívica, que un año después se convirtió en Unión Cívica Radical. A partir de ese momento Juárez Celman desapareció del escenario político y regresó Roca, intentando viabilizar algo que había sido gravemente puesto en cuestión: el régimen que él mismo había montado en años anteriores.

Roca comprendió que esa forma exclusivista de gobernar que había definido tanto su presidencia como la de Juárez Celman había llegado a su fin, y que en adelante la autoridad del Estado debía apoyarse en una confluencia de fuerzas políticas —fuerzas que no estaban separadas por ninguna concepción importante, ni por ninguna propuesta diferente sobre el país, sino simplemente por intereses distintos—. Así fue que Roca buscó el acuerdo con el mitrismo, que estaba prácticamente excluido de la vida oficial desde 1880, cuando fue derrotado en la revolución tejedorista.

A partir de 1891, pues, el mitrismo apoyó mediante diversos pactos a ese sistema, ese régimen y ese orden de los cuales no se sentía ajeno, a pesar de ciertos matices de diferenciación. El acuerdo logró resistir victoriosamente los problemas políticos de 1891, cuando el radicalismo se lanzó a una campaña electoral muy fuerte con la candidatura de Bernardo de Irigoyen. Resistió también el terrible año '93, constelado de revoluciones radicales en casi todo el país. El acuerdo sobrevivió, pues, y no solamente apuntaló a Carlos Pellegrini en su presidencia (1890-1892), sino que lo ayudó a salir de la crisis económica en que estaba sumido el país. Impuso además como presidente a Luis Sáenz Peña, quien renunció en 1896 y fue sustituido por su vicepresidente, José Evaristo Uriburu. En 1898 Roca volvió por segunda vez a la presidencia, y la desempeñó hasta 1904. En 1904 asumió Manuel Quintana, quien falleció dos años después, dejando en el cargo a su vicepresidente, José Figueroa Alcorta. En 1910 fue Roque Sáenz Peña el que asumió la presidencia para fallecer cuatro años después y ser reemplazado por su vicepresidente, Victorino de la Plaza, quien en 1916 entregó las insignias del poder a Hipólito Yrigoyen, el primer presidente elegido por el voto universal según la nueva ley electoral.

Resumiendo lo anterior, digamos que durante el Régimen Conservador podemos distinguir un primer período que va del '80 al '90, signado por el exclusivismo del Partido Autonomista Nacional; un segundo período, que comienza en '91 y está caracterizado por un acuerdo permanente con el mitrismo, acuerdo que permite apuntalar la situación incluso en momentos tan graves como las revoluciones del '93 y la de 1905; un tercer período, durante el cual podemos observar, desde la aparición de Quintana en la presidencia, la progresiva liquidación política del general Roca y su sustitución por esas fuerzas que en 1912 sancionarán la Ley Electoral. Estos tres períodos enmarcan el desarrollo de algunas ideas que caracterizan al Régimen Conservador y que veremos a continuación.

LA IDEOLOGIA

En primer lugar, durante estas décadas fue puesta en efecto la ideología de Juan Bautista Alberdi que ya hemos revisado en capítulos anteriores: una sociedad civil que ofrezca todas las garantías y todos los derechos para prosperar, para enriquecerse, para educar a sus hijos, etcétera, pero a la cual todavía no se le conceden derechos políticos, ya que no hay seguridad de que la ciudadanía sea capaz de ejercer sensatamente esos derechos. Al respecto había un pacto, un acuerdo, una conciliación permanente entre fuerzas que, si bien tenían matices propios, en líneas generales coincidían totalmente con esta propuesta. Fuesen roquistas, mitristas, pellegrinistas, modernistas, saenzpeñistas o udaondistas, todos ellos estaban de acuerdo en postergar una reforma electoral que permitiese entregar el voto incondicionalmente a las masas. Compartieron una política que consistía básicamente en abrir las fronteras al exterior para que llegasen hombres, ideas, mercaderías, capitales, incluso modas.

Esta fue la ideología común a aquellos hombres que suelen ser llamados "la generación del '80", aunque no hayan sido una generación, sino un grupo de doscientas o trescientas personalidades en todo el país. Generalmente habían sido formados en los mismos colegios y universidades, hablaban el mismo lenguaje, compartían una misma ideología y un mismo código de costumbres, se conocían entre sí, incluso eran amigos. Podían disputarse el poder ferozmente, pero en última instancia pensaban lo mismo acerca del país y de su destino.

Este régimen, conformado por amigos que aunque se peleasen públicamente no discrepaban demasiado sobre cómo conducir al país ni sobre el futuro que esperaban para él, compartía también cierta comprensión del mundo. Pero esto no era solamente un asunto de la dirigencia política de la época; lo compartía toda la sociedad argentina, sin necesidad de estudiar demasiado el tema ni de enterarse demasiado de lo que pasaba. Sucedía intuitivamente, porque una cantidad de líneas que llegaban desde el pasado confluyeron en ese momento para encontrar las condiciones ideales de desarrollo en el mundo y en el país.

Así, la Argentina logró insertarse con inteligencia en los circuitos del consumo y de la producción mediante la explotación racional de la tierra, aplicando la tecnología de la época para lograr su mayor rentabilidad. Este es uno de los fenómenos más interesantes de la época y se ha estudiado muchísimo. Nunca deja de llenar de admiración esta moción colectiva, este movimiento que, sin necesidad de secretarías de planeamiento, ni de organigramas, ni de seminarios, ni de cosas por el estilo, hizo que la Argentina hiciera exactamente lo que tenía que hacer en ese momento. Es decir, tratar de explotar la tierra, el gran recurso que tenía para lograr precisamente el tipo de producción que, en ese momento, podía exportar y tener así presencia en el comercio mundial. Esto se llevó a cabo introduciendo y aplicando algunas técnicas que habían llegado a ser bastante baratas y accesibles, y cuya utilidad estaba demostrada por su aplicación experimental.

En primer lugar, el alambrado, cuyo uso ya se conocía, pero que se difundió recién en la década del '80. El alambrado significó que el propietario sintiese la materialización física de su propiedad, en lugar de esa vaga percepción que venía de los tiempos coloniales, según la cual la propiedad de Fulano iba desde el ombú de tal lado hasta la orilla del arroyo. El alambrado perimetral, en cambio, indicaba concretamente cuáles eran los límites de la propiedad y, mucho más importante que eso, hizo posible el apotreramiento del campo. Es decir, la separación de potreros con alambrados y tranqueras, lo que permitió la división entre agricultura y ganadería, y evitó que los sembrados desapareciesen en el transcurso de una noche pisoteados por el ganado. Gracias a este nuevo sistema, además, se accedió a un manejo mucho más racional de los rodeos. Se pudieron separar los terneros de las madres, mandando al alfalfar a una punta de vacas para que terminasen de engordar.

Otro elemento tecnológico importantísimo es el molino, que significó que habría agua donde se quisiera. El propietario ya no tuvo necesidad de buscar una laguna, un río o un arroyo para que los animales abrevasen. El viento fue el que realizó el trabajo de chupar el agua que está en las napas subterráneas, para volcarlas en el tanque australiano donde los animales pudiesen beber. Esto permitió multiplicar la tierra explotable del país.

Además empezaron a verse también, y esto es fácil comprobarlo por los avisos en los diarios de la época, las primeras sembradoras y las primeras cosechadoras de vapor, que desde luego hicieron mucho más fácil el trabajo de campo, y permitieron el reemplazo del labrador y el arado de bueyes por grandes máquinas que hacían un trabajo más selectivo y redituable.

El otro elemento tecnológico fundamental, que no fue un invento argentino, pero cambió totalmente la visión de nuestro campo y su imagen, fue el frío artificial. Permitió hacer realidad el sueño de los ganaderos bonaerenses, que desde la época de las vaquerías se devanaban los sesos pensando cómo conservar la carne de la res de manera tal que se convirtiera en algo sabroso, y no en aquel alimento salado que solamente podían tragar los esclavos.

A partir de 1879, cuando el primer barco refrigerado logró llevar exitosamente a Europa su mercadería, empezaron a instalarse frigoríficos y el ganado vacuno se fue refinando (de la carne ovina congelada se pasó a la vacuna, para satisfacer al mercado europeo). Se buscaba una carne más grasa, más sabrosa, de un tipo de animal que tuviese un desarrollo más precoz, y así empezó el mestizaje de un ganado que hasta entonces había sido flaco, guampudo, de patas largas y caminador. Se quería un animal que caminase poco y engordase mucho y pronto.

La fisonomía del campo argentino cambió, como fueron cambiando también las estancias, convertidas en grandes emporios. Los antiguos cascos criollos fueron sustituidos por casas a la francesa o castillos normandos. La producción era tan redituable, que en poco menos de treinta años la Argentina se convirtió en el primer exportador de cereales del mundo y en el segundo exportador de carne congelada, después de Estados Unidos. Nuestro país había advertido cómo colarse dentro de los circuitos del comercio mundial, y lo hizo rápido y de la mejor manera.

DEUDAS

Para alambrar, poner molinos, mestizar el ganado y sembrar, se necesitaba una inversión de capital y, generalmente, los propietarios se endeudaron para hacerlo. Esta fue una de las causas de la crisis del '90, aunque se había tratado de un endeudamiento inteligente, porque su objetivo era capitalizar el campo. Los propietarios arrendaban franjas más o menos grandes de sus campos, generalmente a inmigrantes, chacareros que pagaban en especies o en dinero, según los contratos que se hicieran, y que fueron concretando lo que James Scobie, un investigador norteamericano, llamó "la Revolución de las Pampas". Es decir la conversión de esta tierra, que hasta entonces no había tenido una explotación racional, en una fuente asombrosa de oleaginosas y de cereales.

Este hecho es una de las características fundamentales de los treinta años que estamos describiendo. A través de las exportaciones (que son además las que equilibran el problema económico y financiero cuando la crisis del '90), un país hasta entonces periférico se insertó en el mundo, donde a partir de ese momento tendría presencia no sólo comercial sino también social: la de los viajeros argentinos, los estancieros ricos que se radicaban en París o que viajaban allí a vivir, a curarse, a morir, o simplemente a divertirse.

En muy pocos años se hablaba de la Argentina como de una especie de El Dorado. Esa imagen era confirmada por casi todos los viajeros que nos visitaban y que, en su mayoría, se iban admirados del país y de la asombrosa transformación que se estaba realizando. Esto creó también un aura de optimismo, talante no muy distinto del que se vivía en el mundo en ese momento, pero que en el caso de la Argentina era materialmente comprobabable. Crecieron ciudades nuevas, como La Plata o tantas otras; se tendieron ferrocarriles allí donde no había nada; aparecieron en el interior del país islotes como Mendoza o Tucumán, donde la protección a las industrias vitivinícola y azucarera permitía una extraordinaria prosperidad.

Estos factores y, además, la creación progresiva, pero muy rápida, de una clase media, distinguían a la Argentina de esos años de otros países de América Latina, donde lo que existía era una clase oligárquica muy rica, generalmente asentada sobre la propiedad de la tierra, y un enorme magma de pueblo que no vivía en forma demasiado diferente a la de la época colonial. En la Argentina, en cambio, había una población formada sobre todo con inmigración blanca, cuyos hijos recibían los beneficios de una educación obligatoria, que se estructuró casi paralelamente a la política de inmigración y a la de pacificación.

Inmigracion, educacion y paz

Puede decirse, pues, que la política del Régimen Conservador estaba definida por tres voluntades del Estado: en primer lugar, la inmigración, una de las continuidades más fieles del pensamiento de Alberdi quien, como ya dijimos, había planteado la necesidad de fomentarla. Alberdi imaginaba una inmigración preferentemente anglosajona, que fuera cambiando el tipo étnico de nuestro pueblo, para enseñarle hábitos de trabajo, ahorro, respeto a la autoridad, etcétera. Si bien los inmigrantes que desembarcaron no eran anglosajones —lo que provocó la protesta de Sarmiento cuando vio llegar a polacos, judíos, árabes, sirios: "Estos no son los inmigrantes que quisiéramos"—, fue de todas maneras un tipo de inmigración que por lo general aportó mano de obra barata e incorporó nuevos elementos a una población todavía muy pequeña para la enorme extensión de nuestro país.

En ese sentido, la política de inmigración que llevaron adelante los gobiernos del Régimen Conservador fue muy amplia y nada discriminatoria. No se pusieron trabas a ningún tipo de inmigración. Incluso Roca, durante su primera presidencia, nombró un agente especial de inmigración para que intentase desviar hacia la Argentina a la corriente de judíos rusos que huían de los *pogroms*, generalmente a Estados Unidos. Precisamente en esos últimos años del siglo, empezaron a instalarse algunas colonias de judíos en la ciudad de Buenos Aires. La política era pues muy amplia y, aunque en algún momento hubo voces que se levantaron para protestar contra algún tipo de inmigración que aparentemente no interesaría al país, en ningún momento se sancionaron leyes restrictivas.

En segundo lugar, el Estado se ocupó de la educación. Indudablemente, también en esto el Régimen Conservador fue fiel al pensamiento ya no tanto de Alberdi como de Sarmiento. La necesidad de educar al soberano sobre la que insistía Sarmiento se fue haciendo realidad progresivamente, a partir de 1882, cuando se creó el Consejo Nacional de Educación y se le dieron fondos y autonomía. A partir de entonces empezaron a multiplicarse en el país las escuelas primarias, que serían los organismos que alimentarían a los colegios nacionales ya creados por Mitre y a las dos tradicionales universidades que existían en la Argentina, la de Córdoba y la de Buenos Aires.

El de las escuelas primarias fue el sistema educativo más admirable. No hay que olvidar sobre todo el artículo V de la Constitución, que establecía, como una de las condiciones para que el Estado Nacional respetara la autonomía de las provincias, el desarrollo de la educación primaria.

Dado que algunas provincias, empobrecidas a partir del '80 (el crecimiento no había sido parejo para todos), no podían sostener una organización de enseñanza primaria como la que era deseable, a partir de 1905, con la sanción de la ley Láinez, se estableció la obligación de que la Nación ayudara a aquellas provincias que no pudiesen sostener por sí solas una educación primaria como la que se necesitaba.

Lo cierto es que esta preocupación de los gobernantes del Régimen por la enseñanza primaria les hace honor. Porque inmigración más educación popular significa necesariamente que diez, quince, veinte años después, habría una nueva generación de hijos de inmigrantes que reclamarían su lugar bajo el sol en el terreno político y querrían también gobernar el país. Aquellos hombres del Régimen sabían que la educación iba a implicar a largo o a breve plazo su desplazamiento; sin embargo, prefirieron educar y sancionaron la Ley 1.420, según la cual la educación primaria es obligatoria (es decir, que los padres deben mandar a sus hijos a la escuela), gratuita (no les costará un peso) y laica (no tendrá un sentido confesional, lo que garantizaba al ciudadano que en la escuela su hijo no sería llamado a ninguna confesión religiosa).

La inmigración y la educación fueron dos pilares importantes de la Argentina. El tercero fue la paz, la deliberada intención de no enzarzarse en ningún conflicto con los vecinos.

Lo que hoy parece un postulado de cajón, era en aquella época una decisión bastante importante, porque existían cuestiones fronterizas pendientes. Aunque la relación con Brasil se había establecido medianamente bien, no sucedía lo mismo ni con Chile ni con Bolivia; sin embargo, solucionar los problemas fronterizos, sobre todo con Chile, para evitar una carrera armamentista que podía ser ruinosa, fue una preocupación permanente de los gobernantes de la época: no sólo de Roca y de Pellegrini, sino también del propio Mitre.

Después de varios picos de tensión y de algunos tratados, en 1902 Argentina y Chile aceptaron el arbitraje de Su Majestad Británica y, mediante los famosos Pactos de Mayo, se afirmó una especie de *statu quo* que duraría muchos años. También hubo momentos de tensión en las relaciones con Brasil: la política de Estanislao Zeballos bajo Figueroa Alcorta pudo haber llevado las cosas a un estado de riesgo bastante inquietante que, finalmente, fue diluido por la acción de hombres como Roca, quienes postularon la necesidad de que la Argentina sostuviera una posición pacifista. No solamente por principios, sino también porque se consideraba que la paz era algo que a la larga producía réditos, y que en cambio la guerra, aunque fuera triunfante, arruinaba a los países.

El Estado Nacional

Además de la política de inmigración, educación, paz y apertura de las fronteras, además de un sistema que evitaba el conflicto a través de pactos, además del optimismo, existía un Estado Nacional que funcionaba. Hasta 1880, dijimos, no había un Estado Nacional. Sólo un gobierno que vivía de prestado en la ciudad de Buenos Aires y que manejaba un ejército nacional fraguado durante la Guerra del Paraguay, pero sin poder para evitar los cuestionamientos, incluso armados, que provocaban los gobiernos provinciales o las fuerzas políticas, como en 1874.

A partir de 1880, el Estado Nacional no solamente tuvo una capital, sino que además se afirmó a través de la creación de organismos importantes como el Consejo Nacional de Educación, el Banco Hipotecario Nacional y los ministerios con vigencia en todo el país, como el de Obras Públicas, por ejemplo, o el de Instrucción Pública. Y además, con la formación de un ejército nacional que, después de la ley de conscripción obligatoria, tuvo realmente fuerza. Tanto es así que en las alteraciones cívico-militares de 1890, 1893 y 1905, aunque participaron individualmente no pocos militares, el ejército se mantuvo leal al gobierno de turno y a las instituciones de siempre.

Es aventurado decir que el Régimen Conservador fue liberal. Lo era sí en el pensamiento, en su creencia en la necesidad de respetar la libertad de expresión y la libertad de prensa, de mantener la dignidad de las instituciones. Incluso, en algún sentido, su pensamiento era liberal en cuanto a que el orden económico estaba asistido por una apertura de fronteras en líneas generales. Pero aquellos hombres tuvieron una conciencia muy clara de que el Estado debía existir; debía ser fuerte, autoritario, y arbitrar permanentemente en el juego de intereses de la comunidad; tenía deberes y atribuciones a los cuales no podía renunciar.

Cuando Juárez Celman, en 1889/90, acosado por la crisis económica, puso en remate en Europa 24.000 leguas de tierras fiscales, lo que no se llegó a concretar; cuando puso en arrendamiento las obras de salubridad de la ciudad de Buenos Aires, es decir, las Obras Sanitarias; cuando vendió algunos ferrocarriles de propiedad nacional, Roca, evidente artífice del Orden Conservador, se quejó amargamente a algún amigo y dijo que si fuera cierto que los gobiernos son malos administradores, tendríamos que poner bandera de remate a los cuarteles, a las oficinas de correo, a las oficinas de telégrafo, a las oficinas de recaudación de rentas, a las aduanas y a todo aquello que constituye, dice, "los deberes y las atribuciones del Estado". Es decir que estos hombres, promotores en líneas generales del pensamiento liberal, sabían que un país que se estaba articulando, como la Argentina en esos momentos, necesitaba un Estado que asumiera claramente sus deberes. No para interferir en la iniciativa privada sino para marcar los límites que ésta debía tener y para promover el desarrollo de las áreas donde el interés particular se desentendiera.

CUESTIONAMIENTOS

A medida que el país recibía la inmigración, que se creaba una cierta infraestructura industrial, que se establecía un proletariado, llegaron también las ideas de reivindicación social, encarnadas en dirigentes anarquistas o socialistas, y calaron hondo dentro de las clases menos favorecidas. Sobre todo a partir de 1904 y 1905 este sistema, que había sido tan progresista en muchos aspectos, empezó a adquirir carácter represivo y sancionó la Ley de Residencia. Algunos hombres del Régimen estaban asustados de que pudieran producirse trastornos cuya etapa final fuese el derrocamiento o el derrumbamiento del orden de cosas que se había creado.

Los motivos de alarma, en realidad, no eran tan graves. Hubo algunas huelgas, algunos disturbios, pero en ningún momento de la década de 1900 a 1910 pudo justificarse esta represión, reveladora de un temor que no había estado dentro del espíritu de los fundadores del Orden Conservador. Ni Roca, ni Pellegrini, ni el propio Mitre, ni los Sáenz Peña, el viejo y el joven, arriaron el tono optimista que habían tenido respecto del destino del país y del carácter de su pueblo, pero los últimos epígonos del Régimen, hombres como Marcelino Ugarte y otros menores que no vale la pena nombrar porque han sido casi olvidados, estaban aterrorizados acerca de lo que podía pasar con estos anarquistas y socialistas alborotadores. Las leyes represivas y la acción policial indicaron un punto de inflexión en una política que hasta entonces había sido generosa.

De todas maneras, hacia 1910 ó 1912 el experimento conservador había tenido pleno éxito. El país diseñado por el pensamiento de Alberdi, que en 1880 todavía estaba en camino hacia su desarrollo, en 1910 había alcanzado ya la vanguardia absoluta en América Latina. Era el trasplante más brillante de la civilización europea que hasta ese momento se había visto.

Faltaba un aspecto por reformar. Un aspecto oscuro, que suscitaba no solamente las críticas de la gente imparcial sino además la protesta permanente de esa fuerza política que era el radicalismo. Se trataba del aspecto político, basado fundamentalmente en el pacto, en el convenio, en el acuerdo, como ya se ha dicho. Si bien evidentemente cumplía con cierta finalidad, porque evitaba los conflictos y enfrentamientos, esta política permitía no obstante un sistema electoral totalmente ficticio, a la vez que era profundamente inmoral. La repartija de poder que había caracterizado al régimen durante años y años era un hecho que indudablemente desmoralizaba la vida pública, retraía a la mejor gente de la vida política, hacía que el espectáculo del Parlamento tuviera un fondo mentiroso y creaba un flanco muy vulnerable a este panorama de la república que en otros sentidos era realmente de aciertos y de logros.

Fue entonces cuando Roque Sáenz Peña, presionado por una serie de factores que más adelante veremos, promovió la sanción de esas leyes que llevan su nombre y que significaron un drástico cambio en la política del país. La Ley Sáenz Peña sustituyó el régimen electoral tramposo, fraudulento y violento de los años anteriores por un sistema donde el ciudadano podía votar libremente y donde, además de las garantías para poder sufragar, se establecía un sistema por el cual no gobernaría solamente el partido que ganase las elecciones, sino que éste cogobernaría con el partido que lo siguiese en votos, mediante el sistema de la lista incompleta.

Lo cierto es que esta ley se sancionó para blanquear una situación insostenible por lo criticable. Los hombres que habían construido la república —Mitre, Alberdi— estaban muertos, pero sus descendientes políticos tenían todo el derecho del mundo a pensar que el electorado iba a acompañarlos en esta suerte de homologación o ratificación de su legitimidad, porque el éxito obtenido había sido grande. En treinta años habían convertido un país periférico, pobre, fragmentado, anarquizado, en este gran país opulento que se distinguía de toda América Latina. Y sin embargo, el electorado dio la espalda a estas viejas fuerzas creadoras y se echó en brazos de una nueva fuerza que era una incógnita, que no tenía programa, cuyo jefe no era conocido y que, en última instancia, significaba algo totalmente nuevo dentro de la política argentina.

Los treinta años que transcurrieron entre 1880 y 1910 fueron fundamentales para la modelación de la Argentina moderna. De algún modo nosotros somos todos herederos de esa época. Los grandes edificios públicos que se ven en todas las ciudades de la república y los grandes parques donde nos recreamos datan de ese entonces. La afirmación de las instituciones fundamentales en las que se hace sólida la vida del país, desde la educación primaria hasta la universidad, pasando por las Fuerzas Armadas, son hijas de aquel régimen que, si bien cometió muchos pecados políticos, tuvo en cambio buen olfato y buena intuición para descubrir cuál era el papel que la Argentina debía cumplir en el mundo de la época.

El costo del progreso

La prosperidad de este período dependió en gran medida de la producción de la llamada pampa húmeda; es decir, de los cereales primero, los oleaginosos después y, sobre todo, de las carnes. En consecuencia, la región que se privilegió fue la que abarca buena parte de la provincia de Buenos Aires, sur de Santa Fe, sur de Córdoba, algo tal vez de San Luis. También se privilegiaron dos islotes, el vitivinícola y el azucarero.

Pero tanto este tipo de prosperidad como toda la infraestructura que respondía a ella (por ejemplo, la red de ferrocarril volcada sobre el puerto de Buenos Aires), olvidaba o dejaba de lado a algunas regiones del país cuya producción no interesaba demasiado en este momento. Por ejemplo, la producción minera o las industrias más o menos artesanales de las provincias del norte y del noroeste, las cuales sufrieron en estos años un retraso relativo. Así como las provincias del litoral crecieron formidablemente, hubo otras —Catamarca por ejemplo— que fueron más importantes en tiempos de la Confederación que en los del Régimen.

En el aspecto demográfico el empobrecimiento se reflejó en los censos y, políticamente, a través de la representación parlamentaria, que dependía de la población de cada provincia y se ajustaba después de cada censo. Con el paso del tiempo, se fue advirtiendo que las provincias del norte y del noroeste tenían menor representación parlamentaria en relación con las provincias del litoral. Lo cual implicaba consecuencias bastante importantes: cuando se votaban determinadas obras públicas, por ejemplo, había preferencia por las provincias del litoral, en función de la riqueza que producían, y aquellas otras viejas provincias fundadoras seguían estancadas en el atraso.

El crecimiento social también fue desparejo. Mucha gente se enriqueció y se fue creando una clase muy snob y dilapidadora, a la vez que otros sectores sociales padecían las consecuencias de un proceso duro y competitivo, donde no había un Estado asistencialista ni tampoco previsión social alguna; donde el que se moría de hambre, se moría y punto, y al que se lo echaba de un empleo terminaba en la calle sin ningún tipo de indemnización.

No había, por lo tanto, leyes sociales como las que después hubo. Lo que sí había era una garantía del Estado que funcionaba muy bien: la de la moneda que, a partir de la creación del Peso Argentino, tuvo el mismo valor durante aquellos años, lo que implicó la posibilidad de ahorrar. El peso que se guardaba un día iba a valer exactamente lo mismo diez, cinco o veinte años después. Esto hizo posible que quienes tuviesen un poco de suerte y la perspectiva de ahorrar pudiesen comprar en cuotas, adquirir terrenos, construirse la casa; en fin, hacer su propia jubilación.

Crecimiento desparejo pero crecimiento formidable, que contenía además en su seno los instrumentos de autocorrección, como el que hizo posible la transferencia del poder de un sistema elitista a un sistema de partidos populares. La historia de la modelación de la Argentina moderna es la de un admirable avance que no ocurrió por azar, sino que fue promovido acertadamente por un lúcido núcleo de dirigentes en el marco de condiciones favorables que nunca más se darían con la magnitud de aquella época.

Capítulo VIII

LA DEMOCRACIA RADICAL

A MEDIDA QUE nuestro relato avanza en el tiempo, los temas a tratar se diversifican y se hace más difícil sintetizar esos distintos sectores de la vida en sociedad que en épocas anteriores aparecían indiferenciados. La autonomía que ahora cobran reclama un tratamiento que, visto el espacio con que contamos, no le podremos dar. De ahora en adelante, pues, el enfoque será predominantemente político, aunque necesariamente haya referencias a los sectores económicos, sociales y culturales característicos de cada etapa.

El período que veremos en este capítulo es el que comienza en 1912 con la sanción de la Ley Sáenz Peña y termina en 1930, instante histórico en que la democracia, a la cual la Ley Sáenz Peña contribuyó tanto, sufrió su primera quiebra y el país entró en una fase caracterizada, entre otras cosas, por la presencia activa del Ejército o de las Fuerzas Armadas en la vida política. Entre 1912 y 1930, sin embargo, la continuidad constitucional fue perfecta y el juego de los partidos llegó a un razonable nivel de pluralismo, de convivencia, de formación y sustitución de elencos. Además de haber sido el período más brillante del Parlamento argentino en toda su historia, se caracterizó por el predominio o, si se quiere, la hegemonía de la Unión Cívica Radical.

La U.C.R.

En los capítulos anteriores deliberadamente hemos omitido hablar de la UCR, pero ahora es oportuno tratarla, por cuanto fue la gran protagonista del movimiento cívico y de opinión que presionó para obtener una ley que asegurara el voto universal, obligatorio, de lista incompleta, garantizado: es decir, todo aquello que la Ley Sáenz Peña promovía. El radicalismo no sólo fue el gran artífice de esta ley, sino también su gran beneficiario a partir de las primeras elecciones y, sobre todo, cuando en 1916 Hipólito Yrigoyen fue elegido presidente de la Nación.

El radicalismo es una fuerza que ha sufrido algunas variantes en su naturaleza política y programática, como no podía ser de otro modo dado que ha superado ya los cien años de existencia. También en la época a la que nos estamos refiriendo había padecido algunos cambios con respecto al momento de su fundación. En septiembre de 1889 se creó una agrupación llamada Unión Cívica, formada por elementos muy heterogéneos: mitristas, antiguos autonomistas y republicanistas, católicos resentidos con las leyes laicas de Roca y de Juárez Celman o, simplemente, jóvenes sin afiliación política anterior. Con la bandera de la lucha contra la corrupción, contra el fraude electoral y contra el unicato que había encarnado Juárez Celman, en julio de 1890 este grupo —apoyado por algunos elementos militares— se lanzó a una revolución, la Revolución del Parque que, si bien fue vencida, provocó la renuncia de Juárez Celman, su sustitución por Carlos Pellegrini y una nueva situación política simbolizada por la presencia, dentro de los muros del Parque, de hombres como Leandro Alem, Bernardo de Irigoyen, Juan B. Justo —fundador del Partido Socialista— o Lisandro de la Torre, fundador de la Democracia Progresista. Así que la Revolución del Parque fue un hecho liminar dentro de la historia política argentina.

Esta agrupación política, la Unión Cívica, proclamó en enero de 1891 la candidatura presidencial de Bartolomé Mitre, acompañado por Bernardo de Irigoyen; una fórmula de lujo. Bartolomé Mitre era el hombre más prestigioso del país y Bernardo de Irigoyen no le iba a la zaga. Pero además, esta fórmula tenía otro valor, el de simbolizar la unión de las dos grandes corrientes históricas de la política argentina. Mitre era un obstinado antirrosista, un liberal convencido. Irigoyen era un hombre que había servido al régimen de Rosas en su lejana juventud y que venía del autonomismo.

Estas dos grandes personalidades, al unirse en una fórmula electoral, representaban al mejor país frente a la posibilidad de derrocar el régimen estructurado por Roca y llevado a la máxima expresión por Juárez Celman.

Pero ocurrió que Roca, ministro del Interior, con picardía o con patriotismo, concibió la idea de llegar a un gran acuerdo que eliminase las elecciones, que evitase la lucha electoral y el enfrentamiento que él adivinaba iba a ocurrir. Ofreció entonces a Mitre ser candidato no sólo de la Unión Cívica, sino también del roquismo, de las fuerzas que él lideraba, y Mitre aceptó inmediatamente. Seguramente estaba convencido de esta solución desde antes, pues aunque estaba viajando por Europa cuando se produjo la Revolución del Parque, tenía noticias a través de sus muchos amigos sobre la solución política que urdía Roca.

El caso es que Mitre aceptó ser el candidato de prácticamente todas las fuerzas políticas del país, cediendo el segundo término de la fórmula; es decir, aceptando que los roquistas propusiesen un candidato, en lugar de Bernardo de Irigoyen. Esto cayó como un balde de agua fría en las filas de los cívicos, que acusaron a Mitre de repetir las mismas actitudes personalistas que antes le había reprochado a sus adversarios roquistas y juaristas.

LA REVOLUCION

Después de un período de discusiones muy ácidas, la Unión Cívica se dividió. Por un lado siguieron los mitristas que, adoptando diversos nombres y figuras, llegaron como partido hasta 1910 o 1912 y, por otro, los radicales, que seguían a Alem. "Radicales" por cuanto Alem, en sus discursos, enfatizaba que estaba radicalmente en contra de este acuerdo; que quería que se diese libertad al pueblo para votar y que el pueblo eligiese a los mejores.

En 1891 la Convención de la flamante Unión Cívica Radical proclamó como candidato a presidente a Bernardo de Irigoyen y llevó a cabo lo que podría considerarse la primera campaña electoral argentina. Alem paseó por casi toda la república —sólo en algunos casos acompañado por Bernardo de Irigoyen, que era ya un hombre mayor para semejante trajinar—, e hizo una gira electoral que despertó mucho entusiasmo en el interior. Desde entonces el partido quedó organizado en gran parte del país y no solamente en la Capital, donde había tenido sus estructuras hasta ese momento.

De allí en adelante, el radicalismo se caracterizó por algunas notas que lo convirtieron en un partido muy singular. En primer lugar, era una fuerza que levantaba las banderas de la revolución. Pero no la revolución entendida como recurso eventual, al que se llega porque los mecanismos políticos hacen imposible una salida electoral aceptable, sino la revolución como una suerte de objetivo permanente, como una manera de cambiar drásticamente el orden de cosas instituido hasta ese momento.

Operativamente, el radicalismo fue a la revolución en 1893, cuando el propio Alem organizó un levantamiento en Rosario y se dieron movimientos en las provincias de Buenos Aires (encabezados por Hipólito Yrigoyen, sobrino de Alem), Tucumán, San Luis y, dos veces, Santa Fe. El año 1893 fue muy duro para el gobierno que ejerció Luis Sáenz Peña, quien aceptó la presidencia después que Mitre renunciara a su candidatura al ver que no era la figura de unión nacional que había deseado.

La bandera de la revolución siguió siendo enarbolada por Yrigoyen, sobre todo después de la muerte de Alem, y se manifestó en 1905 mediante un vasto movimiento revolucionario cívico-militar que, en un primer momento, tuvo éxito. Logró tomar puntos tan importantes como Rosario, Bahía Blanca, Mendoza y Córdoba (aunque no la Capital Federal) pero después del tercer día fue vencido. A pesar de esta derrota, Yrigoyen siguió usando la retórica revolucionaria y los activistas del radicalismo hablaban de la revolución como un objetivo al que se debería llegar ineluctablemente. En épocas tan adelantadas como 1907 y 1908 hay registros de discursos de dirigentes radicales donde al final se invitaba a los oyentes a incorporarse a la próxima revolución radical, que esta vez no iba a fallar.

En segundo lugar, sobre todo a partir de la conducción de Yrigoyen, el radicalismo escogió una doble vía muy difícil, muy sacrificada, muy singular dentro de la política argentina: se eligió el carril de la intransigencia. "Intransigencia" significaba que el radicalismo —como un dogma, por decir así— no aceptaría ningún tipo de pacto o de conciliación con partido alguno, no aceptaría alianzas de ninguna clase; rechazaba este recurso que, dentro de la vida política de las naciones civilizadas, es usado con relativa frecuencia cuando dos partidos que se consideran afines unen sus fuerzas en un momento dado para jugar el juego del poder.

El radicalismo se negaba a todo esto porque tenía conciencia de que su naturaleza no era la de un partido político sino la de una cruzada cívica, la de un movimiento que recogía con proyección histórica lo mejor del pasado argentino y que, en aquel momento, representaba a los buenos ciudadanos que luchaban contra el maléfico Régimen. Por estas características es que el radicalismo no se consideraba parte del sistema político y desdeñaba cualquier alianza con otra agrupación.

El otro carril elegido por Yrigoyen fue el de la abstención; es decir, no participar en elecciones, negarse a entrar en el juego planteado por el régimen porque, a su juicio —y, en realidad, era así—, no estaban dadas las condiciones para que el ciudadano pudiera votar con libertad. Hasta que estas condiciones no estuviesen perfectamente establecidas, el radicalismo se negaría a participar en el envite electoral que, a su juicio, era simplemente una farsa característica de ese régimen oprobioso al que denunciaba.

Estas tres notas —la revolución como bandera, la intransigencia como conducta característica y la abstención electoral— le daban al radicalismo un carácter "antisistema". No era un partido integrado en la legalidad, sino uno que cuestionaba todo lo existente en cuanto a estructura oficial, poniéndola en peligro con su permanente reclamo revolucionario, con su abstención de participar en elecciones, con su negativa a formar alianzas con otras fuerzas.

Normalmente esta estrategia parecería suicida: un partido que no aspira aparentemente llegar al poder, que ni siquiera reconoce alianzas, que insiste en una bandera revolucionaria después que se ha demostrado que el Ejército no lo acompaña (aunque la revolución de 1905 tuvo éxitos iniciales y comprometía a muchos oficiales jóvenes, en realidad no tuvo el apoyo masivo de la fuerza armada).

Yrigoyen tuvo que ejercer una conducción muy rigurosa para mantener a su partido en esas condiciones. Piénsese lo que era el raro espectáculo, a fines de la primera década del siglo, de un partido organizado en todo el país, con comités abiertos en todos los barrios de las grandes ciudades; un partido que tenía diarios y reunía a sus organismos, comités y convenciones, pero que no participaba en elecciones. Para quienes militaban en esa fuerza, la situación era muy extraña y poco gratificante desde el punto de vista político. Yrigoyen, en varias oportunidades, tuvo que aplicar todo el rigor de su autoridad para enfrentar la rebelión de algunos elementos, generalmente de clase alta, que dentro del partido rabiaban por empezar el *cursus honorum* normal de la vida republicana.

UN PROGRAMA INDEFINIDO

¿Qué pretendía, además, el radicalismo? Su programa era un misterio: en sus primeros momentos, bajo la conducción de Alem, se reducía a pedir moralidad pública, pureza electoral y vigencia del sistema federal. Pero estos son simplemente prerrequisitos para un buen gobierno. En condiciones normales, ningún partido pediría "moralidad administrativa", porque se supone que ésta debe existir, de la misma manera que tampoco sería necesario pedir "libertad electoral". Así que el objetivo que buscaba Alem no estaba demasiado definido, lo que justifica que Carlos Pellegrini haya dicho que el radicalismo, más que un partido, era un sentimiento.

Lo mismo ocurrió bajo la conducción de Yrigoyen, que se negó sistemáticamente a establecer ningún programa concreto para su partido. Tanto es así que en 1908 rompió relaciones políticas con el más importante dirigente radical del interior, el doctor Pedro Molina, que pedía un pronunciamiento radical proteccionista para el interior del país. Yrigoyen, en una célebre polémica epistolar que mantuvieron, le planteó que la misión del radicalismo como cruzada cívica era tan importante que pedirle que descendiese a las pequeñeces del proteccionismo o el librecambio era insultar la grandeza de su misión. Años después, en 1916, cuando la Convención de la UCR proclamó candidato a Yrigoyen, sus amigos torpedearon una propuesta que se hizo para aprobar un programa electoral sumamente detallado. Así que la prédica del partido consistía simplemente en el cumplimiento de la Constitución —lo cual tampoco era un programa, porque todo partido, para insertarse dentro de la legalidad, debe cumplir la Constitución—.

Esta fuerza que una y otra vez convocaba a la revolución, que conspiraba en forma permanente, que no se aliaba con otros partidos, que no participaba en las elecciones es un misterio dentro de la política argentina de este siglo. Curiosamente, sus características le dieron una enorme fuerza y una identidad que contrastaba con los demás partidos del régimen —el roquismo, el pellegrinismo, el modernismo, el mitrismo—, que se repartían el poder con distintos nombres (hay que recordar que en esa época no existían leyes sobre partidos políticos y los nombres se usaban y se dejaban de usar a cada rato).

Dentro de ese confuso paisaje político, el radicalismo se destacaba por una conducta de tipo ético, que lo hacía simpático a la opinión pública, sobre todo a la juventud.

No tenía una clientela que pueda denominarse de clases. Había hombres del patriciado argentino y sectores de trabajadores urbanos, peones rurales y estancieros: un fenómeno sociológico muy curioso porque desborda toda idea de clases. Cuando Ricardo Rojas se incorporó en 1932, dijo: "Fui al radicalismo y me recibieron los nietos de los próceres y los hijos de los inmigrantes".

Es posible que Yrigoyen se haya negado a delinear un programa demasiado detallado sobre la futura acción gubernativa del radicalismo precisamente porque se trataba de una fuerza que incluía elementos muy heterogéneos. El pretexto de cumplir la Constitución era una inteligente medida para evitar comprometerse con postulados que después pudiesen ser reclamados por uno u otro sector de la vida argentina.

LOS PRIMEROS COMICIOS

Terminada la hegemonía de Roca, presidió el país José Figueroa Alcorta (1906-1910), un hombre sin poder político. Habían muerto Pellegrini, Mitre y Bernardo de Irigoyen, y Roque Sáenz Peña, que llegaba de Europa con la idea de perfeccionar la democracia argentina (concepción que pesaba mucho dentro de las clases intelectual y dirigente del país), fue designado presidente (1910-1914). El país funcionaba pasablemente bien; en treinta años se había logrado el transporte de la civilización europea a un país anarquizado, pobre, con la tercera parte de su territorio ocupada por los indios, sin moneda propia y sin capital federal. En 1910, en cambio, podía exhibirse como la expresión más acabada de la civilización europea en América, con un servicio de educación formidable, una clase media que lo destacaba de los otros países del continente, una gran continuidad institucional y una clase dirigente importante.

Sin embargo, mantenía un sistema electoral totalmente fraudulento, mentiroso. Sáenz Peña creía que estaban dadas las condiciones para efectuar alguna modificación en ese sentido. Convocó a Yrigoyen para pedirle que su partido aportara dos o tres ministros a su gabinete, pero el caudillo radical se negó, diciendo que lo único que su partido quería era que se pudiese votar. La respuesta de Yrigoyen demuestra su genio político, ya que si su partido entraba al gabinete quedaba entrampado. Así, en cambio, quedó como ajeno a este proceso, repujando la identidad que había logrado mediante los principios de intransigencia, abstención y revolución mantenidos hasta ese momento.

Sáenz Peña promovió un padrón cívico regular llevado por la justicia y por el ejército, que garantizaría que el ciudadano votase libremente; un espacio cerrado de votación, para que nadie interfiriera; presencia de fiscales en el comicio; y, sobre todo, lista incompleta, para promover la formación de dos grandes partidos con premios para el ganador y el que le siguiese en votos, aunque sin ningún estímulo para un tercer partido.

Entonces comenzó la presión dentro del radicalismo para que el partido abandonara la abstención. Yrigoyen se negaba, desconfiando que las promesas del gobierno se cumpliesen, pero no pudo resistirse a las presiones de Santa Fe en las primeras elecciones que se hicieron en marzo de 1912. Lo lógico habría sido que el electorado argentino homologara los hombres que habían logrado, en treinta años, la transformación del país. Pero el electorado tenía otro orden de prioridades y le dio importancia a la ética que Yrigoyen había mantenido durante quince o veinte años, sin participar de enjuagues o repartijas de poder y reclamando una ley electoral como la que se estaba gozando entonces.

El radicalismo triunfó en Santa Fe y una semana después en la Capital Federal, ganando el socialismo la minoría. En los años posteriores, muerto ya Sáenz Peña y con Victorino de la Plaza como presidente, se afirmó la mayoría radical y entraron diputados radicales y socialistas que cuestionaban la época anterior. En 1916 Hipólito Yrigoyen fue consagrado presidente por el voto popular y empezó una nueva etapa signada por la hegemonía radical.

En cambio no se cumplió la previsión de la ley Sáenz Peña en cuanto a la formación de dos grandes partidos. Lo natural hubiera sido que el radicalismo gobernase ante un conservadorismo que, concentrando las viejas fuerzas anteriores a 1916, usara toda su experiencia gubernativa en los diversos foros. Pero el conservadorismo prefirió infiltrarse en algunos diarios, en el Senado, en los sectores financieros, en la diplomacia y no ofreció un contrapunto democrático al radicalismo gobernante. En algunos casos Yrigoyen intervino algunos gobiernos provinciales conservadores bajo el argumento de que habían sido elegidos fraudulentamente. Así, inevitablemente, se llegó a una hegemonía radical.

Yrigoyen, por otro lado, debía enfrentarse a los problemas de su época. La guerra mundial, por ejemplo: ¿Argentina era neutral? ¿Se debían romper relaciones a favor de los aliados? En otro orden de cosas, ¿había que apoyar o que reprimir a los estudiantes universitarios? ¿Qué hacer con las huelgas de los obreros ferroviarios y de la construcción, que afectaban la economía del país: presionar a los patrones o apoyarlos? En fin, existía toda una serie de temas que lo obligaban a tomar opciones.

Yrigoyen, que llegó al gobierno durante la primera guerra mundial, debió mantener la neutralidad de la Argentina, a veces con dificultades. Las importaciones escaseaban, ya que Gran Bretaña, Alemania y Francia participaban en la contienda. Las fábricas cerraban por falta de materia prima y complicaban más la escena. Al mismo tiempo, al no poder importarse ya ciertas mercaderías, se optó por fabricarlas, dando la perspectiva de crear una industria nacional, paralelamente a la revalorización de los productos agrícolas (cereales, carne) necesitados por los países en guerra.

De modo que el gobierno de Yrigoyen mantuvo la neutralidad y la estructura económica, no agredió a la oligarquía terrateniente, recogió las inquietudes del estudiantado y llevó casi en forma silenciosa una revolución igualitaria. Una cantidad de argentinos nuevos, hijos de inmigrantes beneficiados por la ley de educación común que les había permitido ir al colegio y a la universidad, se integraron, sin ser discriminados, a los cargos públicos, tanto los electivos como los administrativos. Así se terminó la etapa en que estos cargos sólo eran desempeñados por gente con determinados apellidos. Yrigoyen y el radicalismo de la época constituían una fuerza de alto contenido igualitario.

Además, esta hegemonía política que mantuvo el radicalismo arrojó algunos logros en los campos social, económico y cultural. En este último se nota una suerte de regreso a motivos más nacionales que los que habían inspirado anteriormente a músicos, poetas o pintores. Por ejemplo, lo representado por el arquitecto Martín Noel, quien empezó a valorizar la belleza de algunas capillas del noroeste y la arquitectura colonial. En materia de música se inició la inspiración en temas folklóricos, y Ricardo Rojas escribió su *Historia de la literatura argentina*. Si bien el radicalismo promovió un movimiento interesante que intentaba alejarse de los motivos extranjeros, no llegó, sin embargo, a cambiar las bases sobre las que estaba fundada la vida argentina.

LA HEGEMONIA RADICAL

Entre tanto, estos éxitos permitieron una moderada prosperidad, el aumento de la calidad de vida de la clase obrera y el afianzamiento de las clases medias, halagadas por la posibilidad de que sus hijos ocuparan cargos públicos importantes o fuesen reconocidos socialmente. Así el radicalismo fue extendiendo su vigencia política, hasta llegar a un punto, por ejemplo en 1922, en que manejaba el país de una manera incontrastable. El único que le hacía frente en la Capital Federal era el Partido Socialista; en el interior, pequeños partidos provinciales o pequeñas disidencias.

Pero hay una ley de la ciencia política según la cual, cuando un partido mantiene la hegemonía y se maneja casi con unanimidad, la oposición nace dentro del propio partido. Cuando las cosas se hacen de tal forma que no existe un escenario nacional donde puedan expresarse las diversas corrientes de opinión y los distintos matices del pensamiento, entonces esa lucha se da dentro del partido dominante. Y esto es lo que ocurrió en la década del '20, cuando en 1924 el radicalismo se dividió entre antipersonalistas e yrigoyenistas.

Los antipersonalistas sostenían que estaban en contra de la política personal del caudillo. Los yrigoyenistas señalaban en cambio que sus opositores internos no eran sino una forma encubierta de conservadorismo, un sesgo de derecha y que ellos, los yrigoyenistas, interpretaban mejor el carácter popular, revolucionario, transformador y americanista del radicalismo. La lucha produjo un movimiento muy interesante de intelectuales radicales que —a través de libros, folletos, artículos y después, en la campaña electoral de 1928— dieron coherencia a eso que durante el gobierno de Yrigoyen sólo había sido una serie de decisiones sobre diversos temas.

Todo aquello que Yrigoyen había hecho en materia internacional y de política social, económica y universitaria fue hilado por los jóvenes intelectuales yrigoyenistas y presentado como una suerte de programa que hacía del radicalismo un partido no demasiado diferente de otros en América Latina —como el APRA peruano y el Partido Revolucionario Institucional en México—, un partido de fuerte contenido popular, moderadamente estatista, antiimperialista. Es decir un partido de centro izquierda.

En 1928, cuando concluyó el sexenio de Alvear, se produjo el enfrentamiento entre el radicalismo yrigoyenista y el antipersonalista, apoyado éste por los conservadores y por una escisión de los socialistas denominada Partido Socialista Independiente.

Terminó con una arrasadora victoria de Yrigoyen, a la que se llamó El Plebiscito, porque el caudillo radical logró acumular el doble de votos que todos los demás partidos reunidos. Y esto, que pareció en su momento una victoria estrepitosa, significó a la postre un elemento negativo para el gobierno de Yrigoyen, porque volvió al radicalismo muy conformista con respecto a lo que pasaba.

Ese apoyo popular que los radicales creyeron no iba a terminar nunca, se perdió muy rápidamente en dos años, no sólo por la alta edad del propio Yrigoyen y por algunos errores cometidos, sino por la acción obstinadamente antirradical y antidemocrática de una serie de fuerzas que veían muy difícil el desplazamiento futuro del radicalismo en elecciones libres y buscaron el camino más corto de la conspiración. Debe recordarse que en la década del '20 el fascismo italiano había tenido grandes éxitos como una propuesta entre el capitalismo y el comunismo; que en España gobernaba Primo de Rivera con una suerte de dictadura no sangrienta, relativamente blanda, pero que había puesto las cosas en orden; que en Alemania había un nazismo incipiente...

Ante el espectáculo que daba este radicalismo, no demasiado brillante, que rodeaba a Yrigoyen y se mantenía en una posición de comodidad intelectual, confiando en el apoyo inveterado y permanente de las mayorías, muchas fuerzas pedían un gobierno jerárquico, que no dependiera de las masas ni del voto y que representara mejor los intereses de la sociedad a la que los políticos de la época —a su juicio— no podían representar. Esto nos lleva a las vísperas de la revolución de 1930, un momento decisivo en la historia argentina, por cuanto significa el comienzo de la ingerencia de las fuerzas armadas en la política y el descreimiento en la democracia, una democracia que no era perfecta, pero que había logrado usos políticos civilizados, pluralistas, tolerantes que, a partir de ese momento, van desvaneciéndose.

Es oportuno aquí hacer una reflexión. Desde el primer capítulo, hemos tocado temas que tienen que ver de algún modo con la actualidad. Cuando vimos la fundación de la ciudad de Buenos Aires, delineamos también, de alguna manera, las rivalidades que Buenos Aires suscita y los problemas que apareja una ciudad plantada en la entrada de la tierra respecto de las distintas ciudades del interior. Cuando analizamos la creación del virreinato, seguía presente ese choque entre Buenos Aires y el interior. Y cuando mencionamos la Revolución de Mayo, nos referimos a esa militarización de la sociedad que se fue dando.

Otto Baur, un sociólogo austríaco, decía que los países son historias solidificadas. Los historiadores en la Argentina, en general, no hacemos Historia solamente para enterarnos sobre qué pasó en el pasado, sino para entender un poco mejor el país de hoy, para contribuir a contestar alguno de esos interrogantes que no sólo nos hacemos todos individualmente en cierto momento de la vida, sino que también se hace colectivamente una comunidad como la nuestra. Nos preguntamos de dónde venimos, adónde vamos, qué somos, para qué servimos, por qué nos pasan las cosas que nos pasan, por qué nos diferenciamos de los otros, qué identidad tenemos, qué podemos hacer en el futuro, para qué estamos dotados...

La Historia, aunque no contesta todos los interrogantes —o, si los contesta, no contesta a todos bien— ayuda de alguna manera a entender dónde estamos parados, y ésta es su utilidad. En última instancia, el historiador no tiene una bola mágica de cristal que le permite decir qué va a pasar en el futuro, pero en la medida en que puede mirar a largo plazo los fenómenos que está viviendo, está en mejores condiciones para alertar a la sociedad.

Desde este punto de vista, la evocación de la experiencia ampliamente democrática que vivió el país desde la ley Sáenz Peña hasta 1930, así como su abrupta cancelación, suscita una permanente reflexión sobre la fragilidad de nuestro sistema político y la impaciencia que muchas veces frustró la posibilidad de enriquecerlo y mejorarlo.

Capítulo IX

LA REVOLUCIÓN DEL TREINTA

LA REVOLUCION DEL '30 fue un momento importante de nuestra historia contemporánea porque marcó el fin de una etapa y el comienzo de otra. Significó algo que no había ocurrido hasta entonces en la historia constitucional argentina: el derrocamiento de un gobierno legítimo por un golpe militar —o, en todo caso, un golpe cívico militar—. A mi juicio, fue un acontecimiento verdaderamente catastrófico por las consecuencias que implicó y por las posibilidades promisorias que cerró. Sé que al expresar esto estoy de algún modo tomando partido, pero el historiador no tiene por qué abdicar los valores sobre los que vertebra sus creencias, su posición frente al país y frente al mundo.

El plebiscito

Cuando opino que la revolución del 6 de septiembre fue una catástrofe institucional, entonces, me limito a no ocultar la tabla de valores sobre la cual baso mis creencias sobre el país. De todas maneras, aunque haya sido una catástrofe, una revolución obedece a causas y tenemos la obligación de examinarlas. En este sentido debemos retroceder un par de años, hasta 1928, fecha de las elecciones que fueron recordadas durante mucho tiempo como "el plebiscito"; es decir, cuando Hipólito Yrigoyen fue consagrado presidente por segunda vez.

Fueron unas elecciones que marcaron tajantemente dos posiciones en el campo político: los que adherían a lo que Yrigoyen significaba y los que rechazaban esa significación. Yrigoyen era el jefe indiscutido del radicalismo que lo seguía, aunque éste se había dividido tres o cuatro años antes. Una de las fracciones fue llamada "antipersonalista" y estaba formada por quienes atacaban los métodos supuestamente personalistas del propio Yrigoyen. Hoy la definiríamos como una fracción de centro derecha.

La tendencia centroderechista del antipersonalismo está certificada por la circunstancia de que en las elecciones de 1928 la facción fue abiertamente apoyada por los partidos conservadores de todo el país, que vieron en la fórmula Melo-Gallo la posibilidad de evitar el acceso de Yrigoyen por segunda vez al poder. Sin embargo éste, al frente de la Unión Cívica Radical en su versión tradicional, ganó las elecciones de una manera abrumadora: ochocientos cuarenta mil votos contra cuatrocientos sesenta mil de todos sus opositores.

Paradójicamente, esta elección ganada por tanta diferencia incitó a la oposición a buscar el regreso al poder por otros métodos, por métodos no electorales. Para el yrigoyenismo, por su parte, el triunfo obtenido significó un tranquilizante muy peligroso. La idea de que ese plebiscito era un verdadero pronunciamiento nacional a favor de Yrigoyen justificaba todos los eventuales errores u omisiones futuros, porque los resultados habían sido tan grandes y definitivos que parecía difícil que pudiera haber una modificación en la adhesión popular. Esta es una de las causas que, lejanamente, nos va dando una idea de por qué se hizo la Revolución del '30: para las fuerzas conservadoras fue muy decepcionante el resultado electoral, al que veían como un salto al vacío del país.

En segundo lugar, en 1930 la Argentina ya sufría los coletazos de la crisis mundial que había comenzado en noviembre de 1929 en Nueva York, con la famosa corrida de la bolsa y las quiebras de bancos en Estados Unidos y en Europa. Muchos gobiernos tomaron medidas, en el sentido de establecer limitaciones al antes irrestricto comercio internacional (control de divisas, protecciones aduaneras) para salvar así de la catástrofe a sus economías y finanzas. No olvidemos que nuestro país era hasta ese momento exclusivamente un exportador de productos primarios con una industria muy incipiente, es decir, una economía muy vulnerable a los avatares internacionales. En el año '29, por ejemplo, las exportaciones de la Argentina sufrieron una sustancial reducción con respecto a lo exportado hasta entonces.

En tercer lugar, 1930 era un momento muy especial en la historia del mundo, sobre todo de la europea, con la aparición de sistemas políticos opuestos al liberalismo democrático tradicional que había regido en Europa y en los países más civilizados desde el siglo pasado hasta la Primera Guerra Mundial. El fascismo, por ejemplo, había puesto orden en Italia desde 1923 y pretendía convertirla en una potencia de primer orden. La figura carismática de Mussolini no dejaba de atraer a muchos admiradores en todo el mundo, incluso en países que serían sus enemigos, como Winston Churchill en el Reino Unido. En el caso de España, el fascismo se tradujo en la dictadura de Primo de Rivera.

Por otro lado, en la Unión Soviética se afirmaba el régimen del bolcheviquismo que había triunfado en la revolución de 1917 y que, a partir de 1925, bajo la férrea conducción de Stalin, intentaba una industrialización gigantesca del país (aparentemente con éxito, según voceaban sus epígonos en todo el mundo). Además en esos años, aparte de la crisis que sacudía a Estados Unidos y al parecer ponía en peligro a todo el sistema capitalista del mundo, ocurrieron en América Latina varios golpes militares que derrocaron a sistemas civiles más o menos democráticos.

UN MOMENTO MUY ESPECIAL

Mientras tanto, en Argentina la política pasaba por un momento de mediocridad. Parecía incluso haberse diluido el significado que tuvo el primer gobierno de Yrigoyen: una revolución pacífica hecha desde arriba, un intento de distribuir mejor la riqueza nacional, de darle al Estado una posición mejor para arbitrar entre los intereses contrapuestos de la comunidad, de introducir un poco más de justicia dentro de la sociedad y de llevar a cabo una política más nacionalista en el plano económico. La propia figura de Yrigoyen, ya entrado en años, era, por lo menos, la de un estadista que había perdido un poco sus reflejos. No se llegaba a un bloqueo de la administración pública, pero sí a cierta lentitud o cierta parálisis.

De todas maneras, uno de los enigmas de esta época es por qué las clases altas argentinas odiaron con tanta intensidad a Yrigoyen, al punto de olvidar la tradición legalista del viejo conservadorismo y embarcarse en una revolución, cuando lo cierto es que Yrigoyen no atacó nunca las bases económicas de lo que podríamos llamar la oligarquía e incluso respetó sus estilos y sus modalidades de vida. Sin embargo, el odio que existía contra Yrigoyen en aquellos días era palpable, y se transmitía a través de los diarios, las revistas y las publicaciones de la época: todo era achacado a Yrigoyen. Los reproches que se le hacían, sin embargo, eran tan diluidos y poco precisos, revelan prejuicios e ideas tan clasistas, que uno se pregunta cómo es posible que se haya podido dar un paso tan definitivo como una revolución simplemente en base a este tipo de acusaciones.

Hay un libro muy curioso de Martín Aldao, que refleja muy bien el tono del momento. Aldao era un caballero de una vieja familia de Santa Fe, que vivió durante treinta o cuarenta años en París. Muy conocido por la numerosa colectividad argentina de allá, tuvo la buena idea de registrar en un diario las cosas que le pasaban, los libros que leía, los acontecimientos artísticos que presenciaba y, desde luego, las charlas que tenía con la gente más conspicua de la colonia argentina en Francia.

Este libro transcribe su diario desde 1928 a 1932, más o menos, de modo que incluye toda la secuencia de los días previos a la revolución del 6 de septiembre y lo que pasó posteriormente. A través de las conversaciones que tiene con gente como Marcelo de Alvear, Fernando Saguier y otros argentinos importantes —algunos radicados en París, otros de paso— uno ve que los chismes y rumores que llegan a Francia son inconsistentes, pero denotan la trama de acusaciones más graves: el presidente está chocho, paraliza a la administración pública porque no firma expedientes, está rodeado de un pequeño grupo de incondicionales, va a gobernar con fulano o mengano.

Un aspecto curioso es que, desde principios de 1930 o finales de 1929, Aldao registra como un dato muy natural la posibilidad de que una rebelión desplace a Yrigoyen. Además esta revolución tiene nombres y apellidos; la van a dirigir el general Justo o el general Uriburu. Esto nos da una idea de la irresponsabilidad con que se manejaron las cosas, a la vez que nos obliga a reconocer que, por parte del radicalismo, hubo una gran chatura y falta de iniciativa para adoptar alguna actitud que pudiera enfrentar o incluso detener esto que ya desde junio o julio de 1930 parecía imparable. El triunfo de 1928, el famoso plebiscito, había acallado toda inquietud, toda crítica. Los intereses creados hicieron, por ejemplo, que en las elecciones de diputados de marzo de 1930 los candidatos que ofrecía el radicalismo fueran los mismos que ya ocupaban una banca; es decir, que todos se reelegían, lo que sugiere una actitud poco acorde con lo que el radicalismo había sostenido algunos años antes y con lo que la figura de Yrigoyen había representado.

VIOLENCIAS

En noviembre de 1929 se produjo un hecho macabro que no había ocurrido en las últimas décadas: el asesinato del dirigente Carlos Washington Lencinas, en Mendoza. Lencinas era disidente del radicalismo y había adoptado una posición mucho más de avanzada en materia económica y social. Los Lencinas en Mendoza y los Cantoni en San Juan eran como caricaturas del radicalismo, mucho más populistas y distribucionistas en cuanto al pensamiento y a la acción. Su postura se parecía mucho a lo que después fue el peronismo: una permanente agresión a todo lo que fuera capital o empresa, apoyo a los obreros, legislación progresista —como la que en San Juan permitió el voto femenino en las elecciones provinciales en 1928—. Al mismo tiempo, flotaba una sensación de violencia y de intimidación contra la oposición. Carlos Was-

175

hington Lencinas, un hombre joven, era hijo del primer gobernador radical de Mendoza, el gaucho Lencinas (por eso a Carlos Washington se lo llamaba "el gauchito Lencinas"). Después de feroces campañas contra Yrigoyen, llegó a Mendoza en noviembre de 1929 y fue asesinado por un paisano muy humilde, yrigoyenista de afiliación, al cual se le atribuyeron inmediatamente motivaciones políticas, lo que puso al rojo vivo las pasiones en todo el país. Se acusó directamente a Yrigoyen de haber promovido el asesinato de Lencinas, lo cual era a todas luces una barbaridad.

En realidad, esta situación en Cuyo respondía a circunstancias propias de la región que habían motivado la intervención federal a San Juan y a Mendoza antes de que asumiera Yrigoyen la presidencia. Pero los interventores también se manejaron con extrema violencia y fueron resistidos tanto por el lencinismo como por el cantonismo. En cuanto al crimen, si bien fue un hecho local, tuvo una gran repercusión nacional.

Un mes después ocurrió otro hecho que también tuvo connotaciones sangrientas: el atentado que sufrió Yrigoyen al salir de su casa, rumbo a la Casa de Gobierno. Un hombre del cual nunca se supo mucho (acaso ligeramente trastornado, de antecedentes muy remotos de simpatía por el anarquismo) disparó unos tiros sobre el automóvil oficial que conducía a Yrigoyen, pero fue inmediatamente muerto por la custodia. Esto dio motivo a una serie de denuncias y de críticas contra el propio Yrigoyen, quien antes andaba sin escolta y ahora lo hacía custodiado por policías armados que no vacilaban en matar. Estos sucesos fueron creando una atmósfera de pesadez, de intimidación que, si bien no se transmitía a todo el país, fue manejada con bastante habilidad, en función de las elecciones nacionales de marzo de 1930, con las que se debían renovar diputados, por los diarios y órganos opositores.

UNA RARA ELECCION

En esta elección ocurrió una suerte de empate. Los ochocientos mil votos que había obtenido el radicalismo en 1928 bajaron a seiscientos mil, y la oposición, que había tenido unos cua-

176

trocientos mil votos, subió a la misma cifra. Pero el hecho sin precedentes desde el punto de vista electoral fue que, en la Capital Federal, el radicalismo perdió ante un partido que era la minoría de otro partido minoritario. Perdió, en efecto, frente al Partido Socialista Independiente, una disidencia del viejo Partido Socialista tradicional, mucho más anti-yrigoyenista que éste y que en su momento se aliaría a los conservadores para formar lo que después se llamó la Concordancia.

La derrota del radicalismo en la Capital Federal a manos de un partido tan improvisado fue un toque de atención. A partir de ese momento empezó a plantearse la conspiración militar de la que se había hablado un par de años antes, cuando la victoria de Yrigoyen despertó algunas inquietudes. Entonces se había tanteado al general Justo, ministro de Guerra del presidente Alvear, pero el militar opinaba, frente al reciente triunfo plebiscitario de Yrigoyen, que toda forma de revolución habría sido repudiada. Sin embargo, en 1930 las cosas ya habían cambiado, y la conspiración militar se puso en marcha, encabezada por el general José Félix Uriburu, de origen salteño, quien había sido diputado conservador en 1913.

Uriburu era progermano, y estaba rodeado por pequeños núcleos juveniles sin importancia política pero con alguna influencia intelectual que se nucleaban alrededor de un periódico llamado *La Nueva República*. Este grupo había introducido en nuestro país la ideología del fascismo italiano, adaptado y maquillado con una cosmética de nacionalismo, que planteaba la irrelevancia de la democracia como forma de manejar el Estado para conquistar el bien común. Invalidaba las elecciones, diciendo que las mayorías populares no tenían por qué estar en la verdad, invalidaba sobre todo el régimen de partidos y postulaba una reforma constitucional de tipo corporativo.

LA CONSPIRACION

Uriburu era un hombre sincero, de buenas intenciones, pero muy limitado intelectualmente. Se había dejado envolver por este grupo de jóvenes, casi todos de origen conservador (muchos de ellos muy brillantes pensadores, como fue el caso de Ernesto Palacios o los hermanos Irazusta), y se convirtió en un jefe posible de la conspiración. Había estado en actividad hasta 1928 y conservaba cierto prestigio en el Ejército. Comenzó a conversar con mucha gente para llevar a cabo una revolución que, a su juicio, debía ser el principio de una etapa institucional nueva en el país, la cual debía implicar la reforma de la Constitución, la abolición de la Ley Sáenz Peña y la creación de una suerte de Cámara de *fascios* o corporaciones, en lugar del Congreso.

Poco después, el general Agustín P. Justo, que había sido ministro de Guerra de Alvear, conspiró por su cuenta, con la idea de ir bloqueando poco a poco los propósitos de Uriburu de reformar la Constitución. Justo estaba rodeado de los políticos tradicionales, fundamentalmente de conservadores, antipersonalistas —es decir, radicales antiyrigoyenistas— y socialistas independientes. En su opinión debía deponerse a Yrigoyen, que ya no ofrecía ningún tipo de garantías para manejar la nave del Estado, y abrir así el paso a unas elecciones que permitieran que el frente derrotado en 1928 llegara al poder por una vía más o menos constitucional. Vale decir que la conspiración, aunque en ese momento no planteaba claramente las disidencias, estaba conducida por dos líneas totalmente discrepantes.

Paralelamente, en el plano público, la conspiración sincronizaba perfectamente con una serie de actos públicos y de manifestaciones, tanto en el Congreso como en la calle, por parte de los partidos opositores. A partir de julio de 1930 la tensión fue creciendo. Toda la oposición del Congreso se reunió para crear una suerte de frente que hacía actos públicos muy vibrantes en teatros y en plazas, a la vez que aumentaba sus críticas contra el régimen imperante. La oposición controlaba muchos medios de información, muchos timbres que le permitían hacer de sus acusaciones una tabla permanentemente batida en el parche de la opinión pública, lo que se hizo evidente sobre todo en el mes de agosto.

Cuando se hace una revolución, o cuando se va creando la circunstancia propicia para que estalle, generalmente se producen actos por parte del gobierno al que se trata de derrocar, actos ante los cuales la oposición reacciona, creándose ese contrapunto de oposición y gobierno que culmina con la revolución. Lo curioso de este caso es que el gobierno no hizo nada, excepto generar algún acto de tipo administrativo, como la designación del presidente de la Suprema Corte o un decreto sin mayor importancia. Mientras en 1955 hubo una serie de hechos producidos por el gobierno de Perón que suscitaron, a su vez, una serie de reacciones que culminarían con la revolución del 16 de setiembre, nada de esto ocurrió en 1930.

El gobierno radical daba la sensación de ser una suerte de muñeco inmóvil sobre el cual se descargaban los puñetazos más feroces sin que reaccionase. La única respuesta, a fines de agosto de 1930, fueron unas manifestaciones más o menos importantes en defensa del gobierno por parte de una organización un poco misteriosa, el Clan Radical. Estaba formada por el lumpenaje de los comités, que desfilaron por las calles del centro de Buenos Aires profiriendo vivas a Yrigoyen y mueras contra sus opositores, aunque sin mayor repercusión, salvo algún tiroteo que no causó bajas.

La intención conspiradora seguía presente en los diarios a un ritmo cada vez más acelerado, con presunciones y profecías sobre cuándo estallaría la revolución. Algunos diarios de agosto y principios de septiembre de 1930, sobre todo *Crítica* o *La Razón*, decían cosas terribles del presidente. Si se compara con las campañas electorales o los dichos de la oposición en la actualidad, se puede ver hasta qué punto han mejorado los hábitos políticos de los argentinos, porque las cosas que se dijeron en aquella época fueron feroces. Se metían hasta con la personalidad privada de Yrigoyen y llegaban a la obscenidad sin que hubiera reacción alguna por parte del gobierno. En los primeros días de septiembre renunció el ministro de Guerra, impotente para contener la conspiración, ya que también existían intrigas dentro del gobierno.

El 4 de septiembre hubo una manifestación, donde se produjo la esperada víctima: en un tiroteo cayó alguien que, se supuso, era un estudiante. Aunque después se averiguó que era un bancario, el estudiantado de Buenos Aires se levantó en huelga y se consideró en guerra contra el gobierno. El 6 de septiembre, el general Uriburu consiguió sacar a los cadetes del Colegio

Militar y avanzó sobre Buenos Aires con una columna muy breve, muy vulnerable desde el punto de vista militar.

Pero el ambiente estaba ya formado de tal manera que no había posibilidad de resistencia. Yrigoyen, enfermo, había delegado el mando en su vicepresidente Enrique Martínez. Aunque era una manera de despejar un poco el horizonte, las presiones para que Yrigoyen renunciase eran tan grandes que ni siquiera ese gesto bastó. Finalmente, Uriburu llegó a la Casa de Gobierno después de un tiroteo en la plaza del Congreso, y allí obligó al vicepresidente a renunciar y se hizo cargo del gobierno de facto. Estos fueron los hechos concretos.

ELECCIONES CON PROSCRIPCION

Lo que sucedió después es un anticipo de lo que iba a ocurrir durante la década del '30. Uriburu intentó llevar a cabo sus intentos corporativos, pero no despertó eco en la opinión pública. Por otra parte, Justo se opuso sordamente e intentó formar una suerte de confederación que lo apoyase, pero tampoco lo logró. Finalmente Uriburu tuvo que entregarse a las fuerzas conservadoras, que eran las únicas que lo apoyaban. A través de los consejos de su ministro del Interior, se convocó a elecciones en la provincia de Buenos Aires, con la idea de ir haciéndolo paulatinamente en otras provincias y culminar el proceso con una convocatoria presidencial.

Pero el 5 de abril de 1931, inesperadamente, el radicalismo triunfó en la provincia de Buenos Aires y las cosas empezaron a complicarse para Uriburu. Desde el momento en que se comprobó que el radicalismo seguía siendo mayoría —a pesar del desprestigio en que había caído, de la prisión de Yrigoyen y de que muchos de sus dirigentes estaban ausentes o presos— tuvo que buscarse otra metodología, la de un fraude electoral que tiñó toda la década posterior y que se dió a través del veto a la fórmula presentada por el radicalismo en septiembre de 1931, Marcelo de Alvear-Adolfo Güemes.

Frente a esta proscripción, el radicalismo se abstuvo, de modo que las fuerzas que apoyaron al gobierno provisional fueron el viejo conservadorismo (que, bautizado con el nombre de Partido Demócrata Nacional, logró por primera vez desde la sanción de la Ley Sáenz Peña unificarse en un solo partido nacional), el ala antipersonalista del radicalismo y el socialismo independiente en la Capital Federal. Su fórmula fue Justo-Roca, y Justo-Matienzo (Justo-Roca sostenida por los conservadores, Justo-Matienzo por los antipersonalistas). Las fuerzas que no eran ni radicales ni conservadoras —es decir, los socialistas del tronco tradicional, los demócratas progresistas y fuerzas menores de algunas provincias— configuraron lo que se llamó la Alianza Civil, que proclamó como candidatos a Lisandro De la Torre (demócrata progresista) y a Nicolás Repetto (socialista).

En las elecciones, desde luego, la maquinaria de los partidos conservadores de las provincias logró prevalecer sobre las alianzas civiles, que solamente triunfaron en la Capital Federal y en Santa Fe, donde el Partido Demócrata Progresista era fuerte. En diciembre de 1931 se reunió el Congreso Nacional, aprobó las elecciones pese a los protestas del radicalismo y el 20 de febrero de 1932 Uriburu entregó las insignias del poder al general Agustín P. Justo, quien inició entonces su mandato presidencial.

CONSECUENCIAS

Resumiendo: en septiembre de 1930, por primera vez en la historia constitucional argentina, un golpe militar derrocó a un gobierno que, más allá del juicio que pudiera merecer, era un gobierno constitucional. A partir de entonces se montó un sistema de fraude electoral y de violación de la Constitución y de las leyes, que permitió a la Concordancia imponer sus candidatos y abrir una etapa que duraría hasta 1943.

En el trasfondo de esto que parece solamente un golpe latinoamericano, el derrocamiento de un gobierno civil por un golpe militar, podemos advertir la ansiedad de las clases dirigentes argentinas por situarse en el poder para afrontar la crisis sin que ésta las afectase. Al tomar el poder, estas clases armaron las cosas de manera tal que los efectos de la crisis que soportaba la Argentina no perjudicaron sus intereses básicos, sino que se distribuyeron en toda la población.

Otra consecuencia de la revolución del 6 de septiembre fue la reconstitución del radicalismo que, ahora en el llano, olvidó sus anteriores disidencias antipersonalistas e yrigoyenistas y se unió bajo la dirección de Alvear. Yrigoyen, que había estado confinado en Martín García, fue indultado por el gobierno provisional y volvió a Buenos Aires. Sin embargo, no ejerció el liderazgo de su partido sino que se limitó a bendecir la nueva conducción de ese discípulo predilecto que, ante sus ojos, había sido siempre Marcelo T. de Alvear.

Las cosas que cambiaron en el país a partir de 1930 fueron muchas, y la mayoría tuvo un sentido negativo. Dieciséis años después de 1930, un gran dirigente conservador cordobés, José Aguirre Cámara, dijo estas palabras ante el comité nacional de su partido: "Nosotros en 1930 cometimos un grave error por impaciencia, por sensualidad del poder, por inexperiencia, por lo que fuera. Nosotros abrimos el camino de los cuartelazos, olvidando la gran tradición conservadora y, a partir de ese momento, nosotros los conservadores somos los responsables o los culpables de lo que ha pasado en el país hasta ahora". Unos años después de las palabras de Aguirre Cámara, Juan Perón, presidente en ese momento, dijo: "Yo era muy joven cuando vi caer a Yrigoyen, y lo vi caer con una ola de calumnias y de injurias contra las cuales su gobierno no pudo hacer nada. A mí no me pasará eso..." Es decir que dos hombres que participaron en la revolución de 1930, como Aguirre Cámara y Perón, que en ese momento era capitán y formaba parte del Estado Mayor de Uriburu, hicieron una especie de *mea culpa*.

Lo cierto es que en los años posteriores a 1930 el hecho del 6 de septiembre fue recordado al principio con bastante pompa, luego con un silencio cada vez mayor y, finalmente, fue olvidado por completo. Hoy nadie recuerda esa fecha con un sentido positivo: la idea general es que fue ominosa dentro de la historia institucional argentina, porque abrió el camino de las rupturas posteriores de la Constitución y aparejó el inicio de una década que no llamo infame, pero que significó dentro del país la dominación de las clases tradicionales con un sentido no popular, con un sentido egoísta de clase, e implicó un retroceso al pasado.

Capítulo X

LA DÉCADA
DEL TREINTA

LA DENOMINACION "década del '30" no se refiere estrictamente a un período cronológico, porque en realidad podríamos decir que, políticamente, la década empezó en febrero de 1932
cuando Agustín P. Justo asumió la presidencia constitucional y
se cerró en junio de 1943, cuando el gobierno conservador de
Ramón S. Castillo fue derrocado.

En la historia, como en la vida misma, las cosas ocurren con
cierta simultaneidad y, para describirlas, debe tomarse en cuenta
que un tema político ocurre al mismo tiempo que un proceso
económico y que un hecho cultural —aunque, para volver más
comprensible una determinada cuestión, sea necesario separar
los sucesos en campos o planos distintos—. En este sentido,
conviene trazar un marco histórico que permita entender qué
pasaba en el mundo en aquellos años. Creo que pocas veces en
la historia contemporánea ha habido una década con signos tan
ominosos, tan pesimistas, como la de 1930.

UN MUNDO OMINOSO

En 1933 Hitler tomó el poder en Alemania y, a partir de ese
momento, su política racista, nacionalista, y belicista le permitió ocupar el territorio del Ruhr (que estaba neutralizado), tra-
garse Austria, invadir los territorios con minorías alemanas en

Checoslovaquia (y luego, Checoslovaquia entera) y, finalmente, en septiembre de 1939, iniciar el ataque a Polonia con el que se desencadenó la Segunda Guerra Mundial.

En la Unión Soviética, mientras tanto, se desarrollaba un proceso que, si bien estaba acompañado en general por la simpatía de los sectores progresistas del mundo occidental y también de la Argentina, ocultaba realidades negativas para la humanidad que, poco a poco, se irían conociendo. Entusiasmaba la idea de una sociedad sin clases, donde el dinero no tendría importancia, no habría privilegios y todo el pueblo trabajaría en busca de mejores niveles de vida. Pero existía además una tremenda represión interna, la aniquilación física de casi diez millones de campesinos que se oponían a la política agraria, terribles juicios en Moscú, donde los dirigentes más veteranos de la revolución bolchevique de 1917 confesaron supuestos crímenes —traición a la patria, conspiración para matar a Stalin—. Todo eso, sin embargo, se supo después. Mientras tanto, la Unión Soviética aparentemente estaba llevando a cabo un formidable experimento alternativo del sistema capitalista, el cual parecía estar virtualmente en quiebra.

En Estados Unidos había veinte millones de desocupados y algo más o menos similar pasaba en Inglaterra y en Francia, lo que daba lugar a tumultos y alborotos que no llegaron a poner en peligro los sistemas, pero sí a alarmar profundamente a sus dirigentes. Estados Unidos, por ejemplo, cambió su tradicional política liberal por otra donde el Estado puso en marcha grandes obras públicas para mitigar la desocupación. El New Deal, que con el tiempo no pareció haber sido tan importante para superar la crisis, dio al pueblo norteamericano una nueva sensación de confianza.

En aquella década, pues, las cosas no estaban bien por el mundo. Avanzaban los totalitarismos, el sistema democrático estaba cuestionado en todos lados y los enfrentamientos armados y sangrientos eran bastante comunes. Japón invadió China, por ejemplo. Otro hecho importante, que conmovió profundamente a la sociedad argentina, fue la guerra civil española, que estalló en julio de 1936 y se prolongó hasta mayo de 1939 como preludio de la Segunda Guerra Mundial.

La guerra civil española conmovió a la sociedad argentina

por muchos motivos. En primer lugar, porque la colectividad española era muy grande. Hoy quedan tal vez los biznietos, pero en ese momento estaban los padres y los abuelos españoles, cada uno de los cuales tomó partido por lo que ocurría en la península. Además, había vinculaciones comerciales y económicas mucho más profundas que las actuales entre la Argentina y España: se comían sardinas españolas, se bebía sidra española, la gente se lavaba con jabón español, había grandes empresas de servicios públicos que eran españolas, como la que construyó en Buenos Aires el subterráneo que lleva desde Plaza de Mayo hasta Pacífico y la empresa de energía, la CHADE (Compañía Hispano Argentina de Electricidad), que tenía su sede en Barcelona.

Pero más allá de estos vínculos, la sociedad argentina quedó impresionada porque los valores que se estaban en juego (el fascismo, la democracia aún imperfecta de la república española) estaban muy relacionados con nuestros propios valores. La guerra civil española y, posteriormente, la Segunda Guerra Mundial, fueron los sacudones que despertaron a la sociedad argentina, que hasta entonces había vivido ensimismada, como si fuese una isla ajena a lo que pasaba en el mundo, y la alertaron acerca de la importancia que para ella misma tenía lo que pasaba en el exterior.

JUSTO

La década del '30 empezó con la asunción del poder constitucional por parte de Agustín P. Justo a través de elecciones donde la proscripción del radicalismo implicaba un virtual fraude que permitió a la Concordancia llegar al poder. La Concordancia estaba formada por el viejo partido conservador tradicional, el antipersonalismo y el pequeño partido socialista independiente que había triunfado en la Capital Federal en 1930 y que presentaba un conjunto de hombres, entre los cuales se destacaba indudablemente Antonio Di Tomasso.

· Justo, el nuevo presidente, no tenía el menor carisma personal, pero sí astucia política, y había sabido reunir apoyos. Pasaba por ser un radical antipersonalista, era militar de carrera, había sido ministro de guerra de Alvear, pero era además ingeniero civil, lo cual se enfatizó en los meses de la campaña electoral como para mostrar que no se trataba de un presidente militar, sino de un hombre que unía su condición de militar con su condición de profesional civil.

Donde fuera que aparecía, Justo era silbado; el suyo fue tal vez el único caso de un presidente que se dio el lujo de hacer un corte de manga a la multitud: sucedió en el hipódromo de Palermo, una vez que fue allí en la carroza presidencial a presenciar un gran premio.

Silbado o no, Justo consiguió algunas cosas importantes: su gobierno fue bastante prolífico en obras públicas; a él se debe el primer trazado de la red vial pavimentada de la Argentina. Los caminos que van de Buenos Aires a Mar del Plata, de Buenos Aires a Mendoza pasando por Río Cuarto y de Buenos Aires a Córdoba pasando por Rosario son obras del general Justo. Durante su gobierno se aprobó la ley de Vialidad, por la cual cinco centavos del precio de la nafta se destinaban a un fondo que permitiría la creación de rutas pavimentadas.

Justo, aunque se consideraba un radical antipersonalista, en los hechos era un conservador. Creía en el esquema que había hecho próspera a la nación en las décadas anteriores. Es decir, una asociación muy estrecha con Gran Bretaña; un gran cuidado de los capitales británicos invertidos en la Argentina, de la vinculación comercial entre la Argentina y el mercado británico. Pero cuando hubo que trazar la red vial argentina, Justo determinó que las rutas correrían paralelas al ferrocarril. Es decir que ayudó a intensificar la competencia del camión, que ya empezaba a ser importante, sobre los ferrocarriles británicos. No era más rápido ni más seguro, pero sí más barato que las tarifas ferroviarias.

Los primeros años del gobierno de Justo se vieron facilitados por la abstención del radicalismo. Proscripto en las elecciones de 1931, resolvió refugiarse en la abstención, mientras algunos de sus dirigentes alentaban diversos intentos revolucionarios que fracasaron indefectiblemente. La posición no tenía salida: una abstención electoral significaba quedar fuera de juego cuando los otros partidos políticos aceptaban las reglas planteadas por el gobierno de la Concordancia. Fue entonces cuando por ejemplo, gracias al hueco que había dejado el radicalismo, hubo cincuenta y tantos diputados socialistas en el Congreso, una cifra que el Partido Socialista nunca volvió a alcanzar.

EL FRAUDE

En 1935 el radicalismo resolvió levantar la abstención, y a partir de ese momento se empezó a practicar en gran escala la que sería la mancha más destacada de la década, la más injustificable: el fraude electoral. Un fraude que, si no organizado, por lo menos estaba avalado desde el gobierno y tiñó de ilegitimidad los hechos políticos de esa época.

Consistía en intimidar al ciudadano opositor para que no fuera a votar ("vos ya votaste, andáte..."); o en amenazar incluso con armas a los fiscales para que abandonaran el comicio y dejaran en manos de los partidarios del oficialismo la posibilidad de volcar los padrones y llenar las urnas con cualquier tipo de votos; o en permitir que se votase libremente, como se hizo en la última época, para después cambiar las urnas por otras con los votos que convenían.

El fraude incluía desde este tipo de manejos hasta las agresiones directas y los tiroteos. En la lucha que el radicalismo emprendió para limpiar el comicio, aunque fuera a balazos, hubo muchos muertos. Amadeo Sabatini ganó la gobernación de Córdoba en 1935 con ocho o nueve muertos en un enfrentamiento con matones conservadores. Lo mismo pasó en Mendoza, donde el oficialismo mató al presidente del bloque radical, el doctor Martons. En la provincia de Santa Fe fue muerto el general Risso Patrón.

En la provincia de Buenos Aires, escenario de los mayores fraudes, hubo hechos casi épicos. Juan Maciel, dirigente de Tres Arroyos, sabiendo que en la localidad de Coronel Dorrego se estaba haciendo fraude el día de la elección de Ortiz (cuyo contrincante radical era Alvear), salió solo para impedirlo y fue cosido a balazos en la plaza del pueblo. Fue ésta una lucha que todavía no ha encontrado quien la cuente;

dolorosa, difícil. Pero lamentablemente, el fraude que se practicaba en el orden general a veces también teñía al propio radicalismo.

En los últimos años de la década del '30 y en los primeros de la del '40 hubo conatos de fraude en las elecciones internas del radicalismo. Era como si una mancha negra fuera extendiéndose por todo el país. Claro, el fraude electoral era el único modo que tenía la Concordancia, que se sabía minoritaria, de mantener el poder frente a un radicalismo que, en los hechos, seguía siendo mayoría.

La cuestión del fraude pertenece a la filosofía política: ¿hasta qué punto un gobierno tiene derecho a presionar para conservar el poder? El primer deber del hombre es defender el pellejo, dice Martín Fierro. De la misma manera, se podría decir que el primer deber de un dirigente político cuando está en el gobierno es mantenerse en el gobierno, pero ¿qué límites tienen los recursos que puede llegar a usar? Los conservadores y sus aliados los antipersonalistas no se plantearon este problema y, allí donde fue necesario, hicieron fraude; la Capital Federal fue el único lugar donde esto no sucedió.

El fraude es la marca que define políticamente a la década del '30, y es lo que justifica ese mote de "década infame" que le puso un periodista nacionalista. El calificativo no puede ser aplicado a todos los aspectos de la acción gubernativa en la década del '30, pero sí a la franja política, donde la infamia tuvo que ver no solamente con trucar elecciones y escamotear resultados electorales, sino también con el hondo escepticismo que cundió en la sociedad argentina respecto de la validez de la democracia.

El espectáculo de los totalitarismos que avanzaban en Europa y el de una democracia vernácula basada en el fraude electoral, en la trampa, en la mentira, en la hipocresía (porque siempre había un vocero del oficialismo que lo negaba), provocó un decaimiento de la democracia y la dejó inerme cuando en 1943 fue derrocado el gobierno de todos modos constitucional del presidente Ramón Castillo.

ORTIZ

Cuando Justo llegó al final de su período, se pretendió renovar la alianza de conservadores y antipersonalistas —el socialismo independiente había desaparecido—, y se eligió en conciliábulos al doctor Roberto Ortiz como candidato de la Concordancia. Por el otro lado el radicalismo, que ya había salido de la abstención, presentó la figura de Marcelo de Alvear, cuya gran presidencia en la década anterior todavía estaba en la memoria colectiva, y que era un hombre que no podía asustar a nadie. El fraude se reiteró y Ortiz fue elegido, pero el nuevo presidente se dio cuenta de que no se podía gobernar indefinidamente de ese modo.

Era un demócrata sincero, que se había formado en las filas del radicalismo para después militar en el antipersonalismo y, finalmente, ser ministro de Justo. Ortiz sentía que la reiteración del fraude electoral era dañina para el país, y se propuso erradicarlo. Lo hizo con mucha decisión y valentía, rompiendo con quienes lo habían elevado al poder, cortando sus vínculos con los hombres que eran sus valedores, sus sostenedores. Pero la mala suerte y la salud lo traicionaron. Ortiz era diabético y, aunque trataba de controlar heroicamente su enfermedad, no podía hacerlo totalmente. En esa época había escasez de los medios que hay ahora y también mayor desconocimiento, y en julio de 1940 una de las secuelas más graves de la diabetes, la retinopatía (es decir, la lesión en la retina), lo dejó prácticamente ciego.

A partir de ese momento, Ortiz pidió licencia y dejó de ser presidente efectivo (aunque formalmente siguió siendo el presidente). Castillo, su compañero de fórmula, tomó el poder. El vicepresidente conservador creía, como Justo que era una locura dejarse ganar las elecciones por los radicales, y continuó con la política de sostenimiento del fraude. Tal vez el momento más escandaloso fue en diciembre de 1941, cuando fue elegido gobernador de Buenos Aires Rodolfo Moreno mediante un gigantesco fraude denunciado por todos los diarios de aquella época, pero que quedó un poco diluido porque en ese momento Japón atacaba Pearl Harbor y Estados Unidos entraba en la guerra. Los graciosos dijeron que esto era un convenio de Rodolfo Moreno, que había sido embajador argentino en Japón, con el gobierno de Tokio, para que el día que hiciera el fraude ellos bombardearan Pearl Harbor. A partir de ese momento Castillo llevó las cosas de manera tal que en el futuro pudiera haber un presidente totalmente conservador.

LA CRISIS

La crisis económica que sacudió al país en aquella década estaba en su pico más alto cuando Justo llegó a la presidencia en 1932. Era como un sacudón internacional, un reajuste que no pudo hacerse de otra manera que a través de trabas y barreras aduaneras que fueron dificultando el comercio internacional. Cada país trataba de proteger su propia economía a través de una serie de normas que antes no habían existido en un contexto de comercio casi irrestricto entre los países. La crisis produjo una gran caída en los precios de las materias primas que exportaba nuestro país: la carne, la lana, el trigo, las oleaginosas, el tanino. Al disminuir sus ingresos, el gobierno podía hacer menos obras públicas y se restaba eficacia en el aparato estatal.

El gobierno conservador proclamó que para combatir la crisis había que proteger las fuentes genuinas de la riqueza. Ante la crisis, no había que preocuparse demasiado por los sufrimientos del pueblo, sino tratar de reconstituir la economía del país sobre la base de las mentadas "fuentes de riqueza". Pero daba la casualidad de que esas fuentes eran propiedad de los hombres que estaban en el gobierno, los grandes invernadores, los grandes estancieros, los que estaban vinculados con el comercio internacional de la carne. Este fue entonces uno de los ejes de la superación de la crisis económica.

Otro eje fue una enérgica intervención del Estado en los circuitos económicos mediante la creación del Banco Central, que nació como una autoridad que debía regular todo lo que pasara en materia monetaria y cambiaria. Se constituyó como una reunión de los bancos públicos y privados que tendría a su cargo la dirección de la política bancaria. Se creó el control de cambios, además, y se controló la política crediticia. Esto significó una ingerencia del Estado, a través del Banco Central, en el territorio bancario y monetario que antes había sido libre e irrestricto. Pero quien tomó a su cargo el Banco Central, Raúl Prebisch, se movió con prudencia, y la entidad tuvo una actuación respetable, moderadora, que fue uno de los factores que permitió la superación de la crisis en un período relativamente breve. Estos hombres cuya filosofía era salvar las fuentes genuinas de las riquezas no apostaron a una política de inflación o de desvalorización de la moneda. Costaba mucho obtener un peso, pero quien lo conseguía tenía la seguridad de que ese peso valía lo mismo hoy que dentro de cinco o diez años, y ése fue un punto de apoyo para que la crisis fuera quedando atrás.

En tercer lugar, la crisis se superó a través de las juntas reguladoras; es decir que el intervencionismo de Estado fue total durante de década de 1930, a pesar de que el signo político del gobierno era conservador y teóricamente venía del viejo liberalismo. Sin embargo, los conservadores, a través de la política de Federico Pinedo sobre todo, no vacilaron en intervenir de manera muy enérgica en la producción de las materia primas argentinas, con la idea de que solamente la regulación de la producción mantendría precios remunerativos a los productores. Fue entonces cuando se volcó vino en Mendoza, se redujeron áreas de cultivo, se trató de que la producción permitiera a los productores agropecuarios salir adelante: Junta Reguladora de Carne, Junta Reguladora del Maíz, Junta Reguladora de Trigo, Junta Reguladora de Algodón, del Vino, etcétera. Algo parecido pasaba en otros países también. En Brasil el café se tiraba en bolsas al mar para que la superproducción no hiciera caer los precios internacionales.

Fue una crisis dura, brava, que se sintió mucho en los sectores populares. Hubo desocupación, los gremios ferroviarios debieron aceptar de las empresas inglesas una rebaja de sueldos y los empleados públicos estuvieron impagos durante mucho tiempo. Los maestros santiagueños y correntinos fueron el paradigma de los empleados públicos no pagados, ya que llegaron a no cobrar sueldo durante dos o tres años. Este tipo de situaciones se reflejaba en la música popular: "dónde hay un mango, viejo Gómez, los han limpiao con piedra pómez..." La ranchera sacudió a la clase media y a la clase media tirando a alta. Es la época en que algunas grandes familias tienen que vender sus residencias, algunas adquiridas por embajadas extranjeras y otras por el Estado para reparticiones públicas, lo cual por lo menos ha permitido salvar algunas muestras de arquitectura muy lindas en la ciudad de Buenos Aires.

Pero de todas maneras, a pesar del gran sacrificio de las clases obreras y de la gran desocupación que había, la crisis —que, según se dice, genera sus propios remedios— produjo algunos aspectos que, a la larga, fueron positivos.

La baja de los precios agropecuarios hizo que la desocupación en el campo fuese muy grande y en consecuencia, muchos trabajadores rurales fueron a las grandes urbes. Eso, sumado a la dificultad para importar cierto tipo de mercadería, originó centenares o miles de pequeñas empresas, tallercitos, pequeñas tejedurías, laboratorios químicos y farmacéuticos donde, con mano de obra barata de la gente que venía del campo, se empezó a montar una industria nacional bastante imperfecta, de productos caros, que fue formando las bases de esa industria liviana que en la década de '40 tendría su momento más brillante.

Al mismo tiempo, este fenómeno era acompañado por la lenta población de los aledaños de las grandes ciudades: Buenos Aires, La Plata, Rosario, lugares donde los que venían del campo encontraban una posibilidad de salario más regular, mejor calidad de vida, mejor vivienda, relaciones sociales. Fue creándose entonces una clase que nada tenía que ver, por ejemplo, con aquellos trabajadores sindicados con una mentalidad socialista o comunista. Estos eran otro tipo de trabajadores, gente que no se sentía vinculada por ninguna lealtad política.

Hacia 1935 la crisis fue pasando. Es cuando empezaron las grandes huelgas, indicio de que las épocas eran de bonanza. Cuando las épocas son muy malas, en efecto, los trabajadores no se animan a hacer huelga; en cambio, cuando las cosas andan un poco mejor, las relaciones entre patrones y obreros empiezan a buscar su lugar natural. Una huelga de la construcción en la ciudad de Buenos Aires duró como seis meses en

1935, y terminó, como suelen terminar las huelgas, con un arreglo más o menos adecuado.

El tratado

Esta crisis, capeada con tanta dureza, tuvo un aspecto muy importante: la reafirmación de esta filosofía según la cual el negocio de la Argentina consistía en mantener y acentuar sus vinculaciones tradicionales con Gran Bretaña. De esto fue su expresión más importante el pacto Roca-Runciman firmado en 1933. La crisis había afectado a los productos primarios de la Argentina; entre ellos, la producción de carne congelada, que era el producto más sofisticado de la ganadería argentina. Afectaba a los grandes estancieros, a los grandes invernadores. La delegación que mandó la Argentina para conversar en Gran Bretaña con sus pares estaba presidida por el vicepresidente de la Nación, Julio Roca, quien después de tratativas bastante difíciles, suscribió un acuerdo que desde entonces se conoce como Tratado Roca-Runciman.

El acuerdo es muy complejo y se han escrito bibliotecas enteras a favor y en contra. Yo voy a simplificarlo mucho, diciendo que el tratado consistía en una garantía por parte de Gran Bretaña de que seguiría comprando carne congelada o enfriada con el promedio histórico de la década de 1920. En realidad, garantizaba una cifra algo menor a la de ese promedio, pero aseguraba una compra permanente a los invernadores y a los estancieros del país.

A cambio de eso, la Argentina prometía lo que se llamó "un tratamiento benévolo" de los capitales británicos, que se tradujo en un control del cambio que resultaba favorable al envío de las ganancias de las empresas británicas a sus centrales y en el intento de coordinar el transporte argentino, para impedir que los camiones y los colectivos siguieran haciendo una competencia ruinosa a los ferrocarriles y a los tranvías ingleses.

Lo que más llamó la atención, lo más espectacular, del Tratado Roca-Runciman fue aquella frase del propio vicepresidente Roca, donde expresó de manera muy poco feliz la posición, en realidad muy inteligente, sostenida por el gobierno y la cancillería argentinos. Roca dijo que por la importancia de los intereses de Gran Bretaña radicados en la Argentina, nuestro país podía ser considerado un dominio británico más. Esto, por supuesto, causó sensación cuando se transmitió a Buenos Aires. Fue muy criticado, pero lo que Roca quería decir era que Gran Bretaña, frente a la crisis mundial y siguiendo el ejemplo de otros países, había elaborado lo que se llamó el Tratado de Ottawa, por el cual daba preferencias a sus dominios. Es decir que la carne de Canadá tendría preferencia a la carne de otros países; la lana de Australia, preferencia sobre la lana de otros países; los hilados de la India, preferencia en el marcado británico sobre los hilados de otros países.

Esto significaba que Gran Bretaña quería mantener su imperio y que el imperio no solamente se mantenía por fidelidad a la Corona, sino también por los vínculos comerciales, a través de los cuales el mercado británico, con gran poder adquisitivo, podía seguir importando los productos de sus dominios. Entonces la Argentina, donde se había reunido la cantidad más importante de inversiones británicas y que, precisamente por su vinculación comercial, tenía una estrecha ligazón con las islas, debía recibir, según el gobierno argentino, el mismo trato preferencial que Gran Bretaña tenía con sus dominios.

Esto alentó a los negociadores argentinos a ir a Londres a tratar de conseguir mediante este tratado la protección a una fuente genuina de riquezas como era la carne de exportación congelada o enfriada, y a cambio de esto, prometía un tratamiento amistoso a los capitales británicos, que en líneas generales no pudo concretarse porque no mucho tiempo después de eso empieza la Segunda Guerra Mundial, y la relación de la Argentina con Gran Bretaña cambia totalmente.

La crisis de todos modos se superó, y podría decirse que hacia 1935 y 1936 la Argentina había tomado la dinámica tradicional de los años '20, a lo cual debía sumarse el ingreso de algunos capitales extranjeros que empezaron a huir de Europa alarmados por lo que estaba pasando políticamente y por la posibilidad de una guerra, sugerida por la actitud belicista de Hitler, las reivindicaciones de Mussolini, el enigma soviético, las debilidades de Francia e Inglaterra; una guerra que parecía ya casi segura y que realmente lo fue. Los capitales que llegaron, algunos de ellos judíos, contribuyeron a dinamizar el circuito económico.

LA SOCIEDAD

La sociedad argentina en la década del '30 produjo cosas interesantes: es la época de Sur, fundada por Victoria Ocampo en 1931, que fue como una ventanita al exterior, arrancándonos de este ensimismamiento cultural que nos había caracterizado. Es la época en que Borges empezó a publicar la Historia universal de la infamia y algunos cuentos en el diario Crítica, después recopilados en sus libros. Es la época en que Eduardo Mallea también publicó algunas de sus grandes novelas, La Bahía de Silencio, por ejemplo. Leopoldo Lugones se suicidó el mismo día, 20 de febrero de 1938, en que asumía la presidencia constitucional Roberto Ortiz. Muere suicidada Alfonsina Storni. Ya había muerto Gardel, en 1935, aunque todavía no era idolatrado como ahora. Surgieron orquestas de tango importantes. Hubo un movimiento artístico muy significativo, gran libertad de expresión, pluralismo, tolerancia para todo tipo de expresiones intelectuales, incluso las más disidentes.

La excepción fue una ley que se votó en tiempos de Justo, impulsada por Matías Sánchez Sorondo, senador conservador por la provincia de Buenos Aires; pero fuera de declarar ilegal al Partido Comunista, no tuvo mayor trascendencia. El Partido Comunista tenía ya un gran entrenamiento en ser ilegal; por otra parte era muy pequeño. Realmente esto no implicó un retroceso importante en la tradición de respeto por la libertad de expresión.

Por supuesto la mancha del fraude excedió los límites de la política y tiñó otros aspectos de la vida argentina, como reflejo de ese gigantesco hurto que significaba el escamoteo electoral. Algunos episodios que ocurrieron en la década del '30 fueron realmente graves en cuanto a la credibilidad de la democracia de la época. Hubo algunos negociados que hoy podríamos mirar hasta con una sonrisa, pero que en aquellos años sacudieron a la sociedad y prestaron alas a los que cuestionaban a la democracia sosteniendo que un sistema fraudulento no tenía capacidad para evitar ese tipo de cosas.

El negociado de la CHADE fue el primero en que una transnacional compró a un organismo legislativo para conseguir sus objetivos comerciales. La CHADE proveía de energía eléctrica a la ciudad de Buenos Aires; su concesión vencía unos diez años después y, a través de un gigantesco operativo, sobornó a una cantidad de gente, no solamente concejales, sino también periodistas, dirigentes y funcionarios importantes, con el objeto de conseguir una prórroga en la concesión y prolongarla prácticamente hasta fines de este siglo.

Alvear tuvo que ver en el asunto: no cobró coima, pero aconsejó a los concejales radicales votar de acuerdo con el pedido de la CHADE. Este fue un escándalo denunciado en su momento, aunque sin pruebas, y posteriormente, con la revolución de 1943, investigado a fondo. Sus conclusiones se publicaron en libros que fueron destruidos por orden de Perón; sólo se salvaron algunos ejemplares que demuestran la fineza del operativo teledirigido desde Bruselas, donde tenía su sede esta empresa, y en el cual tuvieron una actitud de complicidad personajes importantes de la vida argentina.

Otro negociado que ocurrió en 1940, contemporáneamente con el pedido de licencia del presidente Ortiz por enfermedad, fue el de las tierras del Palomar. Hoy también nos parece un chiste. Eran unas tierras que había en El Palomar —Gran Buenos Aires— y que el Ministerio de Guerra quería comprar para construir el colegio militar. Unos avivados, entre ellos algunos diputados, compraron esas tierras a unas viejitas que eran las dueñas y después se las vendieron al Estado, haciendo diferencia. Lo curioso es que en el mismo acto donde se firmó la escrituración a favor de la Nación, las viejitas vendieron las tierras a los aprovechados y estos, a su vez, las vendieron a la Nación. En la misma escribanía y en el mismo día: no podía haber mayor impudor. Se investigó y todo estaba tan a la vista que saltaron inmediatamente las responsabilidades. Y lo que son las cosas, un diputado radical que había recibido diez mil pesos —en realidad no los recibió él, sino una misteriosa mujer que en algún momento los cobró— se pegó un tiro. Había todavía ese tipo de sensibilidad cuando uno hacía una macana...

¿Una buena decada?

En líneas generales fue una buena década, si no hubiera sido por la mancha del fraude que oscureció todo lo que sucedió. Fue una buena década, una vez superados los años peores, los de la crisis, durante la cual la gente tenía una posición pesimista porque la Argentina nunca había pasado por un momento similar, salvo en 1890. Pero los recuerdos de 1890 habían quedado atrás, había pasado casi medio siglo y, cuando llegó la crisis, el tono de la sociedad argentina rezumaba la convicción de que "Dios es criollo" y que un par de buenas cosechas arreglaba todo, ya que la Argentina estaba destinada a ser próspera.

No fue así y la crisis golpeó muy fuerte dentro de esa sensibilidad. Cuando fue pasando gradualmente y se vio que había quedado atrás, se recompuso ese tono jubiloso y optimista que tenía el país y la gente siguió viviendo una vida muy convencional, muy misoneísta, muy enemiga de los cambios y estratificada en las clases sociales, pero que al mismo tiempo conservaba las mejores características que habían tenido los años anteriores: una gran fluidez social, donde se recibía tanto al extranjero como al que pudiera ir subiendo por las distintas napas de la sociedad con un poco de suerte o de talento. Una vida en donde había lugar para el trabajo pero también para la diversión; donde la gente tenía un solo empleo (a nadie se le ocurría tener dos), almorzaba en la casa y dormía una siestita antes de volver al yugo. De modo que uno puede ver esa década con cierta nostalgia. Lástima esa tacha que tuvo, que tiñó toda la vida de la época e hizo vulnerable a una democracia que, aún con sus fallas, era promisoria.

En esos años existían unos pocos e importantes partidos políticos: el radicalismo, que se consideraba mayoritario y lo era —dirigido en ese momento por Marcelo de Alvear, una figura realmente prócer, respetada por todos—; el conservadorismo, que se había unido recién en 1931, pero que tenía hombres importantes, aptos, buenos administradores; el Partido Socialista, que aunque sólo tenía vigencia en la Capital, en su estado mayor contaba con nombres de primera línea —Alfredo Palacios, Enrique Dickman, Nicolás Repetto, Mario Bravo— y el pequeño Partido Demócrata Progresista de Santa Fe, que alcanzó a ser gobierno con Luciano Molinas entre 1932 y 1935, gobierno cuya intervención por parte de Justo fue uno de los hechos más injustificables de la década.

Con ese marco político se podía esperar el mejoramiento de las prácticas cívicas y, probablemente, una mayor participación de las fuerzas que, sin ser conservadoras (es decir, sin tener un compromiso con las clases dirigentes), podían llevar algo de los reclamos de las clases populares. Esta posibilidad no se realizó: el fraude y la obcecación y la ceguera de las clases dirigentes lo impidieron. Las consecuencias se verían en 1943, el año en que realmente terminó la década del '30.

Capítulo XI

LA REVOLUCIÓN
DEL 43

BREVE HISTORIA DE LOS ARGENTINOS

FUE UN HECHO inesperado; ocurrió como un rayo en un día claro. Una mañana, los habitantes de la ciudad se despertaron con la noticia de que las tropas de Campo de Mayo habían avanzado sobre la Casa de Gobierno, el presidente Castillo se dirigía a Colonia y el gobierno conservador había sido derrocado. La revolución, sin embargo, fue realmente un hecho previsible, inevitable. Esto, que parece una contradicción, no lo es. La revolución del '43 —aunque originada por un suceso banal, casi cortesano, bastante absurdo— respondía a una serie de factores de fondo que venían dándose en el país desde hacía algunos años, y que ahora, con perspectiva histórica, se pueden ver con mayor claridad, lo que no fue posible en aquella época.

LOS TOTALITARISMOS

Para comprender los sucesos de entonces, hay que tener en cuenta el avance de los totalitarismos, que desde 1933 iban ganando posiciones en batallas políticas o militares y que en ese momento prácticamente regían la vida entera de Europa. En realidad, viendo las cosas con perspectiva histórica podemos decir que a mediados de 1943 el *turn on* de la guerra se había dado vuelta y el triunfo final de la causa aliada era inevitable, aunque eso no podía advertirse todavía con claridad. A fines de 1942 tuvo lugar la primera gran derrota de los regímenes totalitarios, la batalla de Stalingrado, donde los alemanes perdieron más de 600.000 soldados muy difíciles de reponer; además, no pudieron llegar al canal de Suez. La guerra entre el Japón y Estados Unidos, que se libraba en el escenario del Pacífico, si bien había tenido una primera etapa de grandes victorias japonesas, estaba ineluctablemente perdida por el Japón, un país sin materias primas que tenía que extender sus líneas de defensa en un escenario de guerra demasiado grande.

De todos modos, el aparente triunfo del totalitarismo alentaba en la Argentina a muchos que creían que una derrota de Inglaterra y de Estados Unidos podía convenir a un país cuya dependencia de Gran Bretaña era histórica. Según ellos, el triunfo de los totalitarismos en la guerra podía significar para la Argentina una posición clave en América del Sur. Ya dijimos también que la política del fraude electoral que se venía practicando —más descaradamente después de la muerte de Ortiz y su reemplazo por el vicepresidente Castillo, de origen conservador— había degradado la idea de la democracia.

La idea de defender la democracia no tenía sentido para quienes veían que las elecciones eran trucadas, fraudulentas, tramposas... Las grandes frases hipócritas de los gobernantes, que intentaban justificar esos hechos diciendo que eran episodios menores, habían bajado las defensas de aquellos que creían sinceramente en el sistema democrático como forma de vida para la Argentina. Tampoco había demasiadas ganas de defender a las democracias por parte de las fuerzas, sectores o partidos que se sentían reconocidos dentro de una línea de defensa del sistema democrático pero se encontraban arrinconados entre los triunfos totalitarios y la presencia de algunos defensores de la democracia como por ejemplo Justo, a quien las circunstancias habían convertido en el jefe de todas las fuerzas partidarias de los aliados en la Argentina, siendo que el propio Justo había sido el inventor del fraude electoral y el beneficiario de la primera proscripción del radicalismo en 1931.

Cambios silenciosos

Además, en el país se habían ido produciendo silenciosamente cambios sociales. Dijimos que la crisis de 1930 fue trayendo a las orillas de las grandes ciudades a muchos trabajadores del campo que, corridos por la crisis económica, buscaban en fábricas y talleres salarios más adecuados a sus exigencias, mejores niveles de vida y una sociabilidad que no tenían en la vida rural. Esa silenciosa mano de obra se había integrado a un tipo de industrialización pequeña y primitiva, pero favorecida por las especiales condiciones de la crisis, que hacía difícil importar cierto tipo de mercaderías.

Desde 1939 estas circunstancias se acentuaron porque había una cantidad de productos que no se podían importar de Europa; entonces, mal o bien, se empezaron a fabricar en nuestro país. Esa mano de obra comenzó a tener una calificación especial, altos salarios y un estado de plena ocupación como pocas veces se había dado en la Argentina. De modo que ese cambio social, que todavía no tenía un signo demasiado concreto, estaba dado por gente que había trabajado en tareas rurales hasta ese momento y traía al espíritu colectivo modificaciones en las creencias y en las expectativas que no eran las que habían definido a la sociedad de mediados de 1930.

Finalmente, existía una ideología nacionalista a la que no representaba ningún partido determinado, pero que tenía preponderancia en los sectores militares y en las clases altas de la Argentina. Un nacionalismo difuso, pero que de algún modo expresaba la necesidad de defender la industria nacional, de tener una menor dependencia de Gran Bretaña, de sentirse más dueños de lo propio. Se daba también en los sectores intelectuales apoyados por la intensa propaganda que, a partir del triunfo de Franco, venía haciéndose desde España, un poco la madre de los pueblos latinoamericanos y ligada a países como la Argentina por vínculos históricos y emocionales. Estos sectores congeniaban con la idea de una cepa hispánica contraria a toda vinculación con Estados Unidos o Gran Bretaña.

La ideología nacionalista tenía importancia sobre todo en las Fuerzas Armadas, mimadas por el presidente Castillo, que habían conseguido que se crearan algunos organismos industriales dependientes del Ejército y la Armada y estaban pasando a una etapa diferente de la pura actividad militar. Los protagonistas de ese tipo de producción, donde el Ejército era el vector de actividades industriales, fueron Mosconi y, sobre todo, Savio. Las Fuerzas Armadas observaban con atención lo que estaba pasando en Europa; veían con desdén esa politiquería deleznable del fraude y la hipocresía y conjugaban la idea de una ruptura purificadora, donde lo político estuviera ausente y hubiera otro tipo de valores superiores, de tipo jerárquico, que pudieran llevar a la Argentina a la posición que deseaban y que el sistema democrático, con sus gabelas de fraude, violencia y corruptela política, aparentemente no podía alcanzar.

De modo que había una cantidad de motivos como para pensar que algo tenía que pasar a mediados de 1943.

De todos modos, fue un hecho trivial el que desencadenó la revolución. El radicalismo había perdido el año anterior a su máximo líder, Marcelo T. de Alvear, y no encontraba a nadie con su carisma. Justo también había fallecido en enero de 1943, descolocando el frente que se pensaba montar. Los radicales buscaban un frente común con los socialistas y los demócratas progresistas, una suerte de Unión Democrática para demostrar al gobierno de Ramón Castillo que no se podía hacer fraude a toda la civilidad.

Castillo se justificaba siempre diciendo que el fraude había sido necesario para no entregar el poder a los radicales, quienes habrían gobernado desastrosamente el país. La excusa no hubiera tenido validez ante un frente formado por los radicales, los demócratas progresistas (un partido muy respetado, aun muerto Lisandro de la Torre) y el partido Socialista. El frente contaba además con el apoyo implícito del Partido Comunista, declarado ilegal, pero activo todavía. Los partidos nombrados se reunían pues en busca de un programa y una fórmula común para disputar el poder en las elecciones que debían realizarse en septiembre de 1943.

En febrero de 1943 Castillo —un hombre terco, obstinado— impuso por su propia voluntad el nombre de Robustiano Patrón Costa como futuro candidato a presidente y, a pesar de que produjo malestar dentro del conservadorismo, sobre todo

206

en la provincia de Buenos Aires, su nombre fue aceptado. Era un industrial salteño, que curiosamente tenía simpatía hacia los países aliados y no hacia la neutralidad, como habría podido esperarse de un hombre señalado por Castillo.

De modo que el juego electoral que se libraría estaba más o menos dado así: por una parte, el frente democrático, que todavía no encontraba su candidato pero que estaría compuesto por los partidos tradicionales del país. Por la otra, el conservadorismo y el antipersonalismo, nuevamente reunidos en Concordancia, esgrimiendo el nombre del conservador Patrón Costa.

Se estaba en esto, cuando un grupo de radicales tuvo una brillante idea: ofrecerle la candidatura presidencial del Frente Democrático al ministro de Guerra, el general Pedro Pablo Ramírez. Especularon que a un militar en actividad no se le podía hacer fraude; mucho menos, si era el ministro de Guerra. En consecuencia, el radicalismo ganaría las elecciones y sería gobierno de nuevo. Hablaron pues con el general Ramírez, quien no se mostró disgustado ante esta posibilidad. El presidente se enteró y le pidió explicaciones públicas. El general Ramírez emitió un comunicado bastante ambiguo y Castillo lo conminó a que desmintiera su candidatura. Entonces, Campo de Mayo se levantó en armas y el 4 de junio de 1943 derrocó al presidente.

El G.O.U.

Ocurrió que en el Ejército operaba una logia, GOU, creada en marzo de ese año. Estaba formada por oficiales nacionalistas y tenía algún predicamento en ella un joven coronel llamado Juan Perón que había estado hasta hacía poco tiempo en Europa en un viaje de estudios. Fue el GOU el que puso en marcha este golpe militar que no tenía, en realidad, ni un programa ni un jefe. El jefe militar de la revolución fue el general Rawson, quien, como tal, habría debido asumir la presidencia de facto, pero sus propios compañeros lo vetaron porque no estaban de acuerdo con algunos de los nombres que él proponía para ministros.

De modo que el comienzo de la Revolución del '43, del gobierno surgido de ella, fue casi grotesco: una revolución desencadenada por un hecho trivial; un movimiento de los regimientos de Campo de Mayo a la Casa de Gobierno sin un programa concreto y con un jefe que no podía asumir. Finalmente, se hizo cargo el ex ministro de Guerra del presidente derrocado, lo cual sugiere la presencia de la traición y de medidas contradictorias desde el principio, y demuestra que el Ejército —o, mejor dicho, la guarnición de Campo de Mayo— había salido sin saber qué hacer. Existía, no sólo entre los militares sino entre la opinión de la época, una idea de lo que no se quería, pero no una idea muy clara de lo que se quería.

Así comenzó un gobierno de facto que desde el primer momento fue muy sospechoso para los países aliados, fundamentalmente para Estados Unidos. Precisamente por la falta de un programa, los militares del '43 entregaron ciertas posiciones importantes a algunos de los sectores nacionalistas con los cuales habían tenido tratos. Eran los únicos que, por lo menos, tenían un libreto y podían dar contenido al gobierno de la revolución. Y, efectivamente se lo dieron, pero de manera tal que suscitó rechazo por parte de los sectores democráticos, intelectuales, universitarios, académicos. Las primeras medidas de esta etapa nacionalista del gobierno de facto fueron, por ejemplo, imponer enseñanza de la religión católica en las escuelas; disolver, por supuesto también por decreto, a los partidos políticos; reprimir a una serie de intelectuales que habían pedido que el país cumpliera con sus compromisos internacionales.

En poco tiempo se ganó la aversión de todos los sectores que en un primer momento habían visto con bastante simpatía el derrocamiento de Castillo, que no tenía popularidad, estaba fundado en una ilegitimidad de origen y, más allá de su indudable patriotismo, se iba inclinando hacia un nacionalismo bastante parecido al contenido programático de los hombres del gobierno de facto que lo sucedió. Esto se expresaba, sobre todo, en un obstinado mantenimiento de la neutralidad.

A fines de 1943, el destino de la Guerra Mundial estaba bastante claro. Sin embargo los militares de la guarnición de Campo de Mayo hacían del mantenimiento de la neutralidad una cuestión de principios, de celosa defensa de la soberanía. En enero de 1944 ocurrió un episodio tragicómico. Un cónsul honorario argentino fue detenido por los aliados en un viaje que hacía a Europa y se descubrió que tenía la misión de comprar armas en Alemania para el Ejército argentino. Entonces, el Departamento de Estado de los Estados Unidos le presentó al gobierno de facto argentino una especie de ultimátum y Ramírez tuvo que romper relaciones con Alemania y Japón; en una palabra, con los países del Eje.

Esto produjo una impresión tan grande que el Ejército depuso al presidente de facto Ramírez, reemplazándolo por su ministro de Guerra, el general Farrell, hombre de pocas luces, pero más conciliador y que oponía menos resistencia. De ahí en adelante el gobierno de facto trató de ir desenvolviéndose como pudo en un contexto internacional que le era cada vez más adverso y en el marco de una política interamericana, inspirada por Estados Unidos, que lo aislaba progresivamente: todos los países americanos retiraron sus embajadores de Buenos Aires, como crítica a una neutralidad que ya ningún país de América latina mantenía.

Nada de esto tuvo incidencia directa en la economía o en el nivel de vida de los argentinos. El momento económico era de auge y prosperidad. En primer lugar, por la imposibilidad de importar lo que se fabricaba aquí. En segundo lugar, porque los saldos exportables de materias primas de la Argentina se colocaban muy bien en los mercados europeos. Precisamente, la política de aislamiento que llevaba Estados Unidos contra la Argentina tenía un objetor: nada menos que Winston Churchill, primer ministro de Inglaterra, fue quien pidió a Roosevelt en varias oportunidades que no exagerase, porque Gran Bretaña necesitaba la carne argentina y no se podía ser demasiado principista con un país que mantenía su neutralidad, cuando Gran Bretaña respetaba la neutralidad de Irlanda, por ejemplo.

De todas maneras el aislamiento continuó, sin incidencia directa en la economía del país. Por el contrario, fue uno de los momentos más brillantes de la economía argentina en cuanto a nivel de vida, plena ocupación y exportaciones que se colocaban a precios locos, convirtiendo a la Argentina en acreedora de Gran Bretaña. Claro, faltaban algunas cosas (medias para las mujeres, cosméticos, neumáticos, combustible), lo cual demostraba la vulnerabilidad de la economía argentina, pero eran cosas reemplazables (los trenes, por ejemplo, quemaban, en vez de carbón, marlos de maíz) y el país no se paralizó. Surgieron, por el contrario, cantidad de pequeñas industrias, conformando un electorado del cual se beneficiaría Perón. Fue él, en efecto, quien en esta política tan embrollada y contradictoria empezó a justificar a este gobierno provisorio —integrado por civiles tan distintos como los nacionalistas de la primera etapa y los que vinieron más tarde, de estilo radical— al enfatizar una política de justicia social.

En marzo de 1945, terminando la guerra en Europa, el gobierno argentino se vio en la necesidad de declarar la guerra a Alemania y Japón, so pena de no poder ingresar a la ONU, para lo cual era requisito indispensable haber declarado la guerra a los países del Eje. Marzo de 1945 fue tal vez el momento más bajo del prestigio del gobierno militar. Se declaró la guerra a dos países ya vencidos. Se normalizaron las universidades, que desde ese momento fueron baluartes antioficialistas. Y llegó a Buenos Aires quien coordinaría las acciones en contra del gobierno, el señor Spruille Braden, embajador de los Estados Unidos.

Braden era un diplomático que había estado en varios países de América latina y también en la Argentina, en contacto con gente de las clases altas porteñas, pero tenía una obsesión que el Departamento de Estado suscribió rápidamente. Su tesis era que Estados Unidos había librado una gigantesca lucha para erradicar del mundo a los sistemas totalitarios y que había ganado esa guerra, por lo menos en Europa; en Asia terminaría en el mes de agosto, pero era absurdo —a su juicio— dejar focos nazi-fascistas como España y Argentina, países cuyos gobiernos debían ser volteados sobre la base de una ayuda a la oposición.

De modo que Braden vino a la Argentina para armar un frente opositor que obligara al gobierno militar a llamar a elecciones libres y entregar el poder a las fuerzas tradicionales democráticas. A lo largo de 1945, Braden hizo prácticamente una campaña electoral, en la cual recorrió diversos puntos del país, pronunció discursos que eran reproducidos por los grandes diarios y unificó a todos los sectores que ya estaban en contra del gobierno militar. Se aprovechó el mes de septiembre —en agosto el gobierno había levantado el estado de sitio— para hacer la marcha de la Constitución y la Libertad, que tuvo grandes dimensiones y recorrió las calles de Buenos Aires pidiendo el cese del gobierno de facto que, a su vez, estaba muy desconcertado.

Peron

El gobierno tuvo un aspecto rescatable: la acción de Juan Perón en la Secretaría de Trabajo. Perón se había hecho cargo de ella en noviembre de 1943, unos pocos meses después de la revolución, y desde allí se acercó a los sindicatos tradicionales. Encontró a la CGT dividida en dos centrales; se alió con una de ellas, desplazando a la otra; persiguió a los dirigentes socialistas o comunistas y favoreció a quienes no lo eran; creó nuevos sindicatos; decretó nuevos estatutos para diversos gremios; estableció aumentos de salarios; proyectó algunas normativas importantes aprobadas después, como la justicia de trabajo, el pago de vacaciones y aguinaldo y algunas otras medidas de tipo permanente. Pero lo que fundamentalmente hizo Perón en la Secretaría de Trabajo fue organizar una serie de gremios sin tradición gremial.

Mucha gente que había llegado del sector rural para trabajar en la ciudad ignoraba el concepto de sindicación, que dominaban en cambio los obreros de tradición comunista, socialista, anarquista, etcétera. Pero por ejemplo los obreros del azúcar en Tucumán; o aquellos que pertenecían a grandes ciudades donde no había habido agremiación, o donde comunistas y socialistas no habían podido agrupar a la totalidad del gremio, no sabían qué era un sindicato. Desde la Secretaría, Perón les hizo los estatutos, les organizó las asambleas, los proveyó de locales, les facilitó en toda forma la posibilidad del reconocimiento y creó así un movimiento en que lealtades hasta entonces vacantes se concentraron en su figura. Hizo algunas jugadas muy inteligentes, como la intervención de los gremios ferroviarios, a los cuales se mandó un interventor, Domingo

Mercante, hijo de un ferroviario, que consiguió volcar a estos gremios generalmente socialistas en apoyo de Perón.

A lo largo de 1945 y frente al embate de la oposición, el gobierno buscó el contacto con el radicalismo para elaborar una salida que permitiese a los militares que habían tomado parte del gobierno no ser enjuiciados. Se buscaron coincidencias precisamente en torno de la política social de Perón, única justificación de lo hecho en dos años por el gobierno de facto. Pero estas negociaciones no se concretaron. La dirección del radicalismo era más bien de tipo alvearista y los núcleos intransigentes herederos de Yrigoyen no tenían interés en acordar con Perón.

A pesar de todo, el gobierno de facto logró convocar a tres o cuatro dirigentes radicales para que fuesen ministros. Asumieron en agosto de 1945, se levantó el estado de sitio, se restableció la vida de los partidos políticos y fue entonces cuando se realizó la marcha de la Constitución y la Libertad, un acto muy importante, seguido por un intento de golpe militar en Córdoba, que fue sofocado.

EL 17 DE OCTUBRE

Finalmente el gobierno repuso el estado de sitio, se llevaron a cabo detenciones masivas de dirigentes opositores y el 8 de octubre, con la situación muy tensa, ocurrió un hecho decisivo. La guarnición de Campo de Mayo solicitó al presidente Farrell que pidiese la renuncia a Perón. Si bien era la misma guarnición que había llevado adelante la revolución del '43 y que había sido el apoyo militar de Perón, estaba ahora presionada por la opinión pública, la oposición, la embajada norteamericana y los intelectuales de las universidades. Se había producido una especie de cansancio en el apoyo a Perón. Este renunció sin resistirse. Hubo unos días de gran caos, en los que la oposición no acertaba a llenar el vacío de poder que se produjo. Por otra parte, los amigos de Perón trabajaban subterráneamente para lograr un pronunciamiento de la CGT y de algunos sindicatos.

El general Avalos, jefe de Campo de Mayo y autor del movimiento contra Perón, le ofreció a Sabatini, gobernador de Córdoba y líder de las alas intransigentes del radicalismo, que pusiese a sus hombres en el gabinete y crease las condiciones para una salida electoral limpia, de la cual saldría beneficiado el propio Sabatini. Hubo sectores dentro del radicalismo que se opusieron a este tipo de negocios y pidieron que el poder se entregase a la Corte Suprema de justicia. Esto era inaceptable para el Ejército porque equivalía a admitir su derrota total, pero no había otra consigna capaz de reunir a sectores tan dispares como el conservadorismo, el comunismo, el radicalismo, el socialismo, etcétera.

El 17 de octubre fue una jornada realmente muy importante. Se trató, en líneas generales, de una reacción popular donde miles de trabajadores concentrados en la Plaza de Mayo pidieron la libertad de Perón, quien en ese momento estaba detenido en Martín García y luego en el Hospital Militar. Este acontecimiento, sostenido por el Ejército (o, al menos, por su pasividad) dio lugar a un esquema político nuevo, que rigió durante los diez años siguientes: el movimiento sindical que respaldaba a un gobierno cuyo apoyo era sustentado por las Fuerzas Armadas. Y el ingreso a la vida política argentina de las masas no vinculadas a ningún partido tradicional, sino leales a un hombre que les había dado diversas conquistas. El 17 de octubre marcó el fin de una vieja política. Esto debía tener una secuela electoral.

Perón pidió su retiro del Ejército y a partir de entonces se lanzó a crear un frente político vertebrado por el recién creado Partido Laborista, formado por dirigentes sindicales de orientación centroizquierdista. Su plataforma era muy parecida a la del Partido Laborista inglés, que poco antes había ganado las primeras elecciones después de la guerra y había desplazado a la dirección conservadora de Churchill. Además, Perón buscó dirigentes radicales de orientación yrigoyenista (con los cuales formó la Unión Cívica Radical-Junta Renovadora), los cuales, si bien estaban alejados del tronco común, mantenían no obstante el *know how* de la política. También aparecieron los Centros Cívicos Coronel Perón, que expresaban a grupos que habían sido conservadores y ahora volcaban sus simpatías hacia el nuevo líder.

De modo que alrededor de Perón se armó un frente sobre la base de estos tres grupos (laboristas, radicales renovadores y centros cívicos independientes) así como del apoyo invisible pero importante de los sectores nacionalistas, que soñaban con un caudillo que permitiera la comunicación directa entre dirigente y masa y de la simpatía de la Iglesia por este militar católico, devoto de la Virgen de Luján, a la que había donado su espada.

El frente del antiperonismo estaba formado por el radicalismo, cuyos candidatos, Tamborini y Mosca, honorables representantes de la política tradicional, fueron votados por el Partido Socialista, por el Partido Demócrata Progresista e, implícitamente, por parte de los conservadores. Era el frente que en 1943 no se había podido formar y que ahora salía a cortar las ambiciones presidenciales de Perón.

CAMPAÑA Y ELECCION

Se desarrolló una campaña bastante violenta. En diciembre el gobierno lanzó el decreto de aguinaldo, que fue resistido por los empresarios y rechazado por la Unión Democrática, lo que sería, junto con el Libro Azul publicado en Washington en febrero de 1945, un factor determinante del ajustado triunfo de Perón el 24 de febrero de 1946. Este enfrentamiento y el triunfo posterior significan que con Perón apareció la esperanza de una nueva Argentina, idea muy presente en aquellos meses electorales.

Este país que había salido indemne de la guerra, que no estaba alineado con Estados Unidos, que había mantenido una posición de dignidad y de soberanía; este país cuyos productos eran requeridos por la hambreada Europa y al cual llegaban nuevos inmigrantes huyendo de los horrores y de las miserias de la posguerra; este país quería tener algo que ya no le podían dar los viejos partidos políticos. A su vez la Unión Democrática, hasta por su aspecto físico, representaba, con todo lo bueno y lo malo que había tenido, a la vieja Argentina, la tradicional.

La acción de Perón era un salto hacia algo nuevo, que podía o no ser al vacío. Se trataba de un hombre que no tenía programación política, salvo la acción social, y cuyos antecedentes eran bastante desconfiables en cuanto a su simpatía por los regímenes totalitarios; pero que, al mismo tiempo, introducía un lenguaje nuevo y poco convencional, hablaba en mangas de camisa, se lucía con su esposa, una actriz de radioteatro que todo el país conocía. Recogía una serie de ideas que estaban en la atmósfera de la época: la idea de que el Estado debe tener mayor injerencia en la vida económica, la idea del compromiso del Estado con los humildes, la idea de justicia social, la idea de soberanía; un hombre que podía citar, entre otros, tanto a León XIII como a Lenin o a Yrigoyen y que tenía la versatilidad propia de la juventud, pues recién cumplía cincuenta años.

Del otro lado estaba una Argentina manchada por los vicios del fraude que, aunque contaba con hombres que habían luchado tanto contra éste como contra el fascismo, habían quedado salpicados sin embargo con las corruptelas del país viejo.

Perón estaba vinculado a momentos felices como los que vivía el pueblo, con total ocupación, altos salarios, ausencia de inflación y una serie de bienes sociales y culturales a los cuales sólo entonces tenía acceso.

El pueblo abrazó la nueva propuesta. Fue un triunfo muy ajustado, 52% contra 47 o 48% de la Unión Democrática, pero el sistema de la Ley Sáenz Peña permitió que Perón se alzara con 13 de las 14 provincias (la única con gobierno opositor fue Corrientes), las dos terceras partes de la Cámara de Diputados de la Nación y la casi totalidad del Senado.

Puede decirse que, cuando Perón asumió la presidencia el 4 de junio de 1946, el movimiento casi absurdo de 1943 quedó justificado. En realidad, fue el único proceso de facto en la Argentina que tuvo éxito electoral; todos los demás fracasaron.

Capítulo XII

APOGEO DEL RÉGIMEN PERONISTA

Sɪ ʙɪᴇɴ sᴇ han escrito en el país y en el exterior un montón de libros, artículos, trabajos monográficos e investigaciones que intentan explicar, con mayor o menor acierto, qué fue el peronismo, a mi juicio ninguno logró dar con una definición acertada de ese fenómeno tan curioso y tan argentino. Algunos hablan de populismo o tercermundismo; otros, de un sistema fascista atenuado o de un sistema propio de los países latinoamericanos donde el ejército tendría una hegemonía a través de un partido único. Pero estas definiciones, útiles para los politicólogos, no tienen mayor importancia para nosotros, a quienes nos importa ahora ir a las cosas concretas, para tratar de asediar de alguna manera a este experimento político tan original dentro de la historia argentina que fue el primer peronismo. De modo que en este capítulo vamos a prescindir de las teorías.

Debemos recordar que Juan Domingo Perón asumió la presidencia constitucional de la República Argentina el 4 de junio de 1946, período que concluía el 4 de junio de 1952, pero ese día mismo, en virtud de la reelección establecida por la reforma constitucional de 1949, asumió por segunda vez la presidencia, que no completó porque fue derrocado en septiembre de 1955.

Las dos presidencias de Perón tuvieron características similares, pero algunos matices las diferencian entre sí. En esta entrega vamos a hablar fundamentalmente de la primera presidencia, tratando el tema desde puntos de vista distintos, por cuanto es muy difícil hacer una apreciación global. Por de pronto, podemos ver los aspectos relacionados con la economía —que fue tal vez el emprendimiento más original del gobierno—, con la política, con la oposición y con el mundo en esos años que transcurrieron entre 1946 y 1952, período al que una presencia como la de Evita, además, le dio características muy singulares.

LA ECONOMIA

La economía del sistema peronista fue, en un primer momento, nacionalista, estatista y autarquizante. Nacionalista, porque se intentó nacionalizar, es decir, traspasar al país una serie de actividades y de servicios que hasta entonces estaban en manos de países o compañías extranjeras. La repatriación de la deuda externa es un ejemplo de esto. La Argentina tenía una deuda externa cuyo monto era poco importante. Una de las medidas que tomó Perón al asumir el gobierno fue repatriarla; es decir, comprar los títulos que estaban en el exterior y por los cuales se devengaba un pequeño interés, de modo de convertir esa deuda externa en deuda interna. Algunos criticaron mucho esta operación, sosteniendo que las cantidades que se pagaban a los acreedores externos a modo de intereses y amortización eran en realidad muy pequeñas, mientras que la masa de dinero necesaria para adquirir esa deuda había sido muy grande.

Habría que recordar que durante la Segunda Guerra la Argentina había acumulado reservas de dinero importantes en Gran Bretaña, lo cual la convertía, por primera vez en su historia, de país deudor en país acreedor. Se encontraba pues en una posición muy especial, reforzada por el hecho de ser proveedora de materias primas (sobre todo de cereales y de oleaginosas) en un mundo que recién estaba empezando a reconstruir sus economías y sus sistemas productivos después de la guerra. De modo que Perón y su política económica eran, en alguna medida, expresión de esa Argentina que describí en el capítulo anterior: una Argentina triunfalista, que había pasado indemne por todos los avatares de la guerra mundial y que se sentía además parte de las naciones más importantes del mundo, siendo requerida su producción por los países europeos y ella misma mimada, halagada incluso por los Estados Unidos, a pesar de las diferencias que habían existido con los gobiernos de facto anteriores.

En cuanto al estatismo de la primera presidencia de Perón, se debe a la muy significativa posición que adquirió el Estado en la vida económica del país. Hasta entonces el Estado Nacional, incluso con el intervencionismo de los años treinta planteado por los gobiernos conservadores, tenía una posición relativamente secundaria. El Estado no tenía a cargo ninguno de los servicios públicos de importancia, salvo una pequeña parte de la red ferroviaria argentina y, fuera de eso, no desempeñaba prácticamente ningún servicio público.

A partir de 1946 —y para resumir— el Estado Nacional tuvo a su cargo: todo el transporte ferroviario, mediante la compra de los ferrocarriles ingleses concretada en 1948 (y precedida por la compra de los ferrocarriles franceses, que eran mucho menos importantes pero que formaban parte de la red ferroviaria nacional); la provisión de gas en todo el país, mediante la compra de la Compañía Primitiva de Gas, que era de origen británico; y la distribución de energía en todo el país, a través de la compra de usinas del interior. En Buenos Aires y el Gran Buenos Aires la distribución de energía, en cambio, siguió en manos de la CHADE, aquel holding internacional protagonista de un escándalo en la década del treinta que, por una misteriosa circunstancia, fue absolutamente respetado por Perón. Quizá la circunstancia no sea tan misteriosa si pensamos que, según está probado, en su momento los directivos de la CHADE ayudaron a Perón con dinero para su campaña electoral y que ese favor se pagó al permitir Perón que la CHADE continuara manejando el servicio en la Capital —aunque sin renovar su utilaje, lo cual significaría graves problemas después—.

Pero sigamos con la enumeración. El Estado Nacional tenía además a su cargo: el transporte fluvial, a través de la compra de la Compañía Dodero; el transporte aéreo, interior y exterior, a través de la creación de cuatro compañías que después se fusionaron en Aerolíneas Argentinas; el comercio exterior, en todo lo relacionado con la la exportación de oleaginosas, de cereales, de carnes y de otros rubros importantes. El Estado, en efecto, compraba al chacarero a un precio determinado, sustituyendo lo que habían hecho durante muchos años empresas como Bunge y Born o Dreyfus, y después vendía los productos en el exterior, por lo general cobrando una diferencia bastante importante. A través del IAPI (Instituto Argentino de Promoción de Intercambio), que hacía estas operaciones, el Estado adquiría en el exterior los elementos —manufacturados o no— que se suponía el país necesitaba para que el circuito siguiera funcionando. Esto no siempre se hizo bien y muchas veces se adquirió una cantidad de materiales que no sirvieron para nada o que terminaron pudriéndose en los depósitos de la Aduana.

La presencia estatal en los servicios públicos y el servicio exterior se desarrollaba en el marco de una gran injerencia del Estado en la política crediticia, económica y monetaria, efectivizada a través de la nacionalización del Banco Central. La dirección del Banco Central, que como sabemos fue creado durante la gestión de los conservadores en los años treinta, estaba formada por representantes de los bancos tanto del sector público como del sector privado. Una de las medidas que Perón pidió al gobierno de facto antes de hacerse cargo de la Presidencia en junio de 1946 fue la nacionalización del Banco Central, que consistió en devolverle a los bancos privados los aportes que habían puesto y, en consecuencia, hacer del Central una entidad representativa solamente de la banca oficial.

Pero además de eso, la política monetaria de ese momento consistió en una operación muy ingeniosa, como fue la garantía de todos los depósitos bancarios por parte del Estado Nacional, a cambio de lo cual el Estado confiscó todo el dinero que había en el ámbito nacional. Todo esto en el papel, por supuesto, pero, como contraprestación de esta garantía, el Banco Central sería el que diese las directivas a todos los bancos —tanto privados como estatales— para las líneas de crédito y de redescuento. Es decir que, a partir de ese momento, la política crediticia y monetaria del país estuvo firmemente en manos de un Banco Central dependiente del gobierno.

Otras actividades del Estado que nada tenían que ver, desde luego, con la prestación de servicios públicos, se relacionaban con las empresas alemanas, confiscadas a propósito de la declaración de guerra en marzo de 1945. Este hecho significó que el Estado fuera, en última instancia, el patrón de una serie de empresas en las que se fabricaba desde productos medicinales hasta cosméticos.

Es decir que el Estado tuvo una enorme ingerencia en la vida económica del país. El número de agentes públicos aumentó considerablemente y las regulaciones se fueron tornando más pesadas a medida que la política económica sufría algunos tropiezos. Se comenzaron a hacer campañas de abaratamiento del costo de la vida, de regulación de precios, de subsidios a determinadas actividades como panaderías o frigoríficos o de castigo a los comerciantes "inescrupulosos" que aumentaban los precios. Es evidente, entonces, que el Estado tuvo una presencia tan grande en la vida económica que no es exagerado decir que la de Perón fue una política netamente estatista.

Por lo que respecta al carácter autarquizante de la economía peronista, se debía fundamentalmente a la idea de que la Argentina tenía entidad suficiente y un tipo de producción tan variada como para poder virtualmente autoabastecerse. Lo cual significó barreras aduaneras para subsidiar, sobre todo, a la industria. Y combinado esto con la política del IAPI, es decir la compra de la producción agraria para venderla después en el exterior, ello significó una enorme transferencia de recursos desde el campo al sector industrial.

Todo esto tenía una explicación: la situación favorable con que la Argentina había salido de la Segunda Guerra Mundial. Pero también tenía la gabela de que en algún momento tenía que terminarse. Cuando se fueron reconstruyendo los circuitos económicos internacionales —cosa que ocurrió muy rápidamente—, cuando se empezaron a poner en práctica los acuerdos de Bretton Woods que trataban de liberalizar el comercio internacional y que estaban en contra de las políticas restrictivas o de subsidios de los distintos países, evidentemente nuestro país (que ya habría dejado de ser acreedor porque se había gastando las reservas acumuladas al, por ejemplo, comprar los ferrocarriles, repatriar la deuda externa, pagar los activos fijos de empresas extranjeras que se habían radicado en el país y que se habían adquirido) se encontraría con que su política era cada vez más difícil de mantener. Esta política —intervencionista, estatista, autarquizante y nacionalista— no podía, en efecto, seguir durante mucho tiempo. A menos que se cumplieran dos condiciones, verdaderas apuestas que Perón hizo en su momento. Una, muy concreta; otra, un poco más difusa. Apuestas que fallaron, que no resultaron.

CAMBIOS DE RUMBO

La primera era que estallaría una tercera guerra mundial. Perón estaba convencido de que en cualquier momento los Estados Unidos y la Unión Soviética se trabarían en una confrontación no atómica, que beneficiaría a la Argentina como lo habían hecho las primera y segunda guerras mundiales, cuando sus productos primarios alcanzaron altos precios, se colocaron fácilmente y el país conquistó una cierta autonomía. Si bien la tercera guerra mundial no se produjo, Perón no estuvo tan descaminado, por cuanto en 1950 tuvo lugar en Corea una confrontación bélica que en última instancia protagonizaron los EE.UU. y la URSS, y que pudo haberse extendido y sido incontrolable, pero que finalmente se limitó al territorio coreano durante unos tres años, sin producirse esa conflagración mundial que Perón anunciaba en artículos publicados en el diario *Democracia* bajo un transparente seudónimo: Descartes.

La otra apuesta, más difusa, era la que preveía la existencia de una burguesía nacional con los suficientes medios económicos como para crear nuevas fuentes de trabajo, establecer una industria que no tuviera necesidad de ser tan subsidiada y protegida. Perón calculaba que, en alianza con esa burguesía, el Estado y este nuevo arranque económico podían nuevamente abrir una etapa de prosperidad en la vida del país. Lo cierto es que esta burguesía no existió, o fue tímida y miedosa, o no tuvo las garantías suficientes como para que sus excedentes pudiesen ser colocados en otro tipo de actividades que no fueran las tradicionales.

De modo tal que esta situación boyante, que en 1946 hacía exclamar a Perón que no se podía caminar por el Banco Central por la cantidad de oro que estaba acumulado, en 1951 o 1952 se volvió muy preocupante. El dinero argentino, el peso argentino, que en 1946 estaba respaldado en un 130 por ciento con divisas y oro, en 1952 estaba respaldado con el -15 por ciento, o sea que no tenía cobertura total. Nuestras divisas se habían evaporado; se habían esfumado las reservas de oro y de dólares que había acumulado el país como consecuencia de la guerra. Y entonces hubo necesidad de empezar a cambiar el rumbo, cosa que Perón hizo a partir de su segunda presidencia, después de ganar las elecciones de 1951.

En este sentido, lo que también importa señalar es que la política económica de Perón, que fue audaz, riesgosa y sustentada en apuestas fuertes, estuvo protagonizada en gran medida por un hombre de personalidad muy original: Miguel Miranda, un industrial de la hojalata que podía tener tanto atisbos geniales como algunas grandes improvisaciones que, lamentablemente, el país debió pagar, así como en su momento pudo haberse beneficiado por sus aciertos.

En su condición de presidente del Banco Central, Miranda fue el zar de la economía, ya que si bien había Ministerio de Hacienda, Secretaría de Comercio, etcétera, quien en realidad manejaba la economía era él. Este estado de cosas duró hasta enero de 1949. En esa fecha Miranda tuvo que renunciar y Perón inició lentamente un cambio en la política económica, que estaría protagonizada no ya por un hombre fuerte sino por elencos de funcionarios técnicos, entre los cuales sobresalieron Alfredo Gómez Morales en un primer momento y Antonio Cafiero, un hombre muy joven en ese tiempo.

La política de Perón, que hoy, vista en retrospectiva, nos parece una cosa bastante loca, tenía su explicación no solamente porque la Argentina había salido indemne y fuerte de la guerra, sino también porque el pensamiento de los países centrales en la posguerra coincidía bastante con esta idea de un Estado fuerte con ingerencia económica y un propósito de ingeniería social que tendería a la mejor distribución de la riqueza; con la idea de nacionalizar los servicios públicos esenciales, los bancos y las grandes industrias —como ocurrió en Inglaterra después de 1945 con el triunfo de los laboristas, o como pasó en Francia después de la Liberación, cuando el gobierno presidido por De Gaulle nacionalizó algunas grandes empresas, aun las de producción de automóviles—. Es decir que el pensamiento estatista estaba bastante generalizado en el mundo de la época.

En la Argentina, el ala del radicalismo que respondía al Movimiento de Intransigencia, que después de 1948 tomó el comando del partido, también sostenía ese mismo pensamiento. La Declaración de Avellaneda, suscripta en 1945, ampliada en 1946 y convertida después de 1948 en la ley del partido, también postulaba una serie de medidas no demasiado diferentes de las que Perón había adoptado, con el mismo sentido nacionalista, autarquizante, estatista. Lo que ocurría era que estas medidas, que podían ser necesarias, estaban destinadas a agotarse después de cierto plazo. Perón no tuvo en cuenta esta posibilidad, o la advirtió recién cuando hacer las rectificaciones correspondientes tenía un costo demasiado alto.

Lo cierto es que hacia 1951 o 1952 la política económica del gobierno se fue agotando, lo que de ninguna manera significa que la gente lo haya sentido. El pueblo en general vivía una vida más plena, más feliz; su dinero le alcanzaba más que en otros años: con un índice 100 en 1943, un obrero común, de la construcción por ejemplo, ganaba en 1950 un índice 120. Es decir que había aumentado en forma significativa su poder adquisitivo y éste se gastaba fundamentalmente en indumentaria y alimentación. Es decir el pueblo vivía mejor, comía mejor, se divertía más.

Al poco tiempo de continuar con este tipo de política, también el nivel de vida se deterioraría, porque cada vez era más difícil llevar adelante una economía que necesitaba divisas, fundamentalmente dólares, para poder seguir manteniéndose. Se necesitaba combustible, por ejemplo. Yacimientos Petrolíferos Fiscales (YPF) no había aumentado su producción en estos años, las compañías privadas de petróleo tampoco y, en consecuencia, el combustible que se necesitaba para que siguiera funcionando la economía argentina le costaba al país 300 millones de dólares de aquella época, que era mucho dinero y además el país ya no lo tenía. También costaban mucho dinero los insumos industriales que se necesitaban para mantener en funcionamiento esta industria en gran parte subsidiada y protegida, y se necesitaba también dinero para pagar royalties o para pagar las remesas de ganancias de las empresas extranjeras radicadas aquí.

Todo esto era muy difícil de seguir manteniendo con una política como la que llevaba a cabo Perón, a lo que debe sumarse las sequías de los años 1950 y 1951 —que fueron importantes y socavaron la capacidad de exportación de granos del país— y también el desgano de los productores rurales frente a una política que los exaccionaba. En momentos en que los precios en Europa eran altos y en que nuestras exportaciones eran requeridas, había un tercero (el Estado, a través del IAPI) que compraba la producción rural por muy poco dinero y la vendía al exterior haciendo una diferencia fabulosa. Por otra parte, la misma falta de divisas hacía muy difícil la mecanización rural, lo cual estancaba este tipo de producción. Lo cierto es que en 1951 y 1952 el área sembrada argentina bajó catastróficamente. Pero las consecuencias de todo esto recién comenzarían a notarse después de la reelección de Perón en 1952.

LOS ASPECTOS POLITICOS

El sistema peronista también fue original en su aspecto político. Era evidentemente autoritario y populista y tendía al partido único. Había un movimiento oficial, compuesto por el Partido Peronista Masculino y, a partir de 1949, desde el momento que se otorga el voto a la mujer, por el Partido Peronista Femenino; la tercera rama del Movimiento Peronista era la Confederación General del Trabajo (CGT).

Desde un primer momento Perón, aún antes de haberse hecho cargo del gobierno, estaba preocupado por organizar los instrumentos políticos que debía tener a mano para ejercer el poder. Así, antes de asumir la presidencia constitucional en 1946 decidió disolver a las fuerzas políticas que habían votado su nombre en febrero y constituir con los restos de estas fuerzas un partido, que en un principio no tuvo nombre, después fue llamado Partido Unico de la Revolución Nacional y finalmente, se le llamó Partido Peronista.

El Partido Peronista, en consecuencia, era el órgano político directo a través del cual el oficialismo se manejaba. Un partido formado desde luego por los adherentes y los entusiastas, pero también por muchas fichas de afiliación obligatoria de empleados públicos; un partido que gozaba de un evidente padrinazgo oficial, establecido en diversas formas. La más llamativa era cómo el partido oficialista participaba de la conducción del Estado, junto con la tercera rama, la CGT, que en un Congreso de 1950 había declarado que formaba parte del Movimiento Justicialista.

Esto tiene que ser visto desde la perspectiva del autoritarismo del gobierno de Perón, que desde el primer momento tuvo una actitud muy hostil respecto de sus opositores. En el capítulo anterior dijimos que el sistema electoral argentino de esa época dio al peronismo, a pesar de la pequeña diferencia con que triunfó en las elecciones de 1946, la virtual unanimidad en el Senado, los dos tercios de la Cámara de Diputados y prácticamente todos los gobiernos de provincia, menos el de Corrientes, que fue intervenido un año después. Es decir, tuvo una virtual unanimidad en todo el país.

Pero como si no estuviera contento con todo esto, Perón se preocupó por comprar todas las radios privadas del país, armar una cadena de diarios y revistas oficialistas, y aplicar una política de permanente presión contra los partidos opositores que, como surge claramente de lo anterior, tenían una escasa representación parlamentaria y prácticamente una capacidad nula de oponerse a las políticas gubernativas de Perón. Sin embargo, la forma en que fue tratada la oposición sugería que el oficialismo pensaba que ésta conspiraba permanentemente.

La idea de "movimiento" fue una idea realmente muy negativa dentro de la historia política argentina, porque establecía a priori la concepción de que en ese movimiento estaba encarnada la voluntad nacional, la voluntad popular, la historia misma y, en consecuencia, los que estuvieran en contra de él eran prácticamente traidores a la patria. De modo que el tratamiento a la oposición fue muy duro. A los diputados radicales se les impidió muchas veces hablar; algunos de ellos fueron expulsados, otros fueron encarcelados, como Ricardo Balbín. Y hubo quienes tuvieron que exiliarse.

Los partidos políticos llevaban una vida activa pero llena de presiones, de persecuciones, de riesgos incluso. Las campañas electorales no eran fáciles, no había acceso a ninguna radio, prácticamente existían sólo dos diarios independientes de significación nacional, *La Nación* y *La Prensa*, y esta última fue silenciada en 1951, cuando bajo un pretexto sindical se la clausuró y, finalmente, el gobierno la expropió para entregarla a la CGT. La propaganda y la publicidad eran manejadas por un organismo dependiente del Estado, que alcanzó gran perfección en el sentido de no dejar filtrar una noticia o comentario que pudiese ser desagradable para el gobierno.

Era una atmósfera en donde la oposición era tomada como si fuese una sombra negativa en el país, un sector que, por no compartir los ideales de la mayoría, debía ser marginado del proceso político. Nada parecido a la tolerancia o al pluralismo existió durante estos años de gobierno. Por el contrario, prevaleció una actitud hostil alimentada por el propio Perón, que en muchos discursos tuvo expresiones muy duras y hasta demenciales respecto de la oposición, amenazando con colgarlos, amenazando con que él mismo entregaría alambre de fardo para poder matar a los que molestaran a un gobierno que gozaba del apoyo de la mayoría popular. Esto indudablemente hizo que la política argentina de aquellos años fuera muy primitiva, muy dura, muy tremenda y que también la oposición tuviera una actitud no leal con el gobierno. Fueron muchas las conspiraciones que se fueron tejiendo, casi todas ellas totalmente locas y sin ninguna posibilidad de concretarse, pero que de todos modos dan la idea que por parte de la oposición tampoco existía la idea de un juego leal.

¿Quién tuvo la culpa de todo esto? Creo que en estos casos siempre tienen la mayor parte de culpa los gobiernos, que deben tener una dosis de paciencia y tolerancia mayor que las oposiciones en general. Perón no fue un modelo de paciencia y de tolerancia. Y aquí tenemos que nombrar entonces a un elemento que tuvo mucha importancia en esa suerte de fanatismo que despertó y en la obsecuencia que deliberadamente se fomentó desde los círculos oficiales: la personalidad de Evita.

EVITA

Es injusto hablar de Evita en tan poco espacio. Su figura necesitaría un análisis más circunstanciado —ya se lo ha hecho; es un personaje que ha despertado la curiosidad de muchos observadores en la Argentina y en el exterior—, pero de todas maneras se puede decir que la presencia de Evita en el gobierno peronista cumplía varias funciones.

En primer lugar, establecer el contacto del gobierno con el movimiento obrero, con los gremios. En segundo lugar, ser la jefa del Partido Peronista Femenino; es decir, la jefa nata de un electorado nuevo que se había incorporado al escenario nacional y que tenía enorme importancia numérica. Y en tercer lugar, de algún modo Evita era quien, a través de su oratoria desmelenada y de su fanatismo, insuflaba a las filas peronistas una mística difícil de mantener durante tanto tiempo. Seis años, en efecto, son mucho tiempo para mantener una mística y, sin embargo, Evita lo logró hasta que su salud la traicionó.

De modo que esas tres funciones, más la de dirigir una suerte de Ministerio de Bienestar Social informal, como lo hizo desde la Fundación que llevó su nombre, daban a Evita características muy relevantes y muy originales. Indudablemente esta mujer, que carecía de educación y de cultura, tenía una intuición muy fina, sabía cómo desenvolverse, supo ajustar los instrumentos de su proselitismo y, en los últimos años de su vida, fue afinando su aspecto militante —incluso físicamente—.

Personalmente, respeto mucho a Evita; la respeto como una mujer muy auténtica. Pero no me gustaría que ese arquetipo se repitiera en la Argentina, porque significó un retroceso en todo sentido en la vida política del país. Agregó un elemento tremendo de fanatismo, una exigencia de adhesión incondicional a Perón, que no le hizo bien al sistema republicano —aunque dentro del sistema peronista haya sido algo casi inevitable—. Murió, como todos sabemos, muy pocos días después de haber asumido Perón la segunda presidencia.

LA CONSTITUCION DE 1949

El otro elemento a tener en cuenta cuando se trata de la política en tiempos de Perón es la sanción de la Constitución de 1949. La idea autoritaria de construir una fuerza política hegemónica empezó a perfilarse en el peronismo desde el momento en que Perón se hizo cargo de la presidencia constitucional —a pesar del discurso con que inauguró su gestión, diciendo que iba a ser el presidente de todos los argentinos y prometiendo tolerancia y comprensión para quienes no pensasen como él—. La primera preocupación de Perón fue armar un esquema de poder que le permitiera en primer lugar llevar a cabo sus objetivos y, después, trascender en el tiempo en la medida de lo posible. Para ello intentó eliminar todos los obstáculos institucionales que pudiera tener a su paso.

El primer episodio en este sentido fue el juicio a la Corte Suprema. En 1948 se le hizo juicio político a todos los jueces de la Corte Suprema, con la excepción de sólo uno, y se los destituyó por mala conducta. En realidad no se les achacó ningún cargo concreto porque cumplieran mal sus funciones. Los cargos que se le hicieron fueron de tipo político, y la intención del desplazamiento de la Corte fue designar otra que no trajera problemas.

Fue un hecho muy duro, muy abrupto; fue la primera vez en la vida política argentina que se hizo —y ojalá sea la última—. Se trató además de un episodio muy injusto y agraviante para los valores de justicia, pero seguramente a Perón y a su círculo les pareció indispensable que no hubiera un eventual obstáculo de este tipo para la legislación que se iba a sancionar. Y que en los hechos, en realidad, no fue de ninguna manera tan revolucionaria como para que no hubiera podido ser homologada por esa Corte, compuesta por caballeros que venían de la época conservadora pero que habían demostrado la suficiente ductilidad como para aceptar una cantidad de cambios en la legislación.

A partir de ese momento se produjo una suerte de carrera hacia la reelección de Perón. La Constitución de 1853 prohibía la reelección inmediata del presidente; por lo tanto, se lanzó la idea de su reforma. Lo curioso es que Perón, en un párrafo del discurso de inauguración de la Asamblea Legislativa de 1948 dio los mejores argumentos posibles en contra de la reelección presidencial. Fueron argumentos muy sensatos y ya habituales en la ciencia política y constitucional, según los cuales la reelección significa de algún modo la oportunidad de una arbitrariedad permanente, de la perpetuación del poder de una persona.

Sin embargo, pocos meses después Perón aceptó la idea de la reforma de la Constitución, idea que fue votada incorrectamente en la Cámara de Diputados, con una mayoría que no era la indicada por la Constitución y sin que se estableciesen, conforme a la práctica constitucional, qué puntos del texto debían ser reformados. De todos modos el mecanismo de la reforma se puso en marcha; se llamó a elecciones; triunfó abrumadoramente, como siempre, el Partido Peronista; y se realizó la Convención Constituyente, que sesionó, unas pocas veces, entre enero y abril de 1949.

A pesar de que se hicieron agregados de tipo retórico, no se tocó la base misma del texto de la Constitución de 1853. Lo que sí se agregó, porque en última instancia era el propósito de la reforma, fue la posibilidad de reelegir indefinidamente al presidente. Y esto quedó en claro cuando en una sesión decisiva, el presidente del bloque radical, Moisés Lebensohn, acosó al miembro informante de la mayoría y éste confesó que en realidad toda la reforma se hacía nada más que para poder reelegir a Perón.

De modo que la Constitución de 1949 estableció un nuevo esquema de poder y la posibilidad de que Perón fuera elegido en 1952 por seis años más. Es decir, que su hegemonía durara por lo menos doce años, con la posibilidad de hacerlo indefinidamente.

Pero la Constitución de 1949 también establecía una serie de aspectos que escaparon al control de Perón y que no le resultarían demasiado agradables. Por ejemplo, el artículo 40, que estipulaba una política muy rígida en materia de prestación de servicios públicos y de propiedad de los yacimientos minerales, de los saltos de agua y de las fuentes de energía hidroeléctrica. Prácticamente aprisionaban al propio Perón y le impedían llevar a cabo las posibles reformas a su política económica.

Como vimos anteriormente, Miranda había renunciado en enero de 1949, justo cuando empezaba a sesionar la Convención. Esto significaba, de algún modo, el preanuncio de que la política económica de Perón iba a ser reformada. Y es en ese momento cuando un pequeño sector de convencionales peronistas de extracción nacionalista logró introducir el artículo 40, que encerraría a Perón dentro de un esquema muy rígido de política económica. Como veremos más adelante, esto tendrá su importancia después, en 1955.

El contexto internacional

El sistema peronista, con sus particularidades políticas y económicas, se desarrollaba en el marco de una guerra fría que cada vez se acentuaba más, en un mundo en donde Estados Unidos necesitaba aliados y podía encontrar uno importante en la Argentina. En 1949 Perón lanzó la llamada Tercera Posición: anunció al mundo que la Argentina no estaba ni con la Unión Soviética ni con los Estados Unidos, sino que adhería a una posición diferente. Fue una especie de presagio de lo que después sería el Movimiento de los No Alineados, del cual hace poco tiempo nuestro país ha salido por decisión —paradójicamente— de un gobierno peronista.

La Tercera Posición fue más retórica que otra cosa. No se concretó en los hechos. En realidad, en los grandes foros internacionales como las Naciones Unidas, la delegación de Argentina votó casi siempre junto con los Estados Unidos. Pero no adhirió al Fondo Monetario Internacional (FMI), ni a la Organización de las Naciones Unidas para la Educación, la Ciencia y la Cultura (UNESCO), ni a la Organización de las Naciones Unidas para la Agricultura y la Alimentación (FAO). Es decir, se mantuvo en un aislamiento que respondía básicamente a la idea autarquizante de la política económica que llevaba adelante el gobierno peronista.

De todos modos la Tercera Posición, incluso retórica como fue, ayudó a insuflar un sentimiento todavía más nacionalista al pueblo argentino, dándole la idea de que nuestro país podía ponerse por encima de las contingencias y de los avatares de la política internacional y mantener una posición que, en última instancia, no era otra que el neutralismo sostenido por Hipólito Yrigoyen durante la primera guerra mundial y, durante la segunda, por un gobernante conservador como Castillo y por los militares del gobierno de facto 1943-1946.

Lo cierto es que la idea que respaldaba a la Tercera Posición era la posibilidad de esa tercera guerra mundial que no se concretó. Sin embargo Perón tuvo la habilidad suficiente como para matizar el discurso de la Tercera Posición con la toma de actitudes concretas, sobre todo en cuanto a su relación con los Estados Unidos que, hacia 1953, fue evolucionando hacia un acuerdo casi total. A todo esto, conviene analizar cuál era el telón de fondo opositor durante estos seis años de la primera presidencia de Perón.

LA OPOSICION

En primer lugar, se oponían a Perón los partidos políticos tradicionales, que habían sido muy vapuleados en la elección de 1946. El único partido que había salido de la elección con cierto vigor, como para poder protagonizar la oposición institucional a Perón, era el radicalismo. Con sus 44 diputados en la Cámara, constituía un bloque muy sólido, muy homogéneo, compuesto por personalidades que en muchos casos tendrían después una larga trascendencia en la política del país, como es el caso de Arturo Frondizi, de Ricardo Balbín y muchos más. Era un bloque que en algunos casos hizo una oposición de mucho nivel y estableció posiciones muy respetables. En otros casos, se dejó llevar por la reacción lógica de sentirse tan presionado, tan hostilizado, y entonces su oposición descendió, para convertirse simplemente en una lucha de supervivencia.

Pero alrededor del bloque —cuyo signo era intransigente y por lo tanto no unionista; es decir, más vinculado a la tradición de Yrigoyen que a la de Alvear— se fue llevando a cabo un movimiento de reconstrucción del radicalismo. En 1948, como señalamos antes, este movimiento alcanza a la conducción del partido y establece como documentos partidarios aquellos que el Movimiento Intransigente había elaborado con un sentido tan estatista como el de Perón, tanto o más neutralista y más antioligárquico, más antiimperialista. Más revolucionario, por decirlo de alguna manera. Era el pensamiento de la época, pero potenciado por un partido que, como no tenía la menor posibilidad de llegar al poder, podía en consecuencia jugar con las ideas de una manera si se quiere impune.

Al lado del radicalismo, el conservadurismo había prácticamente estallado, había demostrado tener un electorado casi inexistente. El socialismo no había obtenido ningún representante en la Cámara de Diputados por primera vez desde la Ley Sáenz Peña. El comunismo permanecía en la clandestinidad o en la ilegalidad. Pero esto no quiere decir que la oposición a Perón se haya encarnado solamente en el plano político, en partidos como el radical o como el socialista.

Había una oposición suelta y difusa, que se manifestaba por motivos a veces clasistas, como era el caso de las clases altas argentinas, que se sentían molestas por ese sentido igualitario, a veces chabacano y agresivo, que tenía el peronismo. El hecho de que la gente pudiera ir a los lugares de veraneo que antes disfrutaba una elite chocaba y disgustaba a mucha gente. Algunas instituciones tradicionales del país, como el Jockey Club o el Club 20 de Febrero de Salta, nucleaban a la oposición y fueron hostilizados por el gobierno peronista. El Jockey Club fue incendiado, el 20 de Febrero expropiado y esto último pasó también con algunas otras instituciones tradicionales.

En algunos centros empresarios había una sorda oposición contra Perón, aunque no se manifestaba de una manera demasiado clara. Sin embargo, existía, sobre todo en los ambientes rurales, que eran los más exaccionados por la política económica del peronismo. Pero de todos modos, esta oposición era más bien individual, suelta —similar a la que Gastón Boissier describe refiriéndose al tiempo de los Césares, cuando en realidad más que una oposición existían algunas voces individuales que, asordinadamente, de manera no demasiado clara, se manifestaban en contra de lo que estaba pasando y señalaban los hechos que a su juicio eran condenables—.

La oposición institucional estaba pues encarnada en el radicalismo que, con muchas dificultades para realizar la acción proselitista, con muchos problemas para mantener su organización en todo el país, de todas maneras sostuvo una gallarda postura que le permitió, en 1951, darle el 32 por ciento de los votos del electorado a la fórmula Balbín-Frondizi. Es cierto que Perón sacó allí más del 62 por ciento de los votos; pero en realidad, si uno piensa las condiciones en que se podía adelantar una campaña política en ese momento, haber obtenido esa proporción era toda una hazaña.

También existía la oposición en las Fuerzas Armadas. Había una posición de repudio, o, por lo menos, de no adhesión a Perón, a pesar de que éste —general de la Nación él mismo—, aprovechando la situación económica del país impulsó la modernización y el reequipamiento de las Fuerzas Armadas, sobre todo de la Fuerza Aérea, que era su mimada. No obstante, había muchos motivos de resentimiento dentro del ejército, porque indudablemente hubo una política de alentar a aquellos jefes y oficiales que fueran adictos al régimen peronista y de marginar a aquellos que no lo fueran.

Si bien éste no fue el único motivo, por supuesto, de la revolución de Menéndez de 1951, constituyó de alguna manera el trasfondo de este golpe militar, un golpe en el vacío porque, si se lo ve con perspectiva histórica, no tenía la menor posibilidad de triunfar. Se concretó en septiembre de 1951, cuando faltaban apenas dos meses para las elecciones presidenciales y no tuvo ninguna repercusión en el resto del país. Consistió simplemente en que algunos oficiales retirados y algunos en actividad —entre ellos el entonces capitán Lanusse— lograron sacar algunos fragmentos de unidades de Campo de Mayo y se dispersaron cuando vieron que no tenían la menor posibilidad de triunfar. De todos modos, esta revolución indicó que dentro del ejército había ciertos núcleos opositores y, por supuesto, a partir de ese momento la actividad del ministro de Guerra fue limpiar de antiperonistas a las Fuerzas Armadas.

En realidad el peronismo, en su primera presidencia, tuvo

el encanto de las cosas nuevas. Con un Perón joven todavía, que había asumido el poder a los 50 años, introduciendo una fraseología y unos lemas que llegaban fácilmente al corazón del pueblo, y en un contexto nacional e internacional que le permitía sostener una política social con incidencia directa en la elevación del nivel de vida común de la gente. Pero se basaba en una política económica que no podía tener demasiado andamiento. Y esto se advirtió después de 1952, al morir Evita. Cuando Perón se hizo cargo por segunda vez de la presidencia comenzó una serie de fenómenos inquietantes, como la inflación, la escasez de divisas y la necesidad de dar un giro total a las políticas económica y gubernamental.

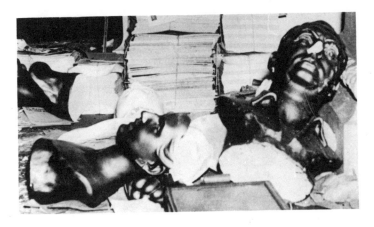

Capítulo XIII

LA CAÍDA
DEL RÉGIMEN
PERONISTA

EL SEGUNDO GOBIERNO de Juan Domingo Perón se inició el 4 de junio de 1952 y debió prolongarse hasta el mismo día de 1958, pero terminó abruptamente en septiembre de 1955. Esta interrupción de su segunda presidencia plantea uno de los interrogantes más acuciosos relativos a la época: ¿por qué cayó Perón?

LA COMUNIDAD ORGANIZADA

No fue porque le faltara poder. Por el contrario, en el momento en que su sistema comenzó a derrumbarse, había logrado establecer lo que él llamaba la Comunidad Organizada, donde se atribuían funciones específicas a cada uno de los organismos que representaban las actividades fundamentales en la vida del país, como eran la Confederación General del Trabajo (CGT), la Confederación General Económica (CGE), la Confederación General Universitaria (CGU), las Fuerzas Armadas, las fuerzas de seguridad, la educación, los deportes y, por supuesto, una cadena de diarios y revistas que, junto con las radioemisoras, creaban una fuerza casi incontrastable de promoción y propaganda.

El régimen peronista, además, contaba fundamentalmente

con el apoyo de las masas. Un apoyo que se había expresado en 1951, cuando Perón fue elegido con más del 60 por ciento de los votos, y que se había reiterado en abril de 1954 en oportunidad de la elección de vicepresidente, que arrojó una cifra casi similar a la anterior: 62 por ciento a favor de Perón y 32 por ciento para el principal candidato de la oposición, el radical Crisólogo Larralde.

De modo que a la organización de todos los sectores importantes de la vida argentina, que de algún modo se encontraban vinculados al Estado justicialista, tenemos que sumar el apoyo de las masas que no sólo se había revelado a través de las elecciones sino que también podía percibirse, sin necesidad de la encuesta electoral, por la presencia de las multitudes en las concentraciones litúrgicas del régimen, los días 1° de Mayo, 17 de octubre e incluso en algunas fechas nuevas que se fueron estableciendo, como el 31 de agosto, "Día del Renunciamiento", que se celebraba en honor de Evita, quien había fallecido un mes y medio después de la segunda asunción presidencial de su marido.

¿Por qué cayó, entonces? ¿Acaso su política económica había llegado a un límite insoportable? De ninguna manera. En el momento de la caída del régimen peronista la política económica se había rectificado y había dejado de lado algunas de las iniciativas más atrevidas de la primera época. Dijimos ya que esa primera etapa, que podría llamarse de la euforia y la dilapidación, había asistido a iniciativas interesantes pero con poca vida de duración, poca salida.

Sin embargo, a partir de 1950, cuando este tipo de política tocó fondo; cuando se hizo evidente que no se podía seguir adelante con una línea autarquizante, nacionalista, estatista porque implicaba una carencia casi absoluta de divisas y, en consecuencia, la dificultad de importar determinados insumos esenciales para la vida del país; y cuando esto se tradujo en una inflación que alcanzó el 30 por ciento en 1951 (lo que fue escandaloso e insólito para la vida argentina); en ese momento, el gobierno inició un viraje.

RECTIFICACIONES

A partir de 1951, después de la elección triunfante de Perón en noviembre, empezaron a adoptarse medidas que se pusieron en marcha en febrero del año siguiente, según lo que entonces se llamó un plan de austeridad y que, en términos actuales, se llamaría un plan de ajuste. El plan marcaba la necesidad de controlar determinados tipos de gastos y, sobre todo, la necesidad de alentar nuevamente los trabajos agropecuarios, que se habían detenido casi totalmente a partir de las políticas del IAPI, que como explicamos anteriormente era el comprador obligado de los productos primarios del agro y vendedor e intermediario ante los mercados europeos.

Perón rectificó violentamente esta política y fijó precios bastante remunerativos para los productores, además de tomar otras medidas tales como control de precios y salarios y control de convenios colectivos (que se congelaron por dos años a partir de 1952), con lo que logró reducir la tasa inflacionaria de manera significativa: ese año de 1952 fue del 4 por ciento anual y al año siguiente, de apenas el 3 por ciento. De modo que la política económica no era motivo para precipitar la caída del régimen.

Por otra parte, a partir de 1952 hubo una serie de iniciativas en el orden económico que demuestran que Perón había dejado atrás la etapa audaz, para retomar lo que podría llamarse economía clásica. Ya en enero de 1949 había sido defenestrado Miguel Miranda —autor, durante los primeros años, de la política económica peronista; a veces genial, a veces equivocado, como señalamos anteriormente— y reemplazado por equipos menos imaginativos y espectaculares pero más técnicos, con una concepción ortodoxa de la economía. Fue entonces cuando se sancionaron algunas medidas que realmente significaban un paso atrás en todo lo que se había hecho. Entre éstas se puede citar la ley de inversiones extranjeras.

Hasta ese momento el peronismo no había manifestado mayor interés por las inversiones del exterior. Por el contrario, las había considerado con cierto desdén, partiendo de la base de la existencia de una burguesía nacional lo suficientemente capitalizada como para poner en marcha nuevos emprendimientos y crear nuevas fuentes de trabajo. Pero esto no ocurrió, y entonces se sancionó en 1951 una ley de inversiones extranjeras; una buena ley, puede decirse, moderada, donde se reconocía a los capitales foráneos el derecho a enviar remesas a sus países de origen, se les daba ciertas garantías y se los colocaba dentro del marco legal en el que funcionaban o podían funcionar las compañías argentinas. Era ciertamente un reconocimiento a la necesidad de que llegasen nuevos capitales a crear fuentes de trabajo que ya empezaban a faltar.

En segundo lugar, un suceso aparentemente no oficial que se produjo en abril de 1955 demostró también que la política económica había variado sustancialmente: el Congreso de la Productividad. Este Congreso, que tenía como escenario el palacio del Congreso de la Nación, estuvo protagonizado por la Confederación General Económica y la Confederación General del Trabajo. El Estado —en teoría— no tenía nada que ver con él. En los hechos, era el gobierno el que alentaba el diálogo entre estas dos fuerzas que representaban a los empresarios y a los trabajadores.

Y en este diálogo surgió la necesidad de incrementar la productividad de los circuitos económicos, aún a costa de algunas de las normas, conquistas y modalidades que prevalecían hasta entonces en el campo del trabajo. Siempre que se habla de productividad —en todas partes del mundo, y en todas las épocas— los sindicatos empiezan a inquietarse. En este caso también fue así, e incluso hubo ciertas resistencias por parte de algunas organizaciones gremiales que, al lado de su adscripción formalmente peronista, tenían bases que no dependían estrictamente del partido oficial. Pero de todas maneras, el Congreso de la Productividad recomendó prescindir de determinadas modalidades, como la llamada "industria del despido", que en los primeros años del régimen se había transformado en un gran abuso, así como también del abuso de las horas extra.

Finalmente, el otro aspecto que muestra hasta dónde había variado su política económica el régimen peronista a lo largo de 1954 y sobre todo a partir de 1955 es el posible contrato de explotación petrolífera con la California, una compañía petrolera norteamericana con la cual el gobierno entró en tratativas para entregarle la casi totalidad del territorio de la actual provincia de Santa Cruz, para que hiciesen allí prospecciones y explotaciones petrolíferas. Uno de los problemas más graves que tenía que afrontar Perón como consecuencia de su anterior política económica era precisamente la escasez de combustible y la carestía del que debía importar: 300 millones de dólares de aquella época costaba la importación del combustible líquido que exigía la industria del país para seguir funcionando. Y este era un gasto cada vez más difícil de poder afrontar.

De modo que la decisión de Perón de hacer el contrato con la California, con todo lo que esto podía connotar en cuanto a una concesión que estaba en contra de toda la política nacionalista que había predicado, era una expresión de hasta qué punto el sistema se encontraba contra las cuerdas en determinados aspectos, hasta qué punto esa política económica había fallado en ciertos renglones. Y este era efectivamente uno de ellos, porque el costo político que debió pagar Perón por llevar adelante el contrato con la California fue, desde luego, muy alto. Todos los sectores nacionalistas que lo apoyaban se erizaron automáticamente, en tanto que la oposición comenzó a denunciar lo que parecía una grave inconsecuencia del gobierno que, desde una inicial política petrolera que se apoyaba en la necesidad de dar el monopolio de la explotación y la comercialización a YPF, había llegado a entregar la mitad de un territorio nacional argentino para que fuera explotado por una compañía norteamericana.

ADIOS A LA TERCERA POSICION

Sin embargo, habían cambiado varias cosas más, no solamente la política económica: había variado incluso la posición del gobierno peronista respecto de Estados Unidos. Al principio de su gobierno, en 1946, todavía se arrastraban los efectos del enfrentamiento entre el ex embajador Braden y Perón, pero después se fueron recomponiendo las relaciones. El tema de Guatemala, en 1953, demostró hasta qué punto Perón estaba decidido a alinearse detrás de los Estados Unidos en materia de política internacional.

Guatemala, pequeño país de América Central, tenía desde 1950 un gobierno que tenía tendencias socialistas y que, desde luego, fue denunciado en Washington como infiltrado por los comunistas. Tenía una política social muy decidida, había aplicado una reforma agraria y expropiado algunas propiedades de la United Fruit, la compañía frutera norteamericana que tenía intereses en otros países de América Central, por lo que inmediatamente llovieron las denuncias contra ese régimen.

A tal punto, que Estados Unidos logró que se reuniera en Caracas una conferencia de cancilleres americanos destinada a condenar al régimen guatemalteco como un régimen virtualmente comunista, infiltrado en la comunidad americana. Fue una especie de prefiguración de lo que pasaría después con Cuba. Cuando la representación argentina tuvo que votar esta condena, se limitó a abstenerse. Evidentemente, unos años antes la actitud habría sido muy diferente en una situación similar. Pero, además, cuando un grupo interno guatemalteco derrocó al régimen de Jacobo Arbenz con la ayuda de los Estados Unidos y la mayoría de sus funcionarios tuvo que asilarse, algunos de ellos en la embajada argentina hasta que finalmente lograron que un avión los llevase a Buenos Aires, la secuela final fue que el gobierno peronista los metió presos en Villa Devoto. Es decir que los funcionarios guatemaltecos que, comunistas o no, habían creído en la posibilidad de distribuir mejor la riqueza en su país, se encontraron con que aquel líder que había sido el precursor de ese tipo de políticas en América Latina, aquel que de algún modo había significado un término de referencia importante para los que deseaban una distribución un poco más justa, los metía en la cárcel durante más de un año.

De modo que los cambios, en todos los sentidos, eran importantes. Pero no se daban solamente porque Perón los quisiera, sino también porque las circunstancias los iban imponiendo. Y esto había empezado a lo largo de 1952 y se acentuó en el año 1953, cuando Perón intentó la medida más espectacular de su política: abrir mercados en América Latina. Se trasladó a Chile y allí intentó firmar con el gobierno del general Ibáñez un acuerdo que prácticamente equivalía a una unión económica casi total con nuestro país. Los chilenos se resistieron y el pacto que se firmó fue finalmente mucho menos importante. Pero de todos modos Perón tuvo un gran éxito político en ese país, donde fue aclamado por la multitud reiteradas veces.

Endurecimiento

Al regresar a la Argentina, en abril de 1953, se encontró con una sorpresa muy desagradable. Un repentino conflicto por el abastecimiento de carne en Buenos Aires parecía manifestar que existía una red de intereses privilegiados en perjuicio de los consumidores. Perón hizo investigar el tema por el general León Bengoa, un militar muy íntegro y muy enérgico que creyó encontrar detrás de estas maniobras especulativas nada menos que los intereses de Juan Duarte, secretario privado de Perón y hermano de la fallecida Evita.

Haya sido o no así, lo cierto es que Perón lanzó en esos días un discurso muy violento —aquel donde dice estar "rodeado de ladrones y de alcahuetes" y que va a proseguir con la investigación aunque caiga su propio padre— y un día después se produjo la resonante renuncia de Juan Duarte. Y, tres días después de la renuncia, su suicidio. Fue uno de los pocos hechos que el aparato oficial del régimen no pudo ocultar, y causó por supuesto una enorme sensación. Que el secretario privado y cuñado del presidente se pegara un tiro, dejando una carta —muy infantil en su redacción— que dejaba trascender una gran angustia personal, era algo que salpicaba los círculos más importantes del régimen.

Ante esto la CGT organizó un acto en Plaza de Mayo en apoyo del presidente y, mientras Perón hablaba, estallaron algunas bombas en la entrada del subterráneo que daba a la calle Hipólito Yrigoyen. Murieron dos o tres personas y varias quedaron heridas y, como consecuencia de esto y de algunas palabras imprudentes dichas por Perón al darse cuenta de que eran bombas las que habían estallado, algunos grupos —espontáneos o no— se lanzaron a incendiar la Casa del Pueblo (del Partido Socialista), la Casa Radical, el Jockey Club, el Comité del Partido Conservador, el Petit Café y otros antros de opositores. Al mismo tiempo se produjo una redada, una detención de opositores muy intensa, que llevó a varios miles de dirigentes políticos a las cárceles de Villa Devoto o de la Penitenciaría Nacional.

De pronto, fue creciendo una tensión muy especial. Las cosas siguieron así durante un par de meses, hasta que se estableció quiénes eran los responsables del atentado —o, al menos, así se informó oficialmente—: un grupo de jóvenes de familias más bien de clase alta que se habían organizado para poner bombas de cuando en cuando en algunos lugares, intentando no producir víctimas, pero con el propósito de mostrar que había un núcleo opositor a Perón, en un momento en que no existía nada orgánico que pudiera oponerse al régimen peronista.

Estos sucesos fueron lamentables pero, hasta cierto punto, respondían a cierta lógica. Lo que en cambio no parece demasiado lógico es que dos meses después de haberse producido estos hechos (las bombas opositoras, los incendios, las detenciones) Perón haya tenido la iniciativa de la pacificación, de conciliar con las fuerzas opositoras. Se llevaron a cabo varias tratativas con dirigentes de la oposición, se fueron liberando de a poco algunos de los detenidos y, finalmente, en diciembre de ese año se dictó una ley de amnistía, aunque bastante arbitraria: se amnistiaba a aquellas personas que el Poder Ejecutivo consideraba que se podían amnistiar, lo cual significó que salieron de la cárcel varias docenas de dirigentes políticos, pero quedaron presos otros, como por ejemplo Cipriano Reyes, que lo estaba desde 1948, así como los protagonistas del alzamiento dirigido por el general Menéndez en septiembre de 1951, y algunos conspiradores que habían sido apresados mientras estaban complotando bajo la dirección del coronel José Francisco Suárez. De todas maneras fue un hecho importante el que Perón reconociera que no todos sus opositores eran vendepatrias, conspiradores o terroristas, sino que había entre ellos gente con la cual podía tratarse.

Así terminó el año 1953, con esta amnistía que si bien no fue demasiado significativa, de algún modo trajo un poco de paz y de tolerancia al ambiente político nacional. Fue entonces cuando se produjeron las elecciones en abril de 1954 y, como se dijo, el Partido Peronista triunfó ampliamente por un 62 por ciento. Pero en mayo de 1954 empezaron a realizarse huelgas que el aparato de propaganda del régimen disimulaba. Para el investigador de hoy es un verdadero martirio establecer qué huelgas y con qué intensidad se dieron en ese mes de mayo de 1954, porque en los diarios de la época no aparece absolutamente ninguna noticia al respecto. Hay que deducirlas de algunos diarios del interior donde se filtraron, o de los boletines de las organizaciones de resistencia que todavía existían. Algunas de estas huelgas fueron muy fuertes, como las de los obreros metalúrgicos, que hicieron una marcha sobre la Capital Federal que fue reprimida por la policía y donde hubo por lo menos un muerto.

Pero de todas maneras, a mediados de 1954 el panorama que podía contemplar Perón era realmente alentador. En lo económico, se había terminado con el brote inflacionario de 1951 y 1952, los precios y los salarios estaban dentro de una estabilidad bastante satisfactoria. Se hablaba ya de algunas inversiones que podían llegar (y de hecho llegaron, como las fábricas de automóviles en Córdoba y algunas fábricas metalúrgicas en las cercanías de Buenos Aires) y de la posibilidad de que se instalaran compañías petroleras en el sur del territorio argentino.

Desde el punto de vista político, no había problemas a la vista. La oposición había sido pulverizada. La presencia del radicalismo en el Congreso era mínima: apenas doce diputados sobre más de 200, de acuerdo con la mañosa ley de elecciones, que había permitido en 1954 en la Capital Federal darle al peronismo trece bancas con 650.000 votos, y al radicalismo una sola banca con 500.000.

De modo que el panorama que tenía Perón por delante era realmente tranquilo. No había mayores problemas, su partido había admitido las rectificaciones de tipo económico, se habían dejado de lado algunos de los más radicalizados colaboradores, por lo que el futuro podía verse con optimismo. Perón era además un optimista y, aunque había olvidado ya su vieja apuesta a la tercera guerra mundial, la nueva amistad cultivada con los Estados Unidos podía prometerle en cambio muchas satisfacciones.

Conflictos con la Iglesia

De pronto, a fines de 1954 (en noviembre, para ser exactos), Perón hace algo que, a la luz de la lógica política, es absolutamente incomprensible. Menos de un año más tarde, sería derrocado. Me refiero al discurso que pronunció ante los gobernadores de las provincias argentinas y ante dirigentes de su partido, sindicales y femeninos, donde denunció a parte de la Iglesia argentina como el foco más importante contra el cual se debía luchar en ese momento.

Es bastante difícil saber por qué lo hizo. Personalmente, pienso que fue un problema de omnipotencia. Perón tenía todo. Como se dijo antes, controlaba el mundo obrero, el empresario, el periodístico, las Fuerzas Armadas, la educación. En algún lado tenía que haber algo que no respondiera en forma tan absoluta a su política. Ese algo era la Iglesia que, por su misma naturaleza, no podía comprometerse con una política determinada, aunque muchos de sus miembros estuviesen agradecidos a Perón por la enseñanza religiosa obligatoria en las escuelas y otras actitudes favorables al catolicismo que había tenido a lo largo de su gobierno. Pero que Perón, en un discurso que además tuvo un tono muy chabacano, nombrara a los curas y obispos que eran "contreras" —esas fueron sus palabras textuales—, no podía sino provocar la reacción de la Iglesia, que de todos modos fue muy prudente y se limitó a intentar tomar distancia sin romper relaciones.

Súbitamente, Perón se vio envuelto en una dinámica que no podía detener. Algunos de los hombres que lo acompañaban, sobre todo de segunda o tercera fila, venían lejanamente de la izquierda y este enfrentamiento con la Iglesia, este tono anticlerical que comenzó a dar Perón a su prédica, los remitió a sus luchas juveniles. Así, los diarios que formaban el conjunto del aparato de propaganda peronista se lanzaron con un violentísimo tono anticlerical. Había secciones, que no dejaban de tener su gracia, escritas por hombres como Jorge Abelardo Ramos, por ejemplo, que se llamaba *El obispero revuelto*, donde se publicaban los peores chismes sobre las conductas de los curas y de los obispos. Y esto se hacía prácticamente todos los días, con el propósito de martillar sobre la opinión pública.

La Iglesia, a su vez, comenzó a reaccionar. El 8 de diciembre, cuando se festejó la Inmaculada Concepción de la Virgen, hubo una manifestación impresionante en lugar de la habitualmente inofensiva procesión, que no solía ser sino el paseo de algunas beatas y algunos caballeros alrededor de una imagen. La Iglesia se estaba empezando a convertir en el baluarte que unificaba a una oposición hasta ese entonces disgregada.

El gobierno peronista acentuó su ofensiva y en los últimos días de diciembre de 1954 el Congreso aprobó una ley que derogaba la de enseñanza religiosa obligatoria; otra, autorizando la apertura de prostíbulos; otra, retirando todo apoyo o subsidio a los institutos de enseñanza privados —religiosos, por lo general— y finalmente una cuarta ley, que establecía el divorcio. Es decir que Perón hizo aprobar en el Congreso a varias de las medidas que más podían fastidiar a la Iglesia. Lo hizo a costa de la resistencia de algunos legisladores y, sobre todo, legisladoras peronistas. Algunos —muy pocos— renunciaron, pero de todos modos fueron muchos los legisladores auténticamente católicos que, aunque optaron por obedecer las órdenes que venían de arriba, lo hicieron con un desgarramiento interior.

El conflicto siguió. Si bien, como suele ocurrir en este país, se apaciguó en el verano, a partir de abril cobró una nueva virulencia. En junio, después de otras leyes anticlericales que se fueron sancionando, se produjo la procesión de Corpus Christi y una enorme multitud desfiló, a pesar de la prohibición policial, desde la Plaza de Mayo hasta la del Congreso. Y allí Perón que en todas estas situaciones había jugado un papel como de árbitro, cometió otro de esos errores suyos que parecen increíbles. Hasta entonces, no había encabezado la hostilidad contra la Iglesia, aunque evidentemente estuviese de acuerdo con estas medidas que la molestaban. En ocasiones parecía dispuesto a conciliar, pero de pronto tomaba alguna iniciativa o una medida que ponía las cosas al rojo vivo. Y, desde luego, los sectores eclesiásticos, sobre todo los sectores católicos laicos, se enfervorizaban cada vez más alrededor de una causa que no era política sino de corte religioso, lo cual daba muchas más fuerza a las convicciones.

El error tremendo que Perón cometió fue atribuir a los manifestantes del Corpus Christi la quema de una bandera. Se supo enseguida que no habían sido ellos y que en realidad había sido quemada en una comisaría de la zona, y esto decidió a grupos de Aeronáutica y de la marina a apresurar un golpe de Estado que estaba ya preparándose.

Lo demás es historia conocida: bombardeo a la Plaza de Mayo y consiguiente masacre de 200 a 300 personas que andaban por ahí, cuando lo que se buscaba era matar a Perón, que estaba en el Ministerio de Guerra. Esa noche se desataron todos los demonios sobre la ciudad de Buenos Aires y otras ciudades del interior. Se quemaron y sauqearon iglesias y Perón fue incapaz de poner coto a estos desmanes, con lo cual esto que había sucedido a mediodía en la Plaza de Mayo, este intento homicida desesperado del bombardeo que había provocado centenares de muertos, fue anulado o tapado por la quema de las iglesias, que ocurrió de noche, en un momento en que no había movimiento en el país que no lo supiera el gobierno. Si los incendiarios no habían sido mandados por el oficialismo, al menos contaban con su complicidad, con la de la policía, con la de los bomberos; es decir, con la de las fuerzas represoras.

A partir de ese momento volvió a aparecer la actitud que Perón había adoptado en el año '53. Después de haber tomado medidas de extremo rigor con los opositores, una iniciativa de amnistía. Poco después de esto, cuando el país estaba esperando las medidas represivas que iba a tomar el gobierno frente a estos hombres que habían intentado asesinar al presidente, que habían matado a tanta gente, que habían bombardeado la Plaza de Mayo, Perón lanzó una ofensiva de paz. Ofreció nuevamente una conciliación; ofreció a los opositores la posibilidad de convertirse en parte del todo político, cosa que hasta entonces no había estado legalizado; ofreció renunciar a la jefatura de la Revolución —así dijo— y ser el Presidente de la Nación; y, como medida concreta, permitió por primera vez a los opositores que se expresasen a través de las radios. La primera voz fue la de Frondizi, el 31 de julio de 1955.

Un gran escritor del siglo pasado, Tocqueville, dijo algo muy aplicable en muchas situaciones: el momento más difícil de los malos gobiernos es cuando empiezan a reformarse. No es que el régimen de Perón hubiese sido malo *siempre* ni en todo, pero en el plano político habían estado fuertemente presentes la omnipotencia, el hostigamiento a los opositores, el no admitir que el opositor podía ser un adversario y no un enemigo. Cuando empezó a cambiar, cuando se liberó de algunos de sus funcionarios más odiados, cuando dio a los dirigentes opositores la posibilidad de que se hiciesen escuchar, en ese momento empezó a tambalearse su sistema.

Los opositores tomaron el ofrecimiento de conciliación sin ningún entusiasmo. Aceptaron lo que pudiera convenirles, en el sentido de hacerse escuchar en todo el país, pero no tenían la menor convicción de que fuese una actitud sincera. Sin embargo, Perón cambió su elenco. Se desprendió por ejemplo de Angel Borlenghi, ministro del Interior; de Raúl Apold, zar de la prensa y jefe de la propaganda; del jefe de policía... En fin, los fusibles de su régimen. El veranillo de pacificación duró casi dos meses, hasta que el 31 de agosto todas las radios del país anunciaron que Perón renunciaba a la Presidencia de la República.

Este es el momento en que aparentemente él bajó la cortina sobre la ofensiva de conciliación.

Frente a la multitud concentrada en Plaza de Mayo, lanzó un discurso totalmente desmelenado, otro de aquellos errores que no se sabe a qué se debieron. Yo hablé con algunos de los protagonistas de la época. Oscar Albrieu, que fue ministro del Interior, dice que él había conversado con Perón al mediodía y que estaba muy sereno, muy tranquilo; que después del almuerzo lo encontró totalmente cambiado. Ya estaba en posición de lanzar el discurso donde amenazó con la muerte a todos sus enemigos, cuando dijo "cinco contra uno"; ese famoso discurso que está todavía en la memoria de los argentinos y que en ese entonces empujó al pequeño grupo de conspiradores, después de la purga hecha en las Fuerzas Armadas, a lanzarse a la calle, porque creyeron que no había otra posibilidad. O esperaban la muerte o se lanzaban a la calle para tratar de derribar al régimen.

Y efectivamente, el 16 de septiembre se alzó el general Lonardi en Córdoba, y aquí tengo que hacer algunas consideraciones. Es muy curioso lo que ocurrió: el general Lonardi, retirado, que no tenía mando de tropa, estaba convencido de que bastaba con establecer un baluarte antiperonista y mantenerlo durante 2 o 3 días para que se volcase la situación militar. Si uno piensa bien, fuera de la flota, que estaba unánimemente levantada contra Perón, en las Fuerzas Armadas existía una paridad de fuerzas: por lo menos en el Ejército casi todas las unidades apoyaban al gobierno y en la Aeronáutica había muchas unidades que también lo apoyaban. Sin embargo, bastó que se constituyera en Córdoba un baluarte y que difundiera su mensaje de aliento y esperanza a sus simpatizantes en todo el país, para que el régimen empezara a derrumbarse solo.

Otra observación a hacer es que nadie salió a defender al gobierno de Perón —quien, es cierto, tampoco impulsó su defensa—. Alegó que había querido dar armas a los obreros, pero su ministro, el general Humberto Sosa Molinas, se había opuesto. Según otras declaraciones que hizo ya en el exilio, no había querido pelear por no causar daños irremediables.

Llaman la atención además la decisión con que actuaron estos hombres (que bautizaban al movimiento "Revolución Libertadora"), la tibieza o la ambigüedad de las fuerzas que se suponía debían sostener a Perón y la manera en que actuó el propio Perón, constituyéndose al principio en el Ministerio de Guerra, tratando de llevar él mismo la jefatura de las operaciones, recluyéndose después en su residencia presidencial y, finalmente, enviando una renuncia muy contradictoria, muy ambigua, que fue analizada por el generalato hasta que un grupo de oficiales más jóvenes los conminó a que considerasen ese documento como una renuncia.

Aquí hay que considerar gran cantidad de elementos que yo no voy a profundizar. En primer lugar, porque no son gratos; en segundo, porque tampoco hay demasiadas pruebas. Me refiero a la conducta privada de Perón en los últimos años de su presidencia. Fue como si la ausencia de Evita lo hubiera privado de algún resorte fundamental. Perón podía ser detestado por sus opositores, pero no podía dejar de ser respetado: era un hombre de vida sobria, trabajador, que evidentemente disfrutaba del cargo, pero del cual no se podía decir nada en el aspecto privado. A partir de la muerte de Evita, empezó a frecuentar a un grupo de chicas del colegio secundario de la UES y, posteriormente, fue notoria su *liaison* con una chiquilina de catorce años (él tenía casi sesenta), a la cual instaló en la residencia presidencial y a la cual trató como a una querida, llevándola incluso a acontecimientos como el Festival de cine en Mar del Plata de abril del '54, o algunas peleas de box. Así como fue notoria su relación con ella, también fueron notorios esos paseos en motoneta que hacía con su gorrito.

Yo pienso que estas actitudes enfriaron el amor de las masas por Perón. No digo que la gente haya dejado de quererlo, pero había dejado de respetarlo y por eso no dio un paso adelante para defender todas sus conquistas sociales y un sistema que estaba tan vinculado a su propia calidad de vida. Hay que notar que los trabajadores argentinos vivían notablemente mejor al final del gobierno de Perón que 10 años atrás. La capacidad adquisitiva de su sueldo había mejorado evidentemente, la obra de los sindicatos con sus aspectos sociales, asistenciales, de turismo, se hacían sentir. El sistema de jubilaciones, que a fines del '54 beneficiaba a unos pocos gremios, se había extendido. Es cierto que Perón había financiado su Segundo Plan Quinquenal metiendo mano en la Caja de Jubilaciones, pero también es cierto que esta situación podía aguantar durante algunos años más. La gente, indudablemente, vivía mejor en la época de Perón y, sin embargo, en aquellos días en que el peligro del derrumbe del gobierno era evidente, este vivir mejor no se tradujo en gratitud frente a quien había hecho posible tal estado de cosas. Lo cierto es que el 20 de septiembre el generalato aceptó la renuncia de Perón y poco después éste se refugió en la embajada del Paraguay. Ya había terminado esta etapa del peronismo.

Una última acotación: cuando Perón tuvo que refugiarse en

Paraguay, probablemente era el hombre más desprestigiado de la Argentina, incluso entre sus propios partidarios, que lo acusaban de no haber defendido su sistema, él, un general en actividad. Habían trascendido también sus relaciones privadas, se habían puesto de manifiesto aspectos desagradables del gobierno o del régimen y, sin embargo, 18 años después Perón volvió. Lo que indica que, en política, las cosas que en algún momento parecen seguras, nunca lo son del todo.

Capítulo XIV

LA REVOLUCIÓN
LIBERTADORA

LA EXPRESION *Revolución Libertadora*, comúnmente usada por historiadores y politicólogos, suele despertar reacciones diferentes según la posición que cada uno tenga respecto de Perón y de su régimen. Más allá de los sentimientos que pueda despertar en cualquier sentido, aquí tenemos que distinguir entre el movimiento revolucionario de 1955 que se autocalificó como *Revolución Libertadora* y el gobierno posterior, que también fue conocido, y lo sigue siendo, como *gobierno de la Revolución Libertadora.*

Este será el último capítulo estrictamente histórico del presente volumen, pues pienso dedicar el siguiente y final a una especie de repaso de todo lo que hemos visto. Pero debo decir que el contenido de este capítulo es muy peliagudo, muy riesgoso, porque está lleno de implicancias subjetivas. Yo trataré de ser lo más honrado que pueda, ya que pedir objetividad absoluta al historiador, más aún, al historiador contemporáneo, es una demanda imposible de cumplir.

Trataremos de ver estos hechos, pues, con perspectiva, sin pasiones ni compromisos, incluso marginando los compromisos y las pasiones que uno pueda haber tenido en su momento. Porque, lo digo desde ya, yo formé parte de esa mitad del país que saludó la revolución del '55 como una liberación, como el fin de una pesadilla. Pero también he tratado, con el correr del tiempo, de olvidar lo personal y colocarme en una posición que me permita comprender lo que pasó en la otra mitad de un modo amplio, sin prejuicios ni anteojeras, mirando estos procesos con la distancia y la honestidad con que podría tratarse un hecho histórico remoto y ajeno a nuestras propias vidas.

SEPTIEMBRE DE 1955

Una incógnita de nuestra historia contemporánea es la siguiente: ¿cómo pudo Lonardi, con los escasos medios de que disponía, triunfar tan rápidamente? Y de modo correlativo: ¿cómo pudo Perón, aparentemente en la plenitud de su poder, caer tan rápidamente? Creo que hay que buscar la respuesta en el terreno del espíritu, aunque parezca raro: Perón estaba anímicamente vencido en septiembre de 1955, mientras que Lonardi y los suyos estaban decididos a triunfar a cualquier costo.

Lonardi contaba con la totalidad de la Marina, pero esta arma nunca fue decisiva para resolver un tema de fuerza. Su concepción partía de una base que los hechos revelaron correcta: bastaría establecer un baluarte rebelde en un punto importante del país, para que toda la estructura del régimen peronista se desplomara. A su vez Perón, que en las semanas anteriores había ofrecido la paz y la guerra al mismo tiempo, se encontró con que las columnas armadas que mandaba a Córdoba marchaban a desgano, los aviones se daban vuelta (los famosos panqueques) y desconfiaba de su generalato. No armó a los sindicatos, como tantas veces había dicho, permaneció en silencio y virtualmente no dirigió las operaciones de la represión.

El hijo de Lonardi, en su libro *Dios es justo*, relata que la consigna impartida por su padre al iniciar el movimiento fue la de "actuar con la máxima brutalidad". Es que los rebeldes tenían la sensación, justificada o no, de que se jugaban la vida: las alocadas palabras de Perón el 1° de agosto así lo aseguraban. De parte del oficialismo, en cambio, el secretario de la CGT pedía calma.

Todo esto era la consecuencia, a mi juicio, de la larga hegemonía de Perón. Había inevitablemente cometido errores, se había aislado de grandes sectores de la sociedad, su causa había perdido animación y fe. Es indudable que medio país lo seguía apoyando, pero también es innegable que nadie salió a la calle para defenderlo y las declaraciones del sector oficialista no estimularon a ninguna resistencia.

Así el poder peronista, aparentemente inconmovible, se derrumbó en cuatro días frente al avance de unos buques de guerra que en el peor de los casos podían disparar algunos cañonazos, pero que no estaban en condiciones de decidir nada, y frente a un Lonardi sitiado en el centro de Córdoba. Esto es, a mi juicio, una lección sobre el cansancio del poder, sobre el error de la perpetuación en el gobierno y sobre la necesidad de que toda empresa política esté vertebrada por una moción espiritual que la lleve adelante.

No entraremos en detalles. El 16 de septiembre a la madrugada el general retirado Lonardi, rodeado de un pequeño grupo de jóvenes oficiales, se instalaba en un regimiento situado en las cercanías de la ciudad de Córdoba, mientras algunas unidades de la flota de mar zarpaban de Puerto Belgrano con rumbo al Río de la Plata. Y el 21 del mismo mes, también a la madrugada, el general Juan Perón se aislaba en la Embajada del Paraguay. La Revolución Libertadora había triunfado, casi sin lucha, y se clausuraba la década de la experiencia peronista.

Una palabra más, ahora totalmente personal. Con la perspectiva que dan los años, creo que la Revolución Libertadora fue un hecho negativo. Si no hubiera ocurrido, Perón habría tenido que reformar su régimen, ampliando la apertura iniciada en julio, y es probable que su mandato terminara con la derrota electoral de su partido. Derrocado revolucionariamente, no concluyó la parábola de sus rectificaciones y el hecho de fuerza abrió una larga etapa de gobiernos constitucionales débiles y condicionados, y de regímenes de facto invariablemente concluidos en el fracaso. Pero esto es lo que podemos apreciar hoy. En aquel momento la cosa se daba en términos de todo o nada y la mitad del país que, como yo, celebró la caída de Perón, no pudo pensar que nunca es positivo el derrocamiento de un gobierno constitucional.

Antes de cerrar este tema quiero agregar brevemente dos puntos que tienen que ver con nuestra civilización política. Uno, es el hecho de que Perón pidió asilo, es decir, reconoció su derrota, prácticamente sin haber luchado. Sus enemigos dijeron que lo hacía por cobardía; él explicó más tarde que no había querido que se derramara sangre o que se destruyeran bienes de la Nación. Sea como sea, la actitud de Perón ahorró a los argentinos muchos sufrimientos, pues el movimiento revolucionario pudo haber derivado en una verdadera guerra civil.

El otro punto también se refiere a Perón, ya refugiado en la cañonera paraguaya. Me consta que hubo proyectos entre los "gorilas" más fanáticos para tomar por la fuerza el pequeño buque o hundirlo con su principal ocupante adentro. Estas locuras fueron firmemente descartadas por las autoridades del gobierno de facto y el canciller Mario Amadeo ayudó personalmente al ex presidente para que el derecho de asilo se respetara en todo su alcance. Quiero decir, entonces, que aún en medio de los tremendos odios de esos días, hubo la suficiente sensatez o la suficiente suerte como para poner ciertos límites a los enfrentamientos y mantener el respeto por normas de derecho que están por encima de las luchas y las pasiones de los hombres.

LONARDI, UN PROYECTO FRUSTRADO

El 22 de septiembre el general Eduardo Lonardi juró el cargo de presidente provisional. Lo acompañaba un gabinete bastante heterogéneo, fiel reflejo de las fuerzas que lo habían acompañado: desde liberales acendrados hasta católicos nacionalistas que se habían enfrentado a Perón con motivo de su conflicto con la Iglesia. Lonardi era un militar retirado sin experiencia política ni mayores relaciones civiles, pero tenía un proyecto que exponía claramente a sus íntimos: su provisoriato debía ser corto, no habría vencedores ni vencidos y se buscarían soluciones que no lastimaran al peronismo.

Era un programa imposible de cumplir. Apoyaba al gobierno de la Revolución Libertadora mucha gente que alimentaba agravios, legítimos o no, contra el régimen caído, y que reclamaba justicia. Existía además un aparato estatal y paraestatal que el peronismo había ido montando durante casi diez años: no era lógico que perdurara. Los militares dados de baja y encarcelados por el golpe de 1951 exigían su reincorporación a las filas; los antiguos dueños del diario *La Prensa* reclamaban la devolución de su propiedad; los cesantes de la administración pública por razones políticas pedían el regreso. Y las líneas más duras del antiperonismo presionaban para que se intervinieran el partido Peronista, la CGT y los principales sindicatos, presiones resistidas por Lonardi reiteradas veces.

Lonardi habría necesitado reunir en su persona las condiciones de Roca, Yrigoyen y Perón, para poder llevar a buen puerto sus bien intencionados objetivos. Pero era simplemente un hombre de buena voluntad que no contaba con mayores apoyos ni en los partidos políticos antiperonistas, ni en las fuerzas que habían hecho posible la victoria de la Revolución Libertadora. Además, cometió algunos errores en la designación de colaboradores íntimos, algunos de los cuales tenían antecedentes de una derecha casi profascista.

A principios de noviembre, su ministro de Guerra tuvo que renunciar, desbordado por la presión de sus camaradas, que pedían medidas enérgicas para desperonizar el país. Lonardi fue entonces apremiado para compartir el poder con el generalato. Se negó y fue derrocado sin ofrecer resistencia, en un golpe palaciego que sorprendió a muchos pero que era, en realidad, inevitable. Meses más tarde, retirado de toda actividad pública, Lonardi falleció; ya estaba gravemente enfermo cuando asumió el poder, aunque su enérgica voluntad le permitió trasponer esas fatigosas etapas sin demostrar el creciente deterioro de su salud.

ARAMBURU, O EL FIN DE LAS AMBIGÜEDADES

El nuevo presidente provisorio, general Pedro E. Aramburu, había sido el jefe de la conspiración que habría de derrocar a Perón; a principios de septiembre consideró que no contaba con las fuerzas suficientes para el intento y declinó la jefatura, que de inmediato tomó Lonardi, con el resultado conocido. Hizo un papel bastante deslucido en el trámite de la Revolución Libertadora y, al triunfar la misma, ocupó el cargo de jefe del Estado Mayor del Ejército, desde el cual fue llevado a la primera magistratura con el apoyo de los sectores militares más revanchistas y los elementos liberales de las fuerzas civiles.

Con Aramburu terminaron las ambigüedades. Hubo vencedores y hubo vencidos: era fatal que así fuera. Se intervino el partido peronista y la CGT, así como la mayoría de los sindicatos; se activó la labor de las comisiones investigadoras que debían examinar lo actuado por el régimen peronista para llevar a la justicia a los responsables; se prohibió el uso de símbolos relativos al régimen depuesto; y, desde luego, se detuvo a muchos dirigentes políticos y gremiales. Sin duda, a partir de noviembre de 1955 quienes habían sido partidarios de Perón sintieron duramente su condición de derrotados.

En cuanto a la salida institucional del régimen de facto, Aramburu se limitó a afirmar que habría elecciones "ni un minuto antes ni un minuto después" y este vago compromiso bastó a la opinión pública para descartar en Aramburu cualquier ambición de perpetuarse en el poder.

Quienes rodeaban a Aramburu pensaban que la ecuación política argentina era de solución relativamente fácil: se trataba de evidenciar al país peronista la inmensa estafa, la enorme mentira del régimen justicialista. Después de un lapso prudencial, el pueblo dejaría de ser peronista y entonces podría convocarse a elecciones con la razonable certeza de que el futuro presidente constitucional sería un amigo de la Revolución Libertadora y un custodio de sus valores.

Pero sucedía que el pueblo peronista no declinó su adhesión al líder exiliado. Desdeñó todo lo que se dijo sobre negociados, orgías y errores y prefirió recordar las conquistas obtenidas durante la capitanía de Perón, la asistencia de la Fundación Eva Perón, los momentos de felicidad vividos en el disfrute de bienes a los que anteriormente no tenía acceso como las vacaciones, las obras sociales de los sindicatos, la mejora de su calidad de vida.

Algunos activistas del peronismo intentaron montar una red de resistencia sin mayor éxito; en los sindicatos intervenidos una nueva generación de dirigentes reemplazó a los oportunistas que habían gozado de los gajes del poder al lado de Perón pero no lo habían defendido cuando llegó el momento de hacerlo. El propio ex presidente, desde Caracas y después en Santo Domingo, enviaba instrucciones demenciales sobre resistencia armada, sabotaje y atentados contra el gobierno de facto. Nada de esto movió a la gente sencilla a exteriorizar un repudio masivo contra el gobierno de la Revolución Libertadora, pero tampoco nada la conmovió en su fidelidad a Perón. Por momentos, los asesores gorilas de Aramburu pudieron pensar que el proceso de desperonización tendría éxito.

De todas maneras, la decisión de erradicar en todo lo posible los sentimientos peronistas se expresó en dos oportunidades a lo largo de 1956. La primera fue en el mes de mayo, cuando el gobierno provisorio anuló por decreto la vigencia de la Constitución de 1949 y reimplantó la de 1853, prometiendo convocar en su momento a una asamblea constituyente para actualizarla.

El otro momento no fue jurídico y está asociado a uno de los instantes más trágicos de nuestra historia contemporánea. En junio de 1956 un grupo de militares retirados de filiación peronista intentó un golpe en distintos puntos del país. Solo tuvieron algún éxito muy parcial y en pocas horas el movimiento fue dominado. El gobierno provisional impuso la ley marcial y decretó el fusilamiento de quienes fueran encontrados con las armas en la mano. Y a pesar de que el conato había sido totalmente derrotado, más de treinta argentinos, militares y civiles, fueron fusilados, entre ellos el jefe del movimiento, general Juan J. Valle.

Hacía más de cien años que no se fusilaba en la Argentina por motivos políticos y el trágico hecho conmovió a la ciudadanía. Hubo quienes aplaudieron la medida, pero, en general, lo extremoso del castigo provocó una reacción de condena y rechazo que, aunque casi no tuvo expresiones concretas en la prensa se percibió en todos los niveles de la opinión. Sin embargo, para los dirigentes de la Revolución Libertadora este costo de sangre significó la evidencia de un irrevocable compromiso con sus objetivos finales.

LOS GRANDES TEMAS

Entretanto, algunos fenómenos significativos se iban produciendo en el seno de la sociedad. Uno de los más importantes fue el estallido de la libertad de expresión, con sus secuelas de poder sobre polémicas y debates. El régimen peronista, como todo sistema autoritario, no facilitaba el colocar sobre el tapete los problemas del país; su tesis implícita era que todo andaba bien y, si algo andaba mal, Perón lo iría arreglando. El control de los medios de comunicación permitió mantener esta concepción a lo largo de la vigencia del régimen peronista.

El gobierno de la Revolución Libertadora abrió el juego de la discusión al entregar los diarios y revistas de las cadenas y redes oficiales a diversos sectores políticos e ideológicos, excluyendo desde luego al peronismo. Muy pronto se plantearon algunos de los grandes temas que debía afrontar el país: el futuro papel del Estado en el juego económico, el abastecimiento de petróleo, el papel de los capitales extranjeros, la educación, la política industrial y agraria, la ubicación del país en el contexto internacional, etc.

Señalo que el gobierno de la Revolución Libertadora no tuvo una dirección muy definida en la mayoría de estos rubros. No podía tenerla; en primer lugar, por las diferentes líneas que lo tensionaban internamente, pero además por su mismo carácter precario. Así, había aprobado el Informe Prebisch, pero no había ejecutado sus recomendaciones. Disolvió algunos organismos del sistema anterior que habían sido muy cuestionados, como el IAPI, pero no tocó, prácticamente, el aparato estatal montado por Perón. Adhirió al Fondo Monetario Internacional, pero su política internacional fue muy contradictoria. Creó una zona franca en la Patagonia que fue muy criticada. Vio con simpatía el Plan Yadarola para convertir a YPF en contratista de empresas petroleras extranjeras, pero no avanzó en este camino.

Las discusiones abiertas sobre las principales cuestiones que hacían al futuro del país constituyeron uno de los aspectos más positivos de la presidencia de Aramburu y marcharon al mismo ritmo que los procesos vividos contemporáneamente por casi todos los partidos políticos. Pues mientras el peronismo, perseguido y silenciado, parecía inexistente, las restantes fuerzas partidarias sufrían disensiones que en algunos casos llegaron a la división.

Era lógico. Durante los diez años de Perón, los partidos opositores habían tenido que sobrevivir manteniendo a toda costa su unidad; otra actitud hubiera sido suicida. Desplazado Perón, las confrontaciones internas, los distintos puntos de vista y hasta las ambiciones personales estallaban con la misma virulencia con que había estallado la ansiedad de debatir y discutir todo lo que estaba reprimido durante el régimen derrocado.

El socialismo se partió en dos fracciones, el conservadorismo en tres y la UCR, la principal fuerza opositora, que hasta entonces había mantenido una unidad aparente, aunque forzada, se separó irremediablemente a principios de 1957 en dos partidos: el que lideraba Ricardo Balbín, tendiente a apoyar al gobierno de la Revolución Libertadora, y el que dirigía Arturo Frondizi, cada vez más enfrentado al gobierno de facto, cada vez más cercano al proscripto peronismo y con banderas programáticas de avanzada que seducían a los jóvenes, los intelectuales y los sectores progresistas.

Recuento globular
Y ELECCION PRESIDENCIAL

A principios de 1957, el gobierno de Aramburu convocó a elecciones de convencionales constituyentes, a realizarse en julio del mismo año. La elección servía a dos propósitos; uno institucional, el otro político. Por de pronto era indispensable homologar, por medio de la representación de la ciudadanía, la anulación de la vigencia de la Constitución de 1949 dispuesta por un simple decreto. Por otro lado, se trataría de una cautelosa encuesta de opinión, un "recuento globular" —como se dijo en su momento—, para establecer las preferencias del electorado con vistas a la futura elección general, a efectuarse en fecha aún no determinada.

El escrutinio fue decepcionante para los dirigentes del gobierno de la Revolución Libertadora. Perón, desde Caracas, había ordenado a sus fieles votar en blanco, y en efecto, este sufragio de rechazo obtuvo el 24 por ciento de las voluntades. El peronismo seguía siendo la primera mayoría. El Radicalismo del Pueblo (Balbín) le seguía con un volumen casi igual, y el Radicalismo Intransigente (Frondizi) reunió un 21 por ciento de los votos. Como el sistema electoral era el proporcional, la Convención Constituyente habría de reflejar el pluralismo del panorama partidario del país —aunque, naturalmente, el peronismo quedaba al margen, a pesar de algunos convencionales de origen peronista pero apartados de la ortodoxia de su movimiento—.

La Convención se reunió en Santa Fe y los representantes adictos a Frondizi impugnaron la reunión y se retiraron, dejando al cuerpo con quorum estricto; la decisión era grata al peronismo que, con el voto en blanco, también había impugnado la reunión. No obstante, la asamblea alcanzó a ratificar la vigencia de la Constitución de 1853, a cuyo texto se le agregó el llamado artículo 14 bis, con normas de tipo social. Luego se disolvió. Empezaban los preludios de la campaña electoral importante, la que definiría por varios años el destino del país: la elección general del presidente y vicepresidente, gobernadores, senadores, diputados, etc., que el gobierno de Aramburu fijó para el 23 de febrero de 1958.

Pocas veces se vio en la Argentina una actividad política tan intensa. Frondizi activaba continuas solicitaciones al peronismo para lograr el apoyo electoral que le era indispensable y, paralelamente, repujaba un programa capaz de satisfacer a los sectores más diferentes: laicos y católicos, industrialistas y liberales, partidarios de una posición internacional pro occidental y simpatizantes de izquierda. Su figura, inédita en la política argentina, era la de un profesor que vaticinaba un plan de desarrollo "para veinte millones de argentinos".

Balbín, en cambio, debía transitar un camino muy estrecho, limitado entre su apoyo al gobierno de facto y sus necesidades electorales. Había media docena de candidatos más, pero era indudable que la opción se encontraba ente aquellos dos dirigentes de origen radical que siete años antes habían integrado la fórmula de su partido contra la reelección de Perón y ahora se enfrentaban enconadamente.

Perón, a todo esto, se encontraba en una situación difícil. Era incierto que sus fieles volvieran a votar en blanco: ahora se trataba de elegir las autoridades constitucionales que regirían al país por seis años, con miles de candidaturas en juego, a todo nivel. Quedar fuera podía significarle una disminución enorme de su influencia. Además, cada vez era más evidente que el peronista común se sentía inclinado a votar por Frondizi, que criticaba duramente al gobierno de Aramburu y prometía respetar la unidad del movimiento obrero y terminar con la etapa de odios y revanchas.

¿Hubo realmente un pacto entre Perón y Frondizi? Este último siempre negó enfáticamente haber firmado ningún convenio electoral. Pero es innegable que existieron conversaciones entre colaboradores íntimos del candidato de la UCRI y el exiliado en Santo Domingo. Y también es indudable que dos semanas antes del comicio Perón ordenó, a través de diversos medios, que se votara por Frondizi. El enigma histórico es, de todas maneras, irrelevante. Sin la orden de Perón, Frondizi hubiera ganado igual, aunque seguramente de una manera menos arrasadora.

Pues el 23 de febrero de 1958, el 49 por ciento del electorado ungió a Frondizi como presidente, mientras su principal contrincante obtenía el 29 por ciento y el voto en blanco apenas se expresaba con un 8 por ciento. El partido de Frondizi había conseguido todas las gobernaciones, la totalidad del Senado y dos tercios de los diputados. Nunca se vio en la Argentina un triunfo de semejante magnitud. Pero el vicio de origen —el apoyo del proscripto peronismo— le significaría una pesada carga en el futuro.

Desde luego, esto no pudo percibirse en las jornadas que siguieron, en medio de la euforia del partido triunfante y el sentimiento generalizado en la opinión pública en el sentido de que el país, finalmente, había entrado en el sendero de la normalización definitiva. Aunque dentro del gobierno de la

Revolución Libertadora hubo, según se afirmó en ese momento, alguna intención de desconocer el resultado de las elecciones, Aramburu se apresuró a saludar a Frondizi como presidente electo y a reafirmar su clara voluntad de entregar el poder.

Y efectivamente, el 1º de mayo de 1958 Arturo Frondizi recibió las insignias del mando y se dispuso a asumir sus responsabilidades. Y en este momento debo clausurar el racconto de nuestra historia.

UNA PESADA HERENCIA

Permítanme ahora unas reflexiones para cerrar este capítulo.

Más allá de las intenciones de sus animadores, la Revolución Libertadora y el gobierno provisorio que le siguió, ella aparejó consecuencias muy negativas. Dije al principio que el estallido de la revolución de septiembre de 1955 había salvado a Perón de hacer rectificaciones importantes en aspectos emblemáticos de su política. Entonces, ¿cuál Perón sería el auténtico? ¿El que nacionalizó los ferrocarriles o el que negociaba una enorme concesión petrolera en la Patagonia? ¿El que planteaba una tercera posición o el que buscaba desesperadamente el apoyo de Estados Unidos? ¿El de la justicia social o el que recortaba las conquistas sociales en el Congreso de la Productividad? ¿El que hablaba de conciliación o el que prometía "cinco contra uno"? La Revolución salvó a Perón de caer en declinaciones e inconsecuencias cada vez más profundas. Pero claro está que los rebeldes no estaban para semejantes consideraciones: para ellos, voltear a Perón era una cuestión de vida o muerte que no admitía postergaciones.

Sin embargo, el peor saldo de la Revolución Libertadora reside en la actitud asumida por las Fuerzas Armadas, en el sentido de verse como custodios de una cerrada vigilancia antiperonista. Este fue el motivo principal de los innumerables planteos que debió soportar Frondizi durante su gestión, y también el de su derrocamiento en 1962. El antiperonismo les llevó a condicionar a Guido para que la elección presidida por este modesto patriota garantizara un gobierno sin la menor participación peronista. Y el·peligro de un nuevo triunfo peronista impulsó el derrocamiento de Illia, ya que también la concepción del régimen de facto de Onganía fue la de congelar la política hasta que "el hecho maldito" del peronismo se diluyera.

En otras palabras: de la Revolución Libertadora surgieron unas Fuerzas Armadas dispuestas a no permitir el menor atisbo de reaparición del peronismo, en ninguna forma y en ningún terreno. Este empeño distorsionó todo el proceso de la democracia argentina porque aparejó una serie de gobiernos constitucionales débiles, condicionados o marcados por una ilegitimidad de origen, y regímenes militares que invariablemente fracasaron.

Al mismo tiempo, el peronismo, proscripto y carente de un cauce político partidario que lo expresara, buscó formas alternativas para seguir teniendo presencia en el escenario nacional. Naturalmente encontró este cauce en el movimiento sindical organizado y es así como la CGT o las 62 Organizaciones se convirtieron en el partido peronista que la legislación dictada por la Revolución Libertadora había abolido. El movimiento sindical presionó, atacó, hostilizó y se manejó en la misma forma en que se habría manejado una oposición política, pero sin el control institucional que limita y condiciona la actuación de los partidos. Y esto fue también una grave distorsión que debilitó a los gobiernos de Frondizi y de Illia, y una fuente de conflictos para el régimen de facto de Onganía. O sea que el juego institucional se alteró completamente a través de la Revolución Libertadora, con unas Fuerzas Armadas convertidas en gendarmes del antiperonismo y un movimiento obrero trasformado en peronismo militante.

Este esquema es, acaso, un poco simplista, pero en líneas generales creo que es correcto. El "gorilismo" ensombreció la vida argentina y llevó al descreimiento en la democracia, en aras de una mítica revolución nacional, una patria socialista o tantas otras dañinas utopías. Por supuesto que no desconozco la responsabilidad de Perón, que desde su exilio alentó un "gorilismo" de signo inverso. Pero lo cierto y real es que a partir de la Revolución Libertadora no se pudo gobernar con el peronismo; pero los obstinados hechos demostraron que tampoco se podía gobernar sin el peronismo ni, mucho menos, contra el peronismo.

Cuando uno mira aquellos años, advierte que el odio y el anhelo de venganza eran sentimientos comunes y prevalecientes. El peronismo en el poder los había sembrado abundantemente con su prepotencia y su autoritarismo; los libertadores devolvieron con creces sus resentimientos, justificados o no. Nada positivo se reconocía al enemigo (porque realmente eran enemigos, no adversarios) y esto dejó una negra y larga siembra en la sociedad argentina. Sólo el tiempo pudo ir cicatrizando estas infecciones agotadoras y esterilizantes. El tiempo y la sana condición espiritual de la mayoría de los argentinos, que suele prevalecer cuando no se los estimula artificialmente hacia la violencia o la intolerancia.

Capítulo XV

LAS LECCIONES
DE LA HISTORIA

AL COMENZAR ESTE libro dije que intentar reunir la historia argentina en quince capítulos es casi una irreverencia, porque el proceso histórico siempre es complejo e interrelacionado. Existen líneas y factores que actúan unos sobre otros, y todo intento de simplificarlos traiciona en cierto sentido la intención de fidelidad que debe animar a todo historiador. Pero también es verdad que la historia es infinita e inasible por definición: nunca se podrá contar toda la historia; siempre faltarán segmentos importantes, elementos significativos. De modo que también es válida la intención que hemos tenido de resumir, sintetizar, mostrar algunos aspectos que nos parecen fundamentales —aunque muchos otros hayan quedado en el tintero—.

En estas páginas, pues, hemos intentado presentar algunas líneas que tienen que ver con la sustancia misma de nuestros procesos fundantes y con la de otros, posteriores, que también han modelado la Argentina que vivimos. Empezamos recordando los sucesos más remotos, en primer lugar la fundación de la ciudad de Buenos Aires, y hemos dado por concluido el relato cuando llegamos a un punto en que nuestras propias vidas se confunden con lo que se cuenta; aquí, nos ha parecido prudente ponerle punto final.

Este es el último capítulo, pues. Y parecería que corresponde hablar de lo que podríamos llamar "las lecciones de la historia", aunque sé que la historia no alecciona, la historia no es la maestra de la vida, como dijera Cicerón hace veinte siglos en una frase que muchos repitieron después —incluso Cervantes—, pero que sabemos es una mentira piadosa, una cortesía hacia nuestra disciplina. Pues si la historia fuera realmente la maestra de la vida, no se cometerían los errores que suelen cometer las sociedades y sus dirigentes, y nosotros, los historiadores, seríamos no sólo asesores sino sacerdotes infalibles de gobernantes y gobernados... De modo que titulo este último capítulo "Lecciones de la historia" aunque su contenido sea mucho más modesto, menos pretencioso. Lo que ustedes van a leer será, simplemente, aquello que un historiador recoge como saldo de la crónica que ha hecho.

FEDERALISMO

Dijimos que los procesos históricos se componen de fracturas (es decir, rupturas, cortes abruptos) pero también de continuidades (o sea, líneas y contenidos que permanecen a través del tiempo; a veces de modo silencioso, otras, de manera más notable). Este juego de fracturas y continuidades es el contrapunto, por decir así, que articula la gran sinfonía de la historia argentina —de la historia universal, agregaríamos—.

Y bien: dentro de las continuidades más notables debemos señalar aquella que marca la voluntad de los pueblos de este país en el sentido de darse una organización federal. Y no sólo una organización política federal sino también un tipo de sociedad donde las identidades comarcanas, provinciales, locales, queden bien marcadas, tengan una incidencia en la vida de la gran comunidad.

Esto lo hemos visto en nuestras exposiciones desde el principio pues, como se ha reiterado, desde la fundación de Buenos Aires se advierte una puja que a veces es sorda y casi clandestina y otras veces es violenta y arrasadora entre esas dos Argentinas, la que crece a orillas del Río de la Plata y su región de influencia, y la otra, la mediterránea, la del norte, noroeste, Cuyo y, después, también la patagónica. Si existe una dialéctica en nuestra historia, ella es la que se compone de los enfrentamientos y los entendimientos entre Buenos Aires y el resto del país.

Y aquí hay que señalar una circunstancia muy curiosa: la Argentina es un país federal. Lo es por su organización constitucional pero también por la vocación comunitaria que decíamos antes. Y sin embargo, la configuración geográfica de la Argentina la condena a ser centralista, a depender de un solo centro —obviamente, Buenos Aires—Pues, ¿cómo puede desarrollarse en entidades autónomas un conjunto nacional que tiene una única salida al exterior? Esa puerta de la tierra que fue Buenos Aires en la concepción del oidor Matienzo se convirtió en una oficina de peaje, y su ocupante, el pueblo o las clases dirigentes porteñas, cobraba caro por tener la puerta abierta, entornarla o cerrarla del todo...

Rosas no se equivocaba mucho cuando afirmó, en su Carta de la Hacienda de Figueroa, que los casos de Estados Unidos y Argentina eran muy diferentes, pues allí el sistema federal se había establecido con naturalidad porque las trece colonias fundadoras tenían, todas ellas, puertos marítimos; aquí, en cambio, sólo Buenos Aires es puerto. A pesar de esta fatalidad geográfica, la historia nos muestra la vocación, el genio federalista del pueblo argentino; y este genio, en los papeles, en las leyes, en la constitución, ha prevalecido sobre las determinantes geográficas.

Pero en los hechos, nuestro país es un país centralizado. Buenos Aires ata y desata; Buenos Aires ordena, impone, recauda, reparte, consagra, voltea. "Esta es Castilla, que faze y desfaze a los homes", decía el viejo Romancero. Buenos Aires hace y deshace prestigios, gobiernos, propuestas económicas y políticas. La Revolución del Parque —ya lo vimos— o las de 1930 y 1943 fueron movimientos exclusivamente porteños y, sin embargo, sus efectos atravesaron todo el país.

¿Se revertirá alguna vez esta tendencia? La lección de la historia (sigo apelando a este artificio) muestra que el federalismo real es, cada vez más, una utopía. Pero también muestra que los hombres pueden, con imaginación y con audacia, plantear remedios parciales a un centralismo cada vez más asfixiante. Yo he sido ardientemente partidario, por ejemplo, del traslado de la Capital Federal: lo dije a principios de 1982, exponiendo las razones pertinentes, en mi libro *Buenos Aires y el país*. Creo que el presidente Alfonsín propuso el traslado a Viedma de una manera incompleta y equivocada, lo que hizo que la sociedad y hasta su propio partido tomaran este tema con mucha frialdad, hasta que se cayó solo. Pero sigo creyendo que la mudanza de los tres poderes del Estado Nacional a otra ciudad, existente o por hacerse, es una necesidad que se va a tornar cada vez más imperiosa. No remediará totalmente el problema del centralismo pero será un paliativo importante.

Entretanto, hay que seguir teniendo en cuenta que la vocación federalista es auténtica, tiene raíces históricas profundas y reconoce momentos en que el conflicto se fue superando sobre la base de fórmulas inteligentes y realistas. Me parece que si hay alguna lección que nos brinda el conocimiento de nuestra historia, es esta: la del federalismo; es decir, el tema que hace a la singularidad de nuestras regiones, a su derecho a crecer según sus propias pautas, a la necesidad de que sus bienes físicos y recursos humanos no terminen absorbidos por ese casi monstruoso elemento de seducción que es nuestra amada Buenos Aires; este tema, digo, es prioritario y hace a nuestra esencia como Nación.

DEMOCRACIA

A continuación quiero señalar otro vector, otra constante que fluye a lo largo de toda nuestra historia: me refiero a la tendencia hacia una mejor democracia política, que va unida a la tendencia hacia un igualitarismo social más real. Esta corriente podría señalarse en algún momento de la época colonial, pero empieza a mostrarse de manera insoslayable a partir de 1810.

Dijimos en su momento que el movimiento de Mayo trajo un gran cambio en las ideas, entre ellas, la sustitución de la concepción escolástica del bien común por el principio de la soberanía popular. Este principio tardó mucho en tener aplicaciones prácticas. En algún momento la democracia consistió simplemente en la capacidad de un caudillo para encabezar a su pueblo: "cada lanza, un voto..."

Pero a medida que el país fue evolucionando, se encontraron fórmulas jurídicas y políticas para que esa vocación democrática que existía sobre todo en los sectores populares se encauzara pacíficamente. Es un proceso que culmina con la sanción de la ley Sáenz Peña aunque eso no significó automáticamente la instalación de una democracia política perfecta. Más aún: la ley Sáenz Peña fue burlada muchas veces y la legitimidad que surgió de la voluntad popular, pacíficamente expresada en las urnas, fue a veces arrasada por experiencias militares que todos hemos conocido.

Pero sin duda éste es un pueblo hecho para la democracia. Lo es, en perspectiva histórica, porque el tipo humano que surgió de los tiempos coloniales era libre, autónomo, mal sujeto a jerarquías o autoridades; Buenos Aires, ya lo vimos, fue una ciudad plebeya y sin aristocracia, y el interior, donde prevalecían sociedades de castas, pronto fue modificando estas estructuras, sobre todo desde mediados del siglo pasado. Las grandes inmigraciones contribuyeron, más tarde, a acentuar este tono, porque esa gente venía a realizarse según su propia capacidad y no dependía sino de sus fuerzas y su suerte; y además sus hijos, formados en el tipo de educación montado por los hombres del '80, pronto reclamaron su lugar bajo el sol.

La historia, pues, nos muestra una tendencia hacia la democracia que es innegable. Es cierto que en alguna etapas contemporáneas pudo existir un cierto asentimiento a soluciones autoritarias o ajenas a las consultas populares; pero siempre se tomaron estos interregnos como provisorios, como remedios dolorosos —aunque, para algunos, necesarios—. Y siempre, cuando se volvió a votar, los electorados argentinos lo hicieron masivamente, diría que con regocijo. Hay una democracia política, pues, con la que estamos históricamente consustanciados.

Algo parecido ocurre con el sentido igualitario que caracteriza a nuestra sociedad. También viene muy de atrás, como la vocación democrática. Viajeros del siglo XIX admiraban la llaneza con que los peones trataban a quienes los empleaban, una actitud muy diferente al servilismo y humildad que veían en otros países americanos. Un inmigrante italiano radicado en Colonia Caroya, hacia 1870, escribía a los parientes de su *paese* contando lo que más le llamaba la atención en su nueva patria, y una de esas novedades era el hecho de que para hablar con un rico no era necesario descubrirse, sacarse el sombrero.

Igualitarismo no quiere decir que todos nos consideramos iguales, sino que todos deben tener igualdad de oportunidades para encarar su realización en la vida. Es decir, que nadie quede rezagado porque no tuvo la educación que merecía, que a nadie se lo trate con desdén porque carezca de bienes, que se reconozca un mínimo de dignidad a todos. Acaso por eso una concepción como la de justicia social alzada por Perón fue aceptada por todos después de los primeros enfrentamientos, y las normas operativas que se dictaron en aplicación del principio de que el Estado no puede ser indiferente a la suerte de los menos favorecidos, siguieron vigentes después de su derrocamiento.

Democracia e igualitarismo, dos caras de la misma concepción, son vectores invariables de nuestra historia. Su desarrollo puede haber tenido tropiezos o interrupciones pero no ha sido nunca cancelado. Hacerlo es actuar contra natura, dentro de nuestra sociedad. No todos los países de América latina pueden decir lo mismo. Y esto es un saldo de los procesos históricos que hemos vivido, una clara lección de la historia. Pero hay todavía algunas líneas más para subrayar.

CONFLICTOS Y ARMONIAS

También es visible en nuestra historia un doble proceso de enfrentamientos y acuerdos, enfrentamientos que pueden tener una gran aspereza pero también acuerdos que revelan inteligencia política, tolerancia y pluralismo. En un libro que escribí hace algunos años yo llamé a esta doble serie *Conflictos y armonías*, tomando prestado el título de una obra que escribió Sarmiento en su ancianidad.

Es cierto que felizmente en nuestro país no se han dado —o se han dado de un modo muy circunstancial— esas terribles y desgarradoras luchas que han ensangrentado a muchos pueblos hermanos de América. Pero también nuestras luchas políticas han sido fuertes, por veces: en el siglo pasado los unitarios y los federales, después los radicales y los conservadores o los peronistas y antiperonistas.

Hubo momentos en que los argentinos sintieron que estaban divididos; y sintieron que esas divisiones no eran artificiales sino reales, y que merecía la pena adscribirse a uno u otro de los términos en juego. De pronto aparecen valores importantes y se plantea un conflicto muy profundo en torno de él. Quiero decir que no invalido la legitimidad de los conflictos y respeto a quienes se embanderan en ellos. Pero tiene que estar en juego algo que realmente importe. Un seguidor de Yrigoyen a principios de siglo estaba dispuesto a morir en la revolución que organizaba su líder, porque luchaba por la soberanía popular, por su derecho a votar. Esto es respetable y así lo dijo nada menos que Pellegrini cuando se trató la amnistía a los revolucionarios de 1905.

Este tipo de enfrentamientos sirve para aclarar las cosas, definir valores. Lo ideal es que concluyan con el acatamiento al único arbitraje que una democracia debe respetar: la voluntad del pueblo, pacífica y libremente expresada en las urnas. A veces es así, a veces no... Y entonces viene la otra serie: la de los pactos, los acuerdos, las conciliaciones, las alianzas. Eso, que se instrumenta de diversas maneras, consiste básicamente en declinar un poco las posiciones propias, las ambiciones propias, los compromisos propios, para arreglar situaciones que de otra forma podrían hacerse incontrolables.

La Constitución de 1853 fue un convenio de esta naturaleza: una fórmula de avenimiento entre provincias que habían estado enfrentadas. La ley Sáenz Peña fue también, en cierto modo, un pacto: el Régimen decía a los radicales: "Renuncien a la revolución, salgan de la abstención y voten, que nosotros les garantizamos el sufragio libre, reconoceremos su victoria si ganan y cogobernaremos con ustedes si pierden". También están las alianzas políticas, que se hacen en el entendimiento de que los partidos son una parte de un todo, y por consiguiente pueden, ante determinadas circunstancias, potenciar, hacer posible sus afinidades con otras partes.

Esta doble serie de conflictos y armonías jalona toda nuestra historia y uno tiene que admirar tanto a los hombres que supieron encabezar o protagonizar enfrentamientos —caso de Alem, caso de De la Torre—, como a los que implementaron acuerdos y conciliaciones —caso de Roca, caso de Ortiz—. Con ambas series se teje la trama de nuestra historia política. Vivir sólo de enfrentamientos es imposible: toda sociedad reclama en algún momento remansarse en la paz, en la fraternidad. "Toda Nación es un plebiscito cotidiano", decía Renán, y este plebiscito sólo puede expresarse en el reconocimiento de la validez del otro, del ajeno o el adversario.

Pero tampoco se puede vivir sobre la base de entendimientos permanentes y esa es la lección que arroja la trayectoria del régimen roquista, que se fue degradando en la repartija del poder y en la inmoralidad del pacto permanente. Hay tiempos, pues, para los enfrentamientos civilizados. Y hay tiempos también para los acuerdos honorables. Pero hay que tener en cuenta esto: el mejor acuerdo es el respeto por la Constitución y las leyes fundamentales. Este es el acuerdo básico, la norma que establece límites y contenciones, reglas de juego inviolables, procedimientos que en su reiteración adquieren un respeto sagrado.

No hay que temer los enfrentamientos; hay que tratar, eso sí, de que no se descontrolen. Pero tampoco hay que repudiar las armonías porque la sociedad no es sino un gran contenido de armonías: de códigos y costumbres, de lenguajes y gestos, de miedos y orgullos, de leyendas y fantasías, de mitos y realidades. La sabiduría de los pueblos consiste, seguramente, en saber dosificar sus conflictos cuando es necesario aclarar lo que está oscuro y en administrar sus acuerdos para que sean fructíferos y prolongados.

Tal vez esto les parezca demasiado teórico, demasiado retórico. Sin embargo, a lo largo de las páginas que han leído nos hemos referido muchas veces a conflictos, a enfrentamientos, pero también a pactos, acuerdos y convenios. Es decir que hay una larga experiencia argentina en este terreno y la historia también nos muestra en este sentido lecciones que deberíamos aprovechar.

AMERICA Y EUROPA

Examinemos ahora una de las líneas más persistentes y también más coherentes seguida en estas tierras, desde los tiempos de la dominación española, hasta probablemente el día de hoy. Me refiero a la vocación de integrarse al mundo europeo, de conectarse con Europa.

Ustedes recordarán lo que contamos en los primeros capítulos: la lucha de Buenos Aires y, en general, de los habitantes de la región del Río de la Plata, para que este territorio sirviera de paso a las mercaderías que transitaban hacia Potosí por un itinerario absurdo, larguísimo y caro. Fue un forcejeo de dos siglos hasta que se logró que las importaciones que abastecían al mercado interno de Buenos Aires, el Tucumán y el Alto Perú entraran por el estuario, es decir, vinieran por el Atlántico Sur. Esto significaba una mayor conexión con España y, a través suyo, con Europa.

Esta tendencia se acentuó con la creación del Virreinato, con el Auto de Libre Comercio y después, mucho más intensamente, a partir de 1810. Con algún altibajo, la tendencia continuó y se convirtió en política oficial de los gobiernos argentinos con posterioridad a Caseros. Hasta ahora no he hablado del significado del Memorandum Elizalde. Se trata de un documento emitido por Rufino de Elizalde, ministro de Relaciones Exteriores de Mitre, respondiendo a una invitación de su colega peruano para participar en una reunión o congreso a realizarse en Lima con el fin de prevenir las hostilidades que algunas potencias estaban perpetrando —hablamos de 1864 o 1865— contra naciones americanas. En su respuesta, de una franqueza casi brutal, Elizalde dice que la Argentina poco tiene que ver con el resto de América; que espera mucho, en cambio de su relación con Europa. Agrega que nuestro país no ha tenido sino excepcionalmente problemas con naciones del viejo mundo y, por el contrario, ha recibido de ellas inmigrantes y capitales; más aún, espera que estas contribuciones se hagan más y más copiosas.

El Memorandum Elizalde definió una política que duró casi un siglo, con distintos gobiernos y en circunstancias internacionales diferentes. Hay que admitir que en ese momento era una inteligente política. Había regiones argentinas —Cuyo, el Norte, el Noroeste— que mantenían una vinculación comercial muy antigua con el resto de América o, al menos, con los países vecinos. Pero a medida que nuestro país se va convirtiendo en exportador de productos provenientes de la pampa húmeda, esa vinculación americana se debilita hasta casi desaparecer y la apuesta es por Europa.

Repito, era una política inteligente, la única que podía darnos réditos inmediatos. Europa constituía un buen mercado para nuestra producción, sobre todo Gran Bretaña, Francia, Bélgica y Alemania, pero además éstos y otros países del viejo continente nos traían hombres, capitales, tecnologías, mercaderías, ideas que nos enriquecían en todo sentido. ¿Qué podía brindarnos el continente americano? ¿Qué intercambio podía existir con estos países, muchos de ellos inestables y conflictuados?

Todo fue cambiando lentamente a partir de la segunda guerra mundial. Nuestro socio y cliente principal, Gran Bretaña, perdió esta condición. Europa se fue encerrando en sí misma, puso trabas a nuestras producciones. Hubo que buscar otros mercados. Pero de todas maneras, nuestro país se sigue sintiendo más europeo que americano. Acaso por esta vieja tradición de conexiones económicas, comerciales y financieras, acaso por su composición étnica: Carlos Fuentes, el novelista mexicano, dice que los mexicanos descienden de los aztecas, los peruanos de los incas y los argentinos descienden... de los barcos. Casi todos nosotros tenemos un abuelo o bisabuelo que bajó de los barcos, y ésta es la raíz que no se olvida.

Digámoslo con toda franqueza: los argentinos somos, en general, muy poco americanistas. Lo americano recién empieza a aparecer de Córdoba para arriba, cuando una capilla, un rostro, un cantar, nos va remitiendo a los orígenes prehispánicos. Pero los argentinos sólo hemos vivido un momento de auténtico americanismo cuando San Martín cruzó la cordillera para ayudar a emanciparse a los chilenos y los peruanos. Todo lo demás es retórica salvo, tal vez, en 1982, cuando la guerra de las Malvinas: en ese momento (y más allá de la locura que fue ese episodio) pudimos advertir que las únicas voces de aliento que nos acompañaban eran las de los latinoamericanos. Los países de Europa con los que teníamos un acercamiento emocional más intenso, en efecto, nos dieron la espalda. Ojo: creo que les asistía toda la razón para hacerlo. Pero tengo la impresión de que a muchos compatriotas les pasó en ese momento lo que me pasó a mí: percibí que las únicas solidaridades venían de este continente nuestro al que durante tanto tiempo fuimos indiferentes...

¿Y ahora? Yo no soy un técnico ni un político. No tengo por qué decir cuál es la posición, la apertura, la vía que tiene el país en el contexto internacional; no sé si debemos confiar menos en Europa y ampliar, en cambio, algunos mecanismos de integración con los países vecinos, como lo propondría el Mercosur. Lo que quiero marcar es que, históricamente, una de nuestras constantes es la vocación de estar cerca de Europa en todos los campos. Tal vez ha llegado la hora de acentuar esta cercanía, tal vez se trata de abrir otros caminos; a lo mejor este mundo multipolar y raro exige otros esfuerzos a la imaginación, esfuerzos que no estoy en condiciones de hacer ni tengo por qué intentar. Me limito a marcar una línea, una continuidad, una vocación. Que es, además, una experiencia. Si en el mundo físico "nada se pierde, todo se transforma", en el mundo de las sociedades todas las experiencias, positivas o negativas, sirven para algo. Aunque sólo sea para no repetirlas...

Podríamos referirnos a otras líneas, otras constantes que nos ofrece el conocimiento de nuestra historia. Pero no resisto a la tentación de hablar de una de ellas, porque siempre me ha llamado la atención: el endeudamiento de la Argentina.

A catorce años del movimiento de 1810 nuestro país, entre las Provincias Unidas del Río de la Plata, ya había adquirido su primer empréstito externo, el famoso de Baring Brothers, que ha pasado a la historia como un paradigma de empréstito caro e inútil. Desde entonces y salvo la época de Rosas, la Argentina contrajo permanentemente compromisos financieros en el exterior. Lo hizo Urquiza, para salvar de la ruina al gobierno de Paraná que presidía; lo hizo Sarmiento de modo superlativo; y, más tarde, Roca y quienes lo siguieron. Perón, que en 1946 se dio el lujo de repatriar la deuda externa, cuatro años después tuvo que pedir a Estados Unidos un crédito especial. No profundizaremos el tema: basta con recordar el monstruoso acrecentamiento de la deuda durante el Proceso transcurrido entre 1976 y 1983.

Lo que quiero decir es que la Argentina fue, casi permanentemente, un país deudor, y esto también caracteriza bastante nuestro modo de ser. Pero se puede contraer deudas buenas y deudas malas, y nosotros las hemos tenido de ambos tipos. Deudas malas, fueron, por ejemplo, las que se tomaron para que la gente fuera a Miami o se hiciera departamentos en Punta del Este. Y fueron deudas buenas las que asumió el país a fines del siglo pasado, cuando para explotar racionalmente el campo había que comprar alambrados, molinos, semillas, reproductores, etc. Pero lo cierto es que aquello de la "gran deudora del Sur", que decía Sarmiento parodiando el Himno Nacional —y olvidando que él había sido uno de los grandes generadores de deuda— es algo que atraviesa nuestra historia, con todos sus matices.

Algo podría decir también —y con esto termino el repaso— de la ubicación geográfica de nuestro país. Si observamos un globo terráqueo veremos que nuestra posición en el mundo es muy periférica; nos encontramos a una enorme distancia de los otros continentes y aun en el vecindario americano estamos como colgados en el extremo sur.

Esta situación planetaria conlleva ventajas e inconvenientes que se advierten a lo largo de nuestra historia y también ahora. Por de pronto, nuestra lejanía aparejó en los tiempos del dominio hispano cierto abandono, cierto desinterés por parte de la metrópolis, hasta que las cosas empezaron a cambiar con el advenimiento de los Borbones. Y aun hoy no nos damos cuenta de nuestra condición periférica: los problemas de las grandes potencias nos afectan, nos preocupan poco, pues sentimos que estamos alejados del ojo de las tormentas políticas; esta percepción debe haber influido, entre otros factores, en la elaboración del neutralismo que la Argentina mantuvo, con gobiernos de diverso signo, durante las dos últimas guerras mundiales. Y también percibimos nuestra lejanía cuando comprobamos la reducida cuantía de las corrientes turísticas que vienen de Europa o la alta incidencia de los fletes de nuestras importaciones y exportaciones a países que no sean los vecinos.

Al mismo tiempo, la forma en que somos país, la tirada de norte a sur que abarca más de 4.000 kilómetros, nos permite todos los climas y todas las producciones, es decir, habilita a nuestra imaginación y a nuestro esfuerzo para encarar cualquier desafío. Si hace cien años los argentinos entendieron perfectamente que la clave del éxito nacional residía en sacar frutos a la tierra, el gran recurso vacante de que disponía el país, hoy esta diversidad de posibilidades debería reclamar nuestro ingenio para sacarnos de actividades que ya se han tornado poco rentables y para impulsarnos por nuevos caminos, nuevas producciones, explotaciones distintas, en las que desde luego podría sacarse provecho de una educación que, pese a su deterioro, sigue dando a nuestro pueblo características notables de rapidez mental, capacidad de adaptación a exigencias técnicas novedosas y flexibilidad para todo lo distinto, lo diferente.

Conocer mejor

Y bien, estamos llegando al final de esta navegación que zarpó en los inicios de este país, desde sus humildes y remotos orígenes, y nos ha traído hasta los tiempos contemporáneos. Retrospectivamente hemos vivido momentos tormentosos y también etapas plácidas.

He tratado de ser veraz y exponer honradamente los hechos y las interpretaciones que, a mi juicio, corresponden a esos hechos. Ya se sabe que en materia histórica la objetividad no existe, porque el expositor es un ser humano, ha nacido en un lugar determinado, tiene una formación dada, adscribe a ciertos valores. Inevitablemente mira las cosas desde su propia óptica. Pero también sabemos que existe una posibilidad de ser honesto en la mostración de una crónica como esta y, les aseguro, yo he sido honesto. Y también, les aseguro, me he divertido mucho.

No sé cuál es el saldo que les dejan estas páginas. A mí, como narrador, me han sido muy útiles, porque me han obligado a repasar y sintetizar procesos que he debido simplificar para hacerlos comprensibles a un público que no tiene por qué estar interiorizado de ellos. A ustedes como lectores y, en alguna medida, participantes, tal vez les haya resultado útil, también, este rápido planeo por la historia de la Argentina. Pues conocer un poco mejor el país en el que se ha nacido o en que se vive casi siempre implica quererlo un poco más. Y también conlleva la posibilidad de que, al entenderlo mejor, uno sea más piadoso con sus defectos y sus carencias y a la vez pueda sentirse más orgulloso de sus notas positivas, que a lo mejor no advertiríamos si no nos fueran mostradas con la perspectiva que da la historia.

A mí, debo decirlo, el estudio de la forma en que se hizo este país, mi país, siempre refuerza mi innato optimismo. Porque puedo apreciar el modo como se fueron sorteando dificultades enormes, divisiones y enfrentamientos que parecían insalvables, problemas aparentemente insolubles. Siempre, al final, hubo soluciones. Siempre, de una u otra manera, seguimos adelante. Por eso, yo no creo mucho en ningún gobierno, pero en cambio creo mucho en mi país. En su sentido de justicia, en su capacidad de tolerancia, en su noble igualitarismo, en su instinto democrático, en su inteligencia.

Esto no quiere decir que tenga una actitud ingenua. Pero de ninguna manera soy pesimista. Créanme, tenemos un buen país. Y en estas páginas me parece que ha quedado claro que es así. Lo único que nos falta, a los argentinos de estos finales del siglo XX, es merecerlo.

Indice

CAPITULO VII
La modelación
de la Argentina moderna

CAPITULO VIII
La democracia radical

CAPITULO IX
La revolución del treinta

Capítulo X
La década del treinta

Capítulo XI
La revolución del 43

Capítulo XII
Apogeo del régimen peronista

Esta edición
se terminó de imprimir en
Grafinor S.A.
Lamadrid 1576, Villa Ballester,
en el mes de agosto de 1999.